地方合作法译丛

叶必丰 主编

美国各州地方合作法选译

王 诚 申海平 译

上海社会科学院出版社

前 言

在武汉大学工作 20 年后,我于 2003 年回到上海,充分感受到了长三角经济的迅猛发展以及国家区域发展战略的渐显成效。基于融入地方建设、立足国家需求,以及所在单位宪法与行政法学科建设特色的考虑,我开始了对区域合作法的研究。

当时,区域合作尚未成为法学的研究对象,主要是经济学和管理学的研究对象,但区域合作实践提出了法治保障的现实需求。基于解决问题的需要,我在初期着重关注的是:区域合作的法治保障是推动中央立法还是地方法治的协同?针对这一主题,我认为应积极推动地方法治协同,并探讨地方开展法治协同的制度路径,发表了若干论文,完成了多个课题,指导研究生开展了专题研究。

研究发现,区域合作的主要法律问题包括地方治理制度、经济宪法和地方自主权,是地方法治的重要领域,有待继续开垦、挖掘。在对上述问题开展研究的过程中,我也深感国内法学界对地方合作法缺乏学术积累,有必要借鉴外国的地方合作法,为本领域的研究提供基础性参考。

对外国法的借鉴需要确定参照系。有的学者主张借鉴欧盟法经验,我曾加以反对,认为区域合作法是国内法,应借鉴更具有可参照价值的美国州际合作法治。为此,请王诚副教授翻译了美国学者齐默尔曼的《州际合作——协定与行政协议》,并于 2013 年由法律出版社出版。但随着研究的深入,我发现美国州际合作法治毕竟是联邦制国家内部成员州之间合作的法治,与我国的区域合作法即地方合作法仍存在较大差异。因此,对外国区域合作法的借鉴,我认为更应当以单一制国家地方合作法治为参照系。

2015 年,我获得中宣部"文化名家暨四个一批人才"计划的资助,开展对"区域法治协调研究"项目的研究。2017 年,我又获得上海社会科学院的资助,开展"区域法治协调文献整理及研究"。在上述课题中,我把搜集、整理和翻译日本、法国和美国的区域合作法作为重要内容,约请了曾留学相关国家研习法律或取得学位的学者肖军、王树良、李贝、韩小鹰、王诚和申海平老师参与课题,负责搜集、翻译工作。

课题本来计划将所有翻译文献集合为一本书,将研究文集作为另一本书加以出版。但由于所搜集、翻译的文献较多,对日、法、美三国的地方合作法都有分别加以出版的内容,加之考虑到译者的重要贡献和独立价值,遂决定将翻译文献作为三本书分别出版。由于经费有限,后又申请了上海交通大学人文社会科学成果文库经费的资助。即便如此,也难以资助包括课题研究文集在内的出版。所以,本丛书仅仅是前述两个课题翻译文献部分的结集和呈现,定名为"地方合作法译丛"。

2013年由王诚副教授翻译的齐默尔曼著《州际合作——协定与行政协议》,是一部研究美国州际合作法治的学术文献。与此不同,本次组织翻译的都是日、法、美三国的法律文件。我相信,这些法律文件对我国学界研究区域合作法具有基础性意义,对实务界建设区域合作法治具有示例性借鉴意义。对借鉴使用来说,研究性文献似乎更为方便,但法律更具有本源性。对上述三国所译地方合作法的研究,则期待学界的共同努力,为我国的区域合作法治建设和区域合作法理论发展作出贡献。

需要说明的是,法国有关地方合作的法律远不止已翻译出版的部分,限于时间和经费等原因,先把翻译的部分结集出版。与我国更具有可比性的美国地方合作是美国州以下地方间的合作。这部分地方合作法相比于州际合作法,在我国以往的区域合作法研究和区域合作法治建设中未受到重视。同样基于时间和经费等原因,课题组仅选译了6个州的地方合作法。日本地方合作的纲领性法律是《日本地方自治法》。它的内容尽管并非都是地方合作的规定,但日本的地方合作是地方自治制度的一部分。为了解日本地方合作制度的制度基础以及兼顾法律的完整性,为同样具有地方自治权的中国港、澳地区的合作提供借鉴,我们组织翻译了《日本地方自治法》和《日本地方自治法实施条例》。

三国地方合作法的翻译工作非常辛苦。多位译者感叹,翻译法律条文比翻译研究文献的难度要大很多。非常感谢所有译者承担该项任务,以及所体现的专业、专注精神！针对三国的地方合作法翻译稿,我还组织相关译者和所指导的研究生开展了为期两个学期的学习会,对条文内容和译文顺畅性逐条进行讨论,供译者参考、完善。在此,也一并对所有参与者表示感谢！

叶必丰
2021年11月18日

目录

前言 ………………………………………………………………… 001

加利福尼亚州联合行使权力法 …………………………………… 001
犹他州地方合作法 ………………………………………………… 109
佛罗里达州地方合作法 …………………………………………… 175
得克萨斯州地方间合作法 ………………………………………… 199
弗吉尼亚州区域合作法 …………………………………………… 213
华盛顿州地方间合作法 …………………………………………… 225

加利福尼亚州联合行使权力法

王　诚　译

《加利福尼亚州政府法典》第 1 篇"总则"第 7 分篇"其他"第 5 章"联合行使权力"

第一条 联合行使权力协议(第6500—6539.5款)

(本条根据1949年立法第84章增加)

6500.

当用于本条时,"公共机构"包括但不限于:联邦政府或任何联邦部门、机构,本州、其他州或任何州政府部门、机构,县、县教育委员会、县地方教育官员、市、公营公司、公共区,本州或外州的区域交通委员会,联邦认可的印第安部落,或根据本条由任意的以上机构组成的联合行使权力的机构。

根据2011年立法第266章第1款(AB 307)修订,2012年1月1日起生效。

6500.1.

本章应称为并被引用为《联合行使权力法》

根据2000年立法第506章第8款增加,2001年1月1日起生效。

6501.

在法律明确要求批准的情况下,如果未经州总务部或总务主任的批准,本条不准许任何州官员、理事会、委员会、部或其他州机构和组织订立协议。

根据1965年立法第371章修订。

6502.

经立法部门或其他主管部门的批准,两个或多个公共机构可通过协议方式联合行使缔约方各自均拥有之权力,包括但不限于:征收费用、评估额或税收,即使缔约当事人中的一个或多个位于本州之外。

在联合行使缔约当事人共同权力的地域范围内,各缔约当事人无须单独行使这些权力。为达成本款之目的,两个或多个有权举办农业、畜牧业、工业、文化或其他展览或博览会的公共机构,应对这些可由任一个或多个公共机构或根据公共机构间缔结的联合行使权力协议而设立的实体举办的展览或博览会拥有同样的权力。

根据2014年立法第386章第2款(AB 2170)修订,2015年1月1日起生效。

6502.5.

除了其成员区共同的权力外，资源保护与能源联合权力机构有权资助、建设、安装和运营利用消化或发酵动物或农业废物来生产沼气与电力的项目。联合权力机构可在其管辖范围内或范围外承担这些项目。联合权力机构在管辖范围外承担此类项目的权力仅限在弗雷斯诺(Fresno)、金斯(Kings)、马德拉(Madera)、默塞德(Merced)、圣华金(San Joaquin)和图莱里(Tulare)等县的地域范围内。

在本款所允许的联合权力机构管辖范围外承担此类项目之前，联合权力机构应取得项目所在地的县监事会的批准。

根据1984年立法第956章第1款增加，1984年9月10日起生效。

6502.7.

(a) 经立法部门或其他主管部门的批准，有权鉴定、订立计划、监控、控制、规制、处置或减少液体状、有毒或危险废物或危险物质的两个或多个公共机构，可通过协议方式联合行使缔约方共同拥有的上述权力。

(b) 缔约各方可为之提供特别服务，包括提供受过特别训练的人员、有经验的人员、专家以及有能力完成上述特殊服务的人。

(c) 本款之规定是对现有法律的宣告，并不限制任何既有之权力。

根据1986年立法第126章第1款增加。

6503.

前述协议应阐明协议之目的或可行使之权力。协议还应规定达成目的或行使权力之具体方式。

根据1949年立法第84章增加。

6503.1.

(a) 当一个二等县将其房产税收入分配给一个根据本章组建的消防机构，这些资金只能拨付用于该机构因消防用途而产生的开支。

(b) 当用于本款时，"消防用途"是指与提供防火服务、火灾扑救、医疗急救、危险物质响应、救护车运输、灾害预防、救援服务直接相关或有助益的用途以及有关的行政开支。

（c）对本款的解释，不得改变法律就市或县选择救护车运输服务商所作的程序方面的规定。

根据 2002 年立法第 339 章第 1 款增加，2003 年 1 月 1 日起生效。

6503.5.

当联合权力协议规定设立一个独立于缔约各方的机构或实体，并且规定其负责执行协议时，该机构或实体应在协议或其修正案生效之日起 30 日内，准备好协议或其修正案的通知并提交给州务卿办公室。机构或实体还应另外提供一份协议或其修正案的通知给州务卿，并由后者转送给州审计长。通知应包含以下内容：

（a）作为协议缔约方的各公共机构的名称。

（b）协议生效的日期。

（c）对协议目的或待行使之权力的声明。

（d）对协议修正案的描述（如有修正案的话）。

即使本章有其他条款的规定，执行联合权力协议或其修正案的机构或实体，如其所执行之协议或修正案的生效与本款的生效在同一天或在此之后，并且未能按本款的要求在协议或其修正案生效之日起 30 日内提交通知，则不得发行任何债券或承担任何种类之债务，直至完成提交为止。

根据 2007 年立法第 343 章第 6 款修订，2008 年 1 月 1 日起生效。

6503.6.

（a）当机构或实体根据第 6503.5 款向州务卿办公室提交协议或其修正案的通知时，机构或实体应向州审计长提交一份联合权力协议及其修正案的全文。为提供市政服务之目的，其机构成员包括有地方上的市、区或县，并且满足第 56047.7 款对联合权力机构或联合权力机构定义的机构或实体，应在协议或其修正案的生效之日起 30 日内，向全部或部分成员所在的每个县的地方政府组建委员会提交一份协议及其修正案。

（b）即使本章有其他条款的规定，执行联合权力协议或其修正案的机构或实体，如协议或修正案的生效与本款的生效在同一天或在此之后，并且未能按本款的要求在协议或其修正案生效之日起 30 日内向地方政府组建委员会提交通知,则不得发行任何债券或承担任何种类之债务,直至完成提交为止。

根据 2016 年立法第 173 章第 1 款(SB 1266)修订,2017 年 1 月 1 日起生效。

6503.7.

自本款生效之日起 90 日内,根据在本款生效日之前缔结的联合权力协议所组建并负责执行协议的独立机构或实体,应准备好一份协议的通知并提交给州务卿办公室。机构或实体还应另外提供一份协议的通知给州务卿,并由后者转送给州审计长。通知应包含第 6503.5 款所要求的所有信息。即使本章有其他条款的规定,负有相应义务的联合权力机构如未能按照本款的要求自本款生效之日起 90 日内提交通知,则不得发行任何债券,承担任何债务、责任或任何形式之义务,又或以任何其他方式行使其权力,直至完成提交为止。为弥补根据本款和第 6503.5 款所要求的提交与处理通知所产生的开支,州务卿可订立一份费用明细表。这些费用应由州务卿办公室在通知被提交时收取,并且不能超过州务卿在从事相关工作时所预期的合理成本。

根据 2007 年立法第 343 章第 7 款修订,2008 年 1 月 1 日起生效。

6503.8.

(a)为提供市政服务之目的,其机构成员包括地方上的市、区或县,并且满足第 56047.7 款对联合权力机构或联合权力机构定义的机构或实体,应在本款生效之前,最晚不迟于 2017 年 7 月 1 日,向全部或部分成员所在的每个县的地方政府组建委员会提交一份协议及其修正案。

(b)即使本章有其他条款的规定,执行联合权力协议或其修正案的机构或实体,如未能按本款的要求在 2017 年 7 月 1 日或该日之前向地方政府组建委员会提交通知,则不得发行任何债券或承担任何种类之债务,直至完成提交为止。

根据 2016 年立法第 173 章第 2 款(SB 1266)增加,2017 年 1 月 1 日起生效。

6504.

协议各方当事人可规定:(a)为协议确立之用途,用国债进行出资;(b)为支付此类用途的开支,可以使用公共资金;(c)为协议确立之用途,可以用公共资金作为预付款,且该笔预付款应按协议的规定予以偿还;(d)一个或多个协议当事人可以用其人员、设备或财物来替代其他的出资或预付款。这些资金可支付给各方同意的机构或实体并由它进行分配使用,它可以是一个由协议指定的非营利法人,为协议各方当事人管理或执行协议。

根据 1977 年立法第 209 章修订。

6505.

(a) 协议应规定对所有资金严格之问责制,并报告所有的收入与支出。

(b) 另外,如果设立有独立的机构或实体,依据第 6505.5 款确定的负有审计职责的公共官员应对所有机构或实体的账目与记录进行年度审计,或与注册会计师或公共会计师签订合同,聘请后者进行审计。但是当机构或实体的账目与记录应直接由联邦或州进行审计时,州的机构或合众国应聘请注册会计师或公共会计师对上述内容作年度审计,前述公共官员无须自己或以合同方式聘请他人审计。在所有这些审计中,最低标准应采用州审计长依据第 26909 款所规定的适用于特别区的标准,并且应遵守通用审计准则。

(c) 当注册会计师或公共会计师完成对账目和记录的审计后,相应报告应作为公共记录提交给协议的所有缔约当事人和联合权力机构内务办公室所在县的县审计师。当加利福尼亚州的公共机构或个人向联合权力机构递交书面申请要求获得报告时,也应寄送给他们。报告应在财政年度末或审计当年结束后的 12 个月内提交。

(d) 当协议指定某个非营利法人来管理或执行协议,并且没有公共官员需要履行第 6505.5 款确定的审计师或审计长的职能时,对协议涉及的账目和记录的审计,应由注册会计师或公共会计师每年至少进行一次,相应报告也应作为公共记录提交给协议的所有缔约当事人和联合权力机构内务办公室所在县的县审计师。当加利福尼亚州的公共机构或个人向联合权力机构递交书面申请要求获得报告时,也应寄送给他们。报告应在财政年度末或审计当年结束后的 12 个月内提交。

(e) 审计的开支,包括根据本款在审计时与注册会计师或公共会计师订立合同或雇佣他们的开支,应由机构或实体承担,并且应从机构或实体可用于该用途的可支配资金中支出。

(f) 所有机构或实体在管理部门的全体一致要求下,可用一项覆盖两年期限的审计来代替年度特别审计。

(g) 即使本款前面有相反规定,机构或实体可豁免于年度审计的要求(如果其财务报表已经经过州审计长的审计以满足联邦审计的要求)。

根据1998年立法第876章第4款修订,1999年1月1日起生效。

6505.1.

根据本章订立的协议的缔约当事人,应指定能负责、处理或能够使用机构或实体所有财物的公共办公室、官员或个人,并应要求这些公共官员或个人提交正式承诺,其内容由缔约各方当事人确定。

根据1968年立法第972章增加。

6505.5.

如果协议设立了一个独立机构或实体,协议应指定某一个缔约当事人的财务主管,或作为替代,指定某个缔约当事人所在县的县财务官,或某一个注册会计师作为保管人,监管机构或实体的来自各种途径的所有资金。

被指定的财务主管或注册会计师应作出如下行为:

(a) 接收和收取机构或实体的所有资金,将其放入为机构或实体之利益而指定之财务主管的国库债券内。

(b) 基于他或她的正式承诺,就他或她持有的机构或实体的所有资金的保管与开支负责。

(c) 机构或实体未偿付的债券本息票在其到期时,从他或她持有之机构或实体的资金中对所有可支付的款项进行支付。

(d) 仅在由协议指定履行审计师或审计长职能的公共官员的许可下,从机构或实体的资金中对所有其他到期款项进行任意比例之支付。

(e) 在每年七月、十月、一月和四月的第一天,核实并以书面形式向机构或实体以及协议的各方缔约当事人报告他或她为机构或实体持有之资金数额,以及他或她上一次报告后收取与付出的资金数额。

履行审计师或审计长职能的公共官员应与根据本款被指定为保管人的财务主管系同一个公共机构。但是,当注册会计师被指定为实体的财务主管时,某个缔约当事人的审计师或某个缔约当事人所在县的审计师应被指定为实体的审计师。审计师应取得许可方能对针对机构或实体的付款请求进行支付，当付款请求已被设立机构或实体的协议所确定的有权批准的人所批准。

和根据本款确定的财务主管与审计师同一个公共实体的管理部门，应决定财务主管与审计师因其服务而由机构或实体承担的服务费用。但是，当注册会计师被指定为财务主管时，和根据本款确定的审计师同一个公共实体的管理部门应决定审计师因其服务而由机构或实体承担的服务费用。

根据1999年立法第83章第65款修订，2000年1月1日起生效。

6505.6.

作为对第6505.5款规定的指定财务主管和审计师的替代，机构或实体可任命其官员或雇员担任其中之一或这两个职务。这两个职务可分别由不同的官员或雇员出任，也可合并在一起，由一个官员或雇员担任。出任职务者应遵守第6505.5款(a)项至(d)项规定的这些职务的责任与义务。

在机构或实体根据本款指定其官员或雇员承担财务主管和/或审计师职责的情况下，这些官员或雇员应聘请注册会计师或公共会计师进行独立审计以遵守第6505款的规定。

根据1979年立法第276章增加。

6506.

协议所规定的管理或执行协议的机构或实体，可以是协议中的一个或多个当事人，或是根据协议组建的一个委员会或理事会，或是协议指定的某个个体、企业或公司法人（包括非营利法人）。一个或多个当事人可按照协议规定的方式，向其他协议当事人提供全部或部分的服务。除了这些服务外，协议当事人可规定互相交换服务而无须支付对价。

根据1977年立法第209章修订。

6507.

为达成本条之目的，机构应当是一个独立于协议各方当事人的公共实体。

根据1963年立法第990章修订。

6508.

机构应当拥有协议明确规定的共同权力,并根据协议规定的方式或方法运用权力。如果机构不是协议中的一方或多方当事人,而是根据协议成立的一个公共实体、委员会或理事会,并且该机构被授权以其自身名义从事以下一部分或全部的行为:制订与缔结合同,雇佣代理人和雇员,取得、建设、管理、维护、运营或改建建筑物、工厂,取得、持有或处置财产或承担债务、责任或义务,则上述机构应有权以其自身名义起诉与应诉。根据协议之授权,机构可以为发电或输送电力工程而购取财物,但不包括征用本州内公用事业公司所有或由其使用或控制之财物的权力。

有权以自身名义起诉或被诉之机构的管理部门,如设立机构的协议缔结于1969年立法机关例会制定的本款修正案之后,并且仅由本州的市、县或公共区组成的当事人缔结,不论这些当事人是否都属于同一范畴,可按此协议以任何形式作出的规定,将其成员限定在已当选一个或多个协议当事人管理部门成员的官员范围内。对已有之协议,如其缔约当事人是市、县或公共区且设立了一个有权起诉或应诉的机构的管理委员会,可根据协议当事人的选择进行修订,在协议当事人以任何形式同意的情况下,规定被设立机构的管理部门应仅由已当选一个或多个协议当事人管理委员会成员的官员组成。但是,如此设立的管理部门为项目发展、政策制订或项目执行之目的,应有权将其职能委托给一个咨询部门或行政实体,如果接受委托之机构的年度预算必须由联合权力机构的管理部门批准。

如果前述机构与一个或多个协议当事人签订有进一步的合同、租约或有其他交易,当选为这些当事人管理部门成员的官员,也应在其作为机构管理部门成员的能力范围内作出行为。

根据1979年立法第482章修订。

6508.1.

(a) 如果机构不是协议中的一方或多方当事人,而是根据协议成立的一个公共实体、委员会或理事会,机构的债务、责任与义务应当也是协议当事人的债务、责任与义务,除非协议明确另有规定。但是,如果机构与公共退休保障体系订立了合同,则协议当事人不得在机构负有的退休责任问题上做其他约定。

(b) 在本款中,"公共退休保障体系"是指公共雇主的退休金或退休保障体系,包括但不限于,为提供退休保障福利而由公共雇主提供的其参与或为其雇员提供的独立退休保障计划,或由《美国法典》第 26 篇第 401(a)款规范的公共雇员的福利体系。

根据 2018 年立法第 909 章第 2 款(AB 1912)修订,2019 年 1 月 1 日起生效。

6508.2.

(a)(1)在根据第 20570 款或 20571 款发出终止通知之前,或在未与加利福尼亚州公共雇员退休保障体系订立合同的机构的管理部门作出解散或停止机构运营的决定之前,根据本章规定之协议所设立之机构的成员机构如参与过公共退休保障体系或与其订立过合同,应就机构的退休保障义务如何在它们之间进行分配互相达成协议,此时协议应顾及机构负有的百分之百的退休保障义务。由各方签署之共同协议应提供给理事会,该做法与理事会一起,应在设立协议中予以规定。如果成员机构不能相互达成一致,理事会应当基于每个成员机构从机构处所接受的服务份额或每个成员机构的人口,将机构的退休保障义务在所有成员机构中进行分配,这种分配应顾及机构负有的百分之百的退休保障义务。这一做法与理事会一起应在设立协议中予以规定。

(2)对理事会作出的分配机构退休保障义务的决定,成员机构可在决定作出后的 30 日内提出异议。但是,未被理事会根据(a)项确定的成员或前成员,不得允许其对理事会的决定提出异议。

(A)对理事会决定提出异议的成员机构,应根据本段将其异议提交给一个仲裁员,由后者根据其裁量判断,在现成员机构和前成员机构之间分配保障义务,该分配应顾及机构负有的百分之百的退休保障义务。仲裁员应在收到异议后的 60 日内就义务分配作出决定。

(B)仲裁员的最终决定对所有现成员机构和前成员机构均具有约束力,仲裁费用也应在仲裁员确定的须分担退休保障义务的成员机构间作公平分配。仲裁员在作出决定后的 7 日内,应向理事会提交一份他或她所作的正式的最终决定。

(b)除非根据本款(a)项第(1)目或第(2)目作出的最终决定是终局性的,否则机构不得根据第 20570 款或 20571 款终止,未与加利福尼亚州公共雇员退休保障体系订立合同的机构的管理部门所作出的解散或停止机构运营的决定也不得生效。

(c) 根据第 20572 款的规定,在接到理事会拟终止机构的通知后,依据本章所规定之协议设立的机构应在 60 日内,向理事会提交一份经各方当事人签字的、规定了分配机构所有退休保障义务的协议。如果机构未能及时提交该份成员机构间的共同协议,理事会应独自作出裁量判断,在现成员机构和前成员机构间分配退休保障义务,该分配应顾及机构负有的百分之百的退休保障义务。

(1) 对理事会作出的分配机构退休保障义务的决定,成员机构可在决定作出后的 30 日内提出异议。但是,未被理事会根据前述(a)项确定的成员或前成员,不得允许其对理事会的决定提出异议。

(2) 根据本项(1)目对理事会决定提出异议的成员机构,应将其异议提交给一个仲裁员,由后者根据其裁量判断,在现成员机构和前成员机构之间分配保障义务,该分配应顾及机构负有的百分之百的退休保障义务。

(3) 仲裁员应在收到异议后的 60 日内就义务分配作出决定,并应在作出决定后的 7 日内向理事会提交一份他或她所作的正式的最终决定。仲裁员的最终决定对所有现成员机构和前成员机构均具有约束力,仲裁费用也应在仲裁员确定的须分担退休保障义务的成员机构间作公平分配。在仲裁员作出正式决定的 30 日后,理事会可采取措施终止机构的合同。

(d) 在有关机构退休保障义务分配的问题上,根据本款(a)项第(1)目达成的成员机构间的共同协议或理事会作出的决定,或仲裁员根据本款(a)项第(2)目作出的决定,可将某个前成员机构纳入退休保障义务分配的范围。

(e) 本款可追溯适用于在 2019 年 1 月 1 日或之前与理事会已缔结有合同的成员机构,不论其是现成员机构或前成员机构。此外,本款还可适用于 2019 年 1 月 1 日或之后在机构与理事会之间缔结的新合同。但是,对于根据本章设立并已在 2019 年 1 月 1 日之前解散的机构,本款不能适用。

(f) 在本款中,"理事会"是指公共雇主的退休金或退休保障体系的理事会,该退休金或退休保障体系包括但不限于,为提供退休保障福利而由公共雇主提供的其参与或为其雇员提供的独立退休保障计划,或由《美国法典》第 26 篇第 401(a)款规范的公共雇员的福利体系。

(g) 即使法律有其他规定,如果机构或协议当事人被认为违反了其对公共退休保障体系的义务而被判决败诉,损害赔偿的请求权行使时间或对其他被判决认定负有义务之当事人提起诉讼的时效,应自该判决作出之日起算。

根据 2018 年立法第 909 章第 3 款(AB 1912)增加,2019 年 1 月 1 日起生效。

6509.

此种权力应遵守某一方缔约当事人在权力行使方式上须受到之限制,具体哪一方当事人则由协议予以指定。

根据 1949 年立法第 84 章增加。

6509.5.

根据本章设立的独立机构或实体在其认为适当时,有权依据第 6505.5 款将其闲置资金投资于国库债券,其方式与条件等同于地方政府根据《政府法典》第 53601 款所作的投资行为。

如果某个非营利法人被协议指定为协议各方当事人管理或执行协议,它应以各方当事人的名义使用资金进行开支,其方式与条件等同于地方政府根据第 53601 款所作之行为。

根据 1977 年立法第 209 章修订。

6509.6.

即使其他法律有规定,根据本章设立的联合权力机构可通过地方政府的销售,从地方政府处购买或取得让与物、质押物或其他转让,地方政府亦可将其在《街道与公路法典》第 7 分篇第 3 部分第 29 章(开始于第 5898.10 款)规定的赋课合同(assessment contract)中的全部或部分之权利、所有权和利益销售、让与、质押或转让给联合权力机构,包括所有相关的留置权、权力、补贴或其他权利与应收款,以及与之附随的执行与征收权力,但应遵守联合权力机构与地方政府协商一致的条款与条件。

根据 2010 年立法第 583 章第 2 款(AB 1873)增加,2011 年 1 月 1 日起生效。

6509.7.

(a) 即使法律有其他规定,有权将其资金投资于国库债券的两个或多个公共机构可通过缔结协议,联合行使该共同权力。根据本款所述之协议而投资的资金,应按第 53601 款第(p)项的要求进行投资。根据本款组建的联合权力机构可向其成员公共机构发行受益权份额。每一份额应代表联合权力机构拥有之证券池中相同比例的利益。为成为本款的适格当事人,发行受益权份额的联合权力机构应保留一位满足以下所有条件的投资顾问:

(1) 在证券交易委员会登记过或可豁免登记的顾问。

(2) 顾问有不少于五年的证券投资经验,并且负有第 53601 款第(a)项至(o)项所规定的义务。

(3) 顾问所管理的资产应超过五亿美元($500 000 000)。

(b) 当用于本款时,"公共机构"除了第 6500 款列举的那些机构外,还包括非营利法人,其成员资格仅限于公共机构或公共官员。

根据 2008 年立法第 709 章第 1、7 款修订,2009 年 1 月 1 日起生效。

6510.

协议可由各方当事人约定一个有效期,也可由其废止或终止。协议可规定任何一方当事人废止或终止协议的方法。

根据 1949 年立法第 84 章增加。

6511.

协议应规定因联合行使权力而取得之财产的处置、划分或分配的方法。

根据 1949 年立法第 84 章增加。

6512.

协议应规定在其目的达成之后,所有盈余资金应按比例返还出资人。

根据 1949 年立法第 84 章增加。

6512.1.

如果协议规定的目的是取得、建设或运营某个盈利设施,协议可规定(a)对协议各方当事人依据第 6504 款所作的全部或部分出资、付款或预付款进行偿还或返还,以及(b)用该设施产生的收入付款给各方当事人。根据本款所作的支付、偿还或返还应按协议明确规定的时间与方式进行,并应在协议废止或终止之日或之前,或是协议目的达成之日或之前作出。

根据 1957 年立法第 942 章增加。

6512.2.

如果协议规定的目的是把两个或多个地方公共实体的自我保险要求集合在一起,协议可规定任一方当事人对协议的终止不得解释为已实现协议之目的,也不得要求偿还或返还当事人所作的全部或部分出资、付款或预付款,除非协议对所有当事人而言已被废止或终止。如果协议规定的目的是集合两个或多个地方公共实体的自我保险要求,其并不属于第895.2款规定之协议,如果负责执行协议的机构是集合体中的一个成员,并且集合体购买了保险或再保险以覆盖该机构执行协议时的有关活动。协议可规定在其目的达成之后,集合体的所有盈余资金应按比例返还出资人和偿还债务或承担损失的人。

根据2001年立法第38章第2款修订,2002年1月1日起生效。

6513.

公共机构的官员、代理人或雇员在其各自机构的地域管辖范围内履行相应职责时,其行为可适用之所有的特权和责任豁免,法律、命令和规则的免予适用,所有的退休金、救济金、残障福利金、工伤赔偿以及其他福利,均应在同等程度和范围内适用于他们根据本条规定在其地域管辖范围外履行职责和义务时作出的行为。

根据1949年立法第560章增加。

6514.

向有智力障碍者及其家庭提供服务或设施的州行政部门或机构,可根据本章缔结协议。

根据2012年立法第457章第14款(SB 1381)修订,2013年1月1日起生效。

6514.5.

根据第11256款的规定,任何公共机构均可与其他州的机构订立协议。

根据1983年立法第729章第1款增加。

6515.

除了其他权力外,根据本章第1条(开始于第6500款)在某个灌溉区和城市之间订立的联合权力协议所规定的机构、委员会或理事会,如果其有权取得、建设、维护或运营系统、工厂、建筑物和其他设施与财物以为家用、灌溉、卫生、工业、消防、休闲娱乐或任何其他公共或私人用途而供水，可根据1941年的《收益公债券法》(Revenue Bond Law)（开始于第54300款）发行收益公债券，为取得、建设、改建和资助前述目的下的项目支付成本与开销。

在机构、委员会或理事会通过了《收益公债券法》第3条（开始于第54380款）所指之决议后，灌溉区和城市应分别在其自身区域内进行投票以执行决议。批准发行债券的议案如果在各自区域内获得所有投票人的多数赞成票，则应视为已通过。

本款规定在1973年12月31日之后不再具有效力，除非机构、委员会或理事会因诉讼而无法实现本款之目的，在此情况下，本款应继续有效直至诉讼作出生效判决且在判决生效后一年内。

根据1971年立法第1603章增加。自1974年1月1日起失效，或从其自身规定的更晚日期起失效。

6516.

举办农业、畜牧业、工业、文化或其他类型展览或博览会的公共机构，可缔结联合权力协议以形成一个保险分担的安排，借此来应对这些机构需承担的工伤赔偿、失业补偿、侵权责任、公共责任或其他损失。根据本款规定，为遵守联合权力协议而形成的保险及风险分担的安排无须受《政府法典》第11007.7款的约束。州食品与农业部可为加州博览会与州会展中心、地区农业协会或柑橘类水果展览会订立此类联合权力协议，并且该部有权与加州博览会与州会展中心、地区农业协会或柑橘类水果展览会订立合同，以这些机构的名义订立联合权力协议。根据《政府法典》第25905款和25906款的规定，任何与某个非营利法人订立合同举办展览会的县，可就该非营利法人举办的展览会缔结一个联合权力协议，并且有权与非营利法人订立合同，以其所办展览会的名义缔结一个联合权力协议。

任何与某个非营利法人订立合同举办展览会的县，应假定所有的工伤赔偿与责任义务均发生于该非营利法人与县订立的合同解除或未修改之前。

任何根据本款订立联合权力协议的公共实体，应设立或维持一个储备基金用以弥补该协议下遭受之损失。储备基金应具备充分的财力，能在精算意义上使基金稳健运行。

根据1996年立法第373章第1款修订,1997年1月1日起生效。

6516.3.

即使法律有其他规定,为遵守本章,根据某个联合权力协议在奥兰治(Orange)县设立的联合权力机构可根据本章第2条(开始于第6540款)或第4条(开始于第6584款)发行债券,以此购买地方政府的债券,或是在地方政府有权借债的情况下向地方政府发放贷款,资助其履行存在资金敞口的精算养老金义务。联合权力机构也可发行债券用以购买安全清册(secured roll)上由地方政府、县或其他州以下政治分支机构征收的滞纳评估额或房产税所产生之债务,或是贷款给地方政府资助其购买这些债务。即使法律有其他规定,包括《财政收入与税收法典》中第53854款或第4705款(d)项,联合权力机构的债券和地方政府的债务或贷款,如果有的话,应按县、地方政府及联合权力机构协商一致后的时间、方式、金额(连同利息与抵押物)及其他条件进行偿还。

根据1995年第二次特别会议通过的立法第1章第1款修订,1995年5月15日起生效。

6516.5.

即使法律有其他规定,根据本章第1条(开始于第6500款)之联合权力协议所规定的联合权力机构可设立风险分担的安排,赔付由参与人、展览会资助项目的参展商以及展览会设施的特别活动用户所承担的一般债务损失,但每个项目下的总赔付金额不能超过为该项目而设立之风险分担安排可提供的最大金额。

根据1991年立法第507章第1款增加。

6516.6.

(a)即使法律有其他规定,为遵守本章,根据某个联合权力协议设立的联合权力机构可根据第2条(开始于第6540款)或第4条(开始于第6584款)发行债券,以此购买地方政府的债券,或是在地方政府有权借债的情况下向地方政府发放贷款,资助其履行存在资金敞口的精算养老金义务。联合权力机构也可发行债券用以购买安全清册上由地方政府、县或其他州以下政治分支机构征收的滞纳评估额或房产税所产生之债务,或是贷款给地方政府资助其购买这些债务。

即使法律有包括第 53854 款在内的其他规定，地方政府的债券或贷款，如果有的话，应按地方政府及联合权力机构协商一致后的时间、方式、金额（连同利息与担保）及其他条件进行偿还。

(b) 即使法律有其他规定，为遵守本章，根据某个联合权力协议设立的联合权力机构可根据第 2 条（开始于第 6540 款）或第 4 条（开始于第 6584 款）发行债券，以此购买或取得地方政府所销售的让与物、质押物或其他转让，以及地方政府在执行与收缴滞纳和未收缴的房产税、评估额及其他应收款时所拥有的部分或全部的权利、所有权和利益。这些房产税、评估额及其他应收款由地方政府征收或由他人以地方政府的名义征收，并已被列入房产税的安全清册、不安全清册或补缴房产税清册中等待被收缴。包括市、县、市与县、学区、再开发机构以及所有其他特别区在内的地方政府，当法律批准其征收县纳税清册上的房产税时，也相应有权销售、让与、质押或以其他方式转让其在执行与收缴滞纳和未收缴的房产税、评估额及其他应收款时所拥有的部分或全部的权利、所有权和利益。这些房产税、评估额及其他应收款由地方政府征收或由他人以地方政府的名义征收，并已被列入房产税的安全清册、不安全清册或补缴房产税清册中，等待按照与联合权力机构签署的协议中阐明的条款与条件进行收缴。

(c) 即使有《财政收入与税收法典》第 1 分篇（开始于第 50 款）的规定，在作前述(b)项规定的转让时，应遵守以下要求：

(1) 地方政府应有权在前一个月或四周的会计期结束后 30 日内，及时获得以其名义收缴的已列入房产税安全清册、不安全清册和补缴房产税清册中的房产税、评估额及其他应收款，包括相关的所有罚款、利息、支出和其他费用，如果房产业主自己或他人已为其在会计期内支付了滞纳款。

(2) 地方政府在收到它同意转入的滞纳房产税、评估额及其他应收款后，应连同所有可适用之罚款、利息、支出和其他费用一起，按照其与联合权力机构协商一致的条款与条件全部支付给联合权力机构。

(3) 联合权力机构应有权要求获得地方政府在执行与收缴滞纳房产税、评估额及其他应收款时所拥有的全部权利、所有权和利益，包括但不限于其享有之优先权，获得滞纳税款、评估额及其他应收款的权利，以及获得所有罚款、利息、行政开支和任何其他费用的权利，包括法律另有规定由地方政府收取的律师费与诉讼费。

(4)(A) 对于参与了某个联合权力机构并使用了本款规定的资金资助,且没有参加《财政收入与税收法典》第 1 分篇第 8 部分第 3 章规定的税款征收分配替代方案的学区而言,依据《财政收入与税收法典》第 75.70 款第(f)项或任何其他类似的要求报告学区房产税收入的法律,它需要在学区财政年度内进行报告的房产税收入数额,应等于后一财年拟分配给学区的税款的 100% 可分配份额,加上学区在当年分配所得的滞纳安全房产税与补缴房产税的 100% 份额,以及学区在该财政年度让与给联合权力机构的之前年份的滞纳安全房产税与补缴房产税的 100% 份额,如果这些滞纳税款根据《财政收入与税收法典》第 2627 款的规定显示在滞纳税款清册上,或根据《财政收入与税收法典》第 1 分篇第 7 部分第 4 章(开始于第 4372 款)显示在摘录清单(如果保留有一份的话)上,又或者显示在县保存的其他文档中,此外还要加上法律另外规定的应收缴并分配给学区,但学区没有让与给联合权力机构收缴的所有其他滞纳税款,再减去下面(B)段所要求的减少额。当前财政年度以及之前所有年度分配给学区的滞纳税款中可分配份额的 100%,当显示于滞纳清册、摘录清单或其他由县保存的文档中时,不论这些滞纳税款是否曾被收缴,均应由联合权力机构支付给县审计师,并由县审计师按照和现行法律规定的将税收分配给学区的一般方式相同的时间和方式分配给学区。额外的数额无需作此报告,可由联合权力机构直接拨付给学区。

(B) 当联合权力机构根据本款先行将滞纳税款赊借给学区,并且这种赊借在之前已让与给联合权力机构的滞纳税款作出调整时继续提供,则(A)段规定的学区需报告的税收收入,应减去滞纳清册、摘录清单(如保留有一份的话)或其他由县保存的文档中显示的学区可分配税收份额中被调整的金额,不论该调整是因为偿还滞纳税款还是什么原因引起,因为它减少了让与给联合权力机构的滞纳税款数额。

(C) 根据前段规定赊借滞纳税款及相关罚款给学区的联合权力机构,应为县的所有合理且可确认的行政开支与费用负全部责任,并应直接将这些费用支付给县,因为这些行政开支与费用是由于县税收员或县审计师又或此二者为遵守本段而需要遵从新的或额外的行政程序而产生。在联合权力机构向县提出书面要求后,县应在具有合理之可能性及合理时间内向其提供一份额外行政开支与费用金额及其依据的估价。

(D) 任何情况下,州不应为联合权力机构未能切实支付(A)段和(B)要求之金额而承担责任或义务,学区、县或联合权力机构也不得以此作为依据向州提出起诉索赔。

(E)"学区"一词用于本款时,包括所有类型或层次的学区,包括但不限于社区大学的学区和县学校的教育主管。

(d)本款所赋予联合权力机构和地方政府之权力,对法律赋予它们的所有其他权力而言是完整的、额外的且叠加的。除非本款另有要求,本款规定的协议无须遵守适用于同一主题的任何其他法律。

(e)联合权力机构可根据《民事诉讼法典》(Code of Civil Procedure)第2部分第10篇第9章(开始于第860款)的规定,就以下事项提起诉讼:债券发行、其缔结的联合权力协议以及任何相关协议的效力,包括但不限于由联合权力机构或地方政府缔结的发债契约或涉及销售、让与或质押的协议;按本款规定转让的留置权的优先次序;以及根据本章规定联合权力机构和与其订立合同的当事人各自的权利与义务。对上述判决的上诉,应在作出判决后30日内提出。

(f)对本款的解释,不得影响机构参加或退出《财政收入与税收法典》第1分篇第8部分第3章规定的税款分配替代方案的方式。

(g)即使有其他法律的规定,自2007年1月1日开始,联合权力机构不得购买或取得教育收入增长基金在执行与收缴已被列入房产税安全清册、不安全清册或补缴房产税清册中等待被收缴的滞纳及未收缴房产税、评估额或其他应收款时所拥有的权利、所有权和利益,并且教育收入增长基金也不得销售、让与、质押或以其他方式将这些权利、所有权和利益转让给联合权力机构。

根据2006年立法第366章第1款修订,2007年1月1日起生效。

6516.7.
一个或多个公共机构可与《健康与安全法典》第1596.750款所指之提供儿童保育或运营儿童日托设施的一个或多个私人实体缔结联合权力协议,形成一个保险分担的安排以支付这些公共与私人实体需承担的失业补偿或侵权责任损失。

根据本款组建的联合权力机构或实体,不得选择按《失业保险法典》第1分篇第1部分第3章第5条(开始于第801款)的规定,为失业保险的投保提供资金,除非其每个成员实体分别都满足该法典第801款或802款提出的相关要求。

根据本款缔结联合权力协议的公共机构或私人实体,应设立或维持一笔储备基金用以支付因履行协议而承担之损失。储备基金应具备充分的财力,能在精算意义上使基金稳健运行。

对原第6516.5款(根据1992年立法第1316章增加)重新编号后,根据1993年立法第726章第14款增加,1993年10月4日起生效。

6516.8.

根据《港口与航行法典》(Harbors and Navigation Code)第6分篇第1部分(开始于第1690款)的规定,两个或多个港口机构可设立一个联合权力机构。

对原第6516.5款(根据1992年立法第1235章增加)重新编号后,根据1994年立法第146章第64款增加,1995年1月1日起生效。

6516.9.

即使法律有其他规定,根据本条由联合权力协议设立的联合权力机构或实体,以及其举办农业、畜牧业、工业、文化或其他类型展览或博览会的成员,或从事教育项目与活动的成员,可创设并执行风险分担的安排,以此来支付联合权力机构或实体的成员,从事或支持农业、畜牧业、工业、文化或其他类型展览或博览会或教育项目与活动的非营利法人,以及在公立学校、加利福尼亚州社区大学、加利福尼亚州立大学或加利福尼亚大学运营设施、项目或从事活动的联合权力机构或实体的成员、非营利法人或附属组织需承担的责任赔偿、工伤赔偿及其他类型的赔偿。为本款之目的,在公立学校、加利福尼亚州社区大学、加利福尼亚州立大学或加利福尼亚大学运营设施、项目或从事活动的一个或多个公共机构和一个或多个非营利法人或附属组织可缔结联合权力协议。联合权力机构或实体可向非营利法人提供原本向其成员提供的服务或无风险分担项目。每个风险分担安排下支付的总赔付金额不得超过为该安排而设立之共用资金的最大金额。联合权力机构或实体可如其所愿创设并执行多个不同的风险分担安排。根据本款成立的责任风险分担安排,也可为非营利法人、附属组织、公立学校、加利福尼亚州社区大学、加利福尼亚州立大学或加利福尼亚大学所运营设施的特别活动用户、承租人和被许可人需承担的损失进行赔付,以及为这些实体资助项目中的雇员、参与者和参展商需承担的损失作出赔付。

根据2004年立法第202章第1款修订,2005年1月1日起生效。

6517.

(a) 即使本章有其他规定,为设立一个机构或实体以提供资金购买土地,设计并建造州办公大楼及相关停车设施,总务部可与任何其他公共机构缔结联合权力协议。该联合权力机构或实体应有权购买土地、建造办公楼和停车设施,并有权为此发行收益公债券。

(b) 总务部可代表加利福尼亚州,将州的房地产出租给联合权力机构或实体,或与其缔结一个先租后买协议,但期限均不得超过50年。租赁协议可包含任何总务部主管认为最符合州之利益的条款与条件。

(c) 所有联合权力协议,以及所有州与根据本款设立的联合权力机构或实体签订的协议,在执行前都应提交给州立法机关批准通过预算程序。

(d) 本款不适用于第8169.4款规定的政府机构,也不得以任何方式限制其权力。

根据1981年立法第102章第45款增加,1981年6月28日起生效。

6517.5.

(a) 即使本章有其他规定,洛杉矶市社区重建局在遵守本款有关要求的情况下,可预付不超过四百万美元($4 000 000)的资金给总务部和洛杉矶的州办公楼管理局,用以完成对一栋州办公大楼的规划并准备招标技术条款和相关文件,该大楼将位于洛杉矶市斯普林街(Spring Street)、缅因街(Main Street)、第三大道(Third Avenue)与第四街(Fourth Street)之间。

(b) 总务部与管理局应在1987年6月30日之前就是否推进建造州办公大楼作出决定。

(c) 如果总务部或管理局决定不再推进州办公大楼的建造,总务部应在1987年12月31日之前使用基建投资特别基金,对社区重建局预付给总务部或管理局的所有资金作出补偿。这些资金主要用于州办公大楼设计开发阶段、建设文件准备阶段和投标阶段发生的完成规划、准备投标技术条款以及采取包括雇佣法律顾问在内的其他措施。

(d) 如果总务部或管理局决定继续推进州办公大楼的建造,社区重建局为建造大楼从其债券收益或其他资金来源预付的所有资金,也应得到相应补偿。

(e) 只要管理局认为符合加利福尼亚州人民之最佳利益,可取得、拥有、建设及运营服务于州办公大楼的停车设施。

（f）总务部和社区重建局认为合适的情形下，可修改关于管理局的协议，就相关职位规定更长的任期，并取消对管理局管理委员会成员的连任限制。

（g）当用于本款时，"社区重建局预付的资金"是指其预付的本金。

根据1985年立法第1302章第1款增加。

6517.6.

（a）（1）即使本章有其他规定，总务部可与其他公共机构缔结联合权力协议，为第14015款批准的购买不动产及附带或相关的所有开支提供资金。根据第14015款，联合权力机构或实体应有权购买办公与停车设施，并由州财政部长决定发行出资证明。

（2）在总务部的要求下，州财政部长可进一步作为根据本款设立的联合权力机构的财务主管，并作为出资证明的受托人或财务代理人。

（3）总务部可代表州从根据（a）项设立的联合权力机构或实体处租赁房地产，并与其缔结协议以购买不动产及其改建，但期限不得超过25年。

（4）根据本款，总务部应向州立法机关提供一份为期30天的征求建议的意向通知书。此外，总务部在购买不动产的30日前，应向州立法机关和加利福尼亚州交通运输委员会提供购买的意向通知书。

（b）在购得和占有不动产后，州交通运输部应将位于旧金山市橡树街150号的现办公大楼予以出售。销售收益应存入州交通运输基金中的州公路账户，用以冲减购买不动产的金额。

根据1988年立法第1472章第2款增加，1988年9月28日起生效。

6518.

（a）联合权力机构无须受到联合权力协议的缔结当事人根据第6509款应受到之限制，它可以用交通行业的私人企业通常用以购买交通设备的形式，通过执行合同、租约、购买协议以及设备信托债券，为购买或转让交通设备提供资金或再融资，或转让交通设备的联邦所得税收益，并基于联合权力协议各方当事人批准的条款与条件，通过谈判或公开发售的方式处置设备信托债券。交通设备的付款或因此产生的租金可分期支付，并且延误的分期可显示于设备信托债券上，由协议各方当事人批准的设备信托债券载明的资金来源进行支付。只有设备信托债券已完全付清时，联合权力机构方能享有交通设备的所有权。

(b) 根据(a)项为交通设备提供资金或再融资，或转让交通设备的联邦所得税收益的机构，可以为购买或租赁交通设备而在协议中规定以下内容：

(1) 为设备信托债券之利益和安全，指示供应商或出租人将交通设备销售、转让或出租给银行或信托公司，后者应得到充分授权，可在本州内作为受托人从事这一业务。

(2) 指示受托人应将交通设备交付给实体的一个或多个被指定之官员。

(3) 授权联合权力机构执行并同时兑现分期付款协议或是将设备租赁给联合权力机构的租约。

(c) 根据(a)项为交通设备提供资金或再融资，或转让交通设备的联邦所得税收益的机构，应完成以下所有要求：

(1) 将所有协议或租约交由法律规定有权确认契约的人予以正式确认，并按确认契约应遵守的形式进行确认。

(2) 使所有协议、租约或设备信托债券得到联合权力机构所作决议的确认。

(3) 为确保设备信托债券能够使用债券上载明的合法来源的资金进行偿付，将任何必要或适当之条款、条件或规定纳入所有协议、租约或设备信托债券中。

(4) 规定协议、租约或设备信托债券的条款、条件或规定不会与任何确保联合权力机构的债券、票据或凭证能够支付的信托协议的条款相冲突。

(5) 向州务卿办公室提交所有签订生效的协议、租约或设备信托债券的副本，并按照《政府法典》第12195款(a)项第(3)目的规定，为提交的每份副本支付相关费用。

(d) 根据本款规定，州务卿可对提交的协议、租约或设备信托债券收取费用。只有在协议、租约或设备信托债券以适当之方式明确表明其系根据本款进行提交时，它们才能被接受。该提交构成向其后的判定债权人或购买者就协议、租约或设备信托债券所作的通知。

(e) 根据本款购买或租借的每一件交通工具，应将所有人或出租人的名字清楚显示于车身两边，并视不同情形，在其后印制"所有人与出租人"或"所有人与出卖方"等适当的文字。

根据1999年立法第1000章第42款修订，2000年1月1日起生效。

6519.

对于由两个或多个市、县或市与县缔结的联合行使权力协议所设立的机构或实体发行的债券，即使法律有其他规定，加利福尼亚州仍特此承诺并与债券持有人达成一致，州不会改变发行机构或实体的组成，除非这种改变是由所有这些市、县或市与县立法机关经多数投票批准，或由所有这些市、县或市与县的合格选民经多数票批准。

本款所述之"改变组成"，是指本章规定的联合行使权力协议所设立的机构或实体增加公共机构或个人，或是从联合权力机构或实体中删减公共机构，又或是从联合权力机构或实体的管理部门中增加或删减成员公共机构或其他公共机构的公共官员或任何其他人。

根据1984年立法第170章第1款增加。

6520.

（a）即使法律有其他规定，圣地亚哥县政委员会（Board of Supervisors of San Diego County）和圣地亚哥市议会可通过联合权力协议，设立圣地亚哥法院、监狱和相关设施的开发机构（下文简称为"机构"），在购买、建设、改建、融资和运营一个复合的法院—刑事司法设施，包括停车场和其他相关配套场所（下文简称为"设施"）方面，它们根据《健康与安全法典》第24分篇第1部分（开始于第33000款），应当拥有作为一个再开发机构所有的权力与职责，以及根据本章作为一个联合权力机构的所有权力。

（b）机构应由理事会进行管理，理事会成员包括一个市议会成员和一个由圣地亚哥市议会指定的公民；一个县政委员会成员和一个由圣地亚哥县政委员会指定的公民；由高级法院首席法官在他或她任期内任命的两个公民；圣地亚哥县治安官；圣地亚哥县律师协会会长或其委任之人；圣地亚哥县地区检察官指定的公民。所有成员应服务于其任命者，并不得从中获取报酬。

（c）圣地亚哥市和圣地亚哥县应各自拥有否决理事会所作行为的权力，如果在理事会投票批准该行为后马上有理事会成员提出复议的动议，并且市议会或县政委员会在 30 日内以其成员的多数票投票结果使行为无效。

(d) 圣地亚哥县可将其在法院临时建设基金和/或县刑事司法设施临时建设基金中的资金拨付给机构，供其为设施之目的而使用。

(e) 除了上述资金外，(1)在圣地亚哥市根据《刑法典》(Penal Code)第 1463 款从市区法院管辖区域(根据机构进行划分)获得的罚款与没收额中，机构管理部门可拨出最高不超过 15% 的额度用于机构因本款(a)项载明之目的所作之开支；(2)圣地亚哥市和圣地亚哥县可将其所获之州或联邦用于设施的资金分配给机构；以及(3)基于(a)项载明之目的，机构可使用从设施的租赁权益中获得的租金、停车费或税收。

根据 2002 年立法第 784 章第 125 款修订，2003 年 1 月 1 日起生效。

6520.1.

即使本法典有其他规定，锡斯基尤(Siskiyou)县政委员会和锡斯基尤县域内城市的市议会可通过联合权力协议设立考利尔解说与信息中心局，建设、改造、提供资金、租赁、维护与运营兰道夫·E.考利尔路边安全服务区，使其成为一个信息与安全服务设施，并将该地点的功能扩展成为一个包含文化、旅游、河流渔业、水、自然资源和水生环境诸多内容的解说中心。

根据 1992 年立法第 1020 章第 1、5 款增加，1993 年 1 月 1 日起生效。

6522.

即使本章有其他规定，为设立联合权力机构而与联邦、县或市政府或机构或公共区缔结联合权力协议的州部门或机构，应确保《公共合同法典》(Public Contract Code)第 16850 款和 10115 款，以及《军事与退役军人法典》(Military and Veterans Code)第 4 分篇第 6 章第 6 条(开始于第 999 款)载明之参与目标成为协议的一部分，并应适用于由联合权力机构履行之合同。

根据 1990 年立法第 1214 章第 1 款增加。

6523.

(a) 西萨克拉门托地区防洪局是一个由西萨克拉门托市、第 537 号开垦区和第 900 号开垦区根据本条缔结之协议所设立的联合权力实体。它被赋予权力以实现必要的目标和计划,取得和维持200年一遇的防洪标准,并可为《水法典》(*Water Code*)第12670.2、12670.3和12670.4款之目的,运用《水法典》第15分篇第7部分(开始于第51200款)和第8部分(开始于第52100款)赋予给开垦区的权力。

(b) 根据下列条款,在2009年1月1日前,为了前述(a)项所述之目的,机构可对外负债并因此继续征收特别税捐以偿还债务:

(1) 1911年的《改建法》(*Improvement Act*)(《街道与公路法典》第7分篇(开始于第5000款))。

(2) 1913年的《市政改建法》(*Municipal Improvement Act*)(《街道与公路法典》第12分篇(开始于第10000款))。

根据2006年立法第553章第1款修订,2007年1月1日起生效。

6523.4.

(a) 即使本章有其他规定,弗雷斯诺县的塞尔玛社区医院(一家私立的非营利性医院)可与下列一个或多个公共机构缔结联合权力协议:

(1) 阿尔塔医院区。

(2) 金斯伯格医院区。

(3) 西拉—金斯医院区。

(b) 根据前项设立的联合权力机构只能享有以下职能:

(1) 联合规划卫生保健服务。

(2) 在各医院运营的不同设施之间分配卫生保健服务。

(3) 联合购买、发展和共同拥有卫生保健服务与资助项目。

(4) 合并或消除重复的行政、临床及医疗服务。

(5) 联合与健康保险计划订立合同及谈判。

(6) 为了向它们所服务的社区居民提供卫生保健服务而采取合作行动。

(c) 作为根据本款(a)项缔结的联合权力协议的当事人,非营利性医院和公共机构不得在订立协议且设立联合权力机构后,未经该机构举行公共听证会便削减或排除急救服务。联合权力机构应从听证会举行之日起至少提前14天向其服务的社区发布听证会公告,并且公告中应介绍拟作的削减或变化。

(d) 本款规定不得解释为赋予了参与本款所述之协议的非营利性医院以征收任何税收的权力。本款规定也没有许可任何实体可作为当事人参与缔结本款所述之协议,除了非营利性医院法人或公共机构外。

(e) 本款规定未允许企业法人和其他空壳公司从事《商业与职业法典》(Business and Professions Code)第2400款禁止从事的行为。

根据2002年立法第55章第2款增加,2003年1月1日起生效。

6523.5.

即使本章有其他规定,康特拉科斯塔(Contra Costa)县的私立非营利性医院可与第6500款所述之公共机构缔结联合权力协议。

根据2000年立法第506章第9款修订,2001年1月1日起生效。

6523.6.

(a) 即使本章有其他规定,图莱里县的私立非营利性医院可与第6500款所述之公共机构缔结联合权力协议。

(b) 作为根据本款(a)项缔结的联合权力协议的当事人,非营利性医院和公共机构不得在订立协议且设立联合权力机构后,未经该机构举行公共听证会便削减或排除急救服务。联合权力机构应从听证会举行之日起至少提前14天向其服务的社区发布听证会公告,并且公告中应介绍拟作的削减或变化。

(c) 本款规定不得解释为赋予了参与本款所述之协议的非营利性医院以征收任何税收的权力。本款规定也没有许可任何实体可作为当事人参与缔结本款所述之协议,除了非营利性医院法人或公共机构外。

根据2000年立法第506章第10款修订,2001年1月1日起生效。

6523.7.

(a) 即使本章有其他规定,金斯县的私立非营利性医院可与第6500款所述之公共机构缔结联合权力协议。

(b) 作为根据本款(a)项缔结的联合权力协议的当事人,非营利性医院和公共机构不得在订立协议且设立联合权力机构后,未经该机构举行公共听证会便削减或排除急救服务。联合权力机构应从听证会举行之日起至少提前14天向其服务的社区发布听证会公告,并且公告中应介绍拟作的削减或变化。

(c) 本款规定不得解释为赋予了参与本款所述之协议的非营利性医院以征

收任何税收的权力。本款规定也没有许可任何实体可作为当事人参与缔结本款所述之协议,除了非营利性医院法人或公共机构外。

根据 2000 年立法第 506 章第 11 款修订,2001 年 1 月 1 日起生效。

6523.8.

(a) 即使本章有其他规定,图奥勒米(Tuolumne)县的非营利性医院可与第 6500 款所述之公共机构缔结联合权力协议。

(b) 作为根据本款(a)项缔结的联合权力协议的当事人,非营利性医院和公共机构不得在订立协议且设立联合权力机构后,未经该机构举行公共听证会便削减或排除急救服务。

(c) 联合权力机构应从听证会举行之日起至少提前 14 天向其服务的社区发布听证会公告,并且公告中应介绍拟作的削减或变化。

(d) 本款规定不得解释为赋予了参与本款所述之协议的非营利性医院以征收任何税收的权力。本款规定也没有许可任何实体可作为当事人参与缔结本款所述之协议,除了非营利性医院法人或公共机构外。

根据 2000 年立法第 227 章第 1 款增加,2001 年 1 月 1 日起生效。

6523.9.

(a) 即使本章有其他规定,圣地亚哥县的非营利性医院可与第 6500 款所述之公共机构缔结联合权力协议。

(b) 作为根据本款(a)项缔结的联合权力协议的当事人,非营利性医院和公共机构不得在订立协议且设立联合权力机构后,未经该机构举行公共听证会便削减或排除急救服务。

(c) 联合权力机构应从听证会举行之日起至少提前 14 天向其服务的社区发布听证会公告,并且公告中应介绍拟作的削减或变化。

(d) 本款规定不得解释为赋予了参与本款所述之协议的非营利性医院以征收任何税收的权力。本款规定也没有许可任何实体可作为当事人参与缔结本款所述之协议,除了非营利性医院法人或公共机构外。

根据 2000 年立法第 506 章第 12 款增加(对原第 6523.75 款重新编号),2001 年 1 月 1 日起生效。

6523.10.

（a）即使本章有其他规定，埃尔多拉多（El Dorado）县的私立非营利性医院可与第6500款所述之公共机构缔结联合权力协议。

（b）作为根据本款(a)项缔结的联合权力协议的当事人，非营利性医院和公共机构不得在订立协议且设立联合权力机构后，未经该机构举行公共听证会便削减或排除急救服务。联合权力机构应从听证会举行之日起至少提前14天向其服务的社区发布听证会公告，并且公告中应介绍拟作的削减或变化。

（c）本款规定不得解释为赋予了参与本款所述之协议的非营利性医院以征收任何税收的权力。本款规定也没有许可任何实体可作为当事人参与缔结本款所述之协议，除了非营利性医院法人或公共机构外。

根据2017年立法第124章第1款（AB 545）增加，2018年1月1日起生效。

6523.11.

（a）即使本章有其他规定，圣巴巴拉（Santa Barbara）县的私立非营利性医院可与第6500款所述之公共机构缔结联合权力协议。

（b）作为根据本款(a)项缔结的联合权力协议的当事人，非营利性医院和公共机构不得在订立协议且设立联合权力机构后，未经该机构举行公共听证会便削减或排除急救服务。联合权力机构应从听证会举行之日起至少提前14天向其服务的社区发布听证会公告，并且公告中应介绍拟作的削减或变化。

（c）本款规定不得解释为赋予了参与本款所述之协议的非营利性医院以征收任何税收的权力。本款规定也没有许可任何实体可作为当事人参与缔结本款所述之协议，除了非营利性医院法人或公共机构外。

根据2018年立法第706章第1款（AB 653）增加，2019年1月1日起生效。

6524.

即使本章有其他规定，一个三等县的私立非营利性儿童医院可与第6500款所述之公共机构缔结联合权力协议。

根据1994年立法第212章第1款增加，1995年1月1日起生效。

6525.

(a) 即使本章有其他规定,为联合行使缔约当事人共同拥有的权力,互助水务公司可与公共机构缔结联合权力协议。

(b)(1) 即使本章有其他规定,为分担风险,互助水务公司根据第 990.8 款可与公共机构缔结联合权力协议。协议应确保缔约的公共机构不会承担联合权力机构潜在的债务或责任,并保障缔约的公共机构免于这些债务和责任。

(2) 根据本项设立的联合权力机构如依据本款向其成员提供了保险,应以其通过保险所产生的收入来支付其必要的运营开支,并基于减少其成员的风险责任与提升其技术管理能力和财政能力之目的,向成员提供技术支持、继续教育、安全技术、操作与管理层面的咨询援助。

(c) 在本款中,"互助水务公司"具有和《企业法典》(*Corporations Code*)第14300 款中这一术语相同的含义。

根据 2015 年立法第 250 章第 2 款(AB 656)修订,2016 年 1 月 1 日起生效。

6526.

即使法律有其他规定,某个公共机构如果是东南区域开垦局、亚里索水资源管理局、南橙县开垦局或圣胡安盆地管理局的成员,可基于提升这些联合权力实体行政管理效率之目的,行使设立这些实体的联合权力协议赋予给实体的所有权力,不论该公共机构是否为授出权力的联合权力协议的签约人,又或是被法律批准行使这些权力。

根据原第 6524 款(根据 1994 年立法第 230 章增加)重新编号后,根据 1995 年立法第 91 章第 44 款增加,1996 年 1 月 1 日起生效。

6527.

(a) 即使法律有其他规定,当两个或多个卫生保健区联合在一起分担其自保险的赔偿金或损失时,提供可由卫生保健区供给的卫生保健服务的非营利法人可以参与该共同体,但只有在联合权力实体管理部门的公共机构成员或公共机构代表在公开会议上作出裁决,要求既有联合权力协议规定以下内容之后,该非营利法人方能按照本款规定加入协议:

(1) 根据联合权力协议作出的主要活动应与公共机构的政府目标实质相关

并有所助益。

（2）参与协议的公共机构应通过其对联合权力机构的治理、管理的控制或通过其所有者的身份，对根据联合权力协议作出的活动进行控制。

（b）任何根据本款订立联合权力协议的公共机构或私人实体，应设立或维持一个储备基金用以弥补该协议下遭受之损失。储备基金应具备充分的财力，能在精算意义上使基金稳健运行。

（c）在所有根据本款设立的风险分担安排中，每个项目下的总赔付金额不能超过为该项目而设立之共用资金可提供的金额。

（d）在解散或停止任何根据本款规定运营的企业之前，都应召开一次公开会议以商讨如何处置、划分或分配因联合行使权力而取得的财产。

（e）对本款的解释，不可得出如下结论：

（1）免除作为公益法人的某个卫生设施的慈善信托义务。

（2）豁免该公益法人遵守规范合资企业的现行法律，或有关规范销售、转让、租赁、交换、期权、财产让与或其他处置财产的现行法律。

（3）将征收税捐或核定税额的权力赋予根据本款规定参加协议的私立非营利性医院。

（4）允许除了私立非营利性医院法人或公共机构之外的其他实体作为当事人参加本款所规定的协议。

（5）允许根据本款缔结的联合权力协议所设立的机构或实体在作出行为的方式上，可以不用遵守适用于公共机构的有关法律，包括但不限于：《加利福尼亚公共文档法》[第3.5章（开始于第6250款）]、《拉尔夫·M.布朗法》[第5篇第2分篇第1部分第9章（开始于第54950款）]以及《1974年政治改革法》[第9篇（开始于第81000款）]。

（f）即使法律有其他规定，自保险公司根据《劳工法典》(Labor Code)第4分篇第1部分第4章第2.5条（开始于第3740款）设立的安全基金，不应为作为当事人参加本款规定之协议的任何实体或其雇员承担责任或义务，并且在任何情形下不应被要求承担实体的工伤保险责任，假如该实体破产或有其他原因无力承担这些责任。

（g）当用于本款时，"自保险的赔偿金或损失"包括但不限于根据《劳工法典》第4分篇第1部分第4章（开始于第3700款）承担的赔偿金或损失。

根据2003年立法第62章第107款修订，2004年1月1日起生效。

6528.

特许学校，包括根据《教育法典》(Education Code)第 47604 款组建的特许学校，为满足分担风险之联合权力协议的成员资格要求，可被视为系第 6500 款所述之公共机构。

根据 2000 年立法第 14 章第 1 款增加，2000 年 5 月 5 日起生效。

6529.

（a）（1）加利福尼亚州麋鹿谷印第安人部落是一个联邦政府认可的印第安人部落，其管理机构为麋鹿谷印第安人部落理事会，它可与德尔诺特(Del Norte)县或克雷森特城(Crescent City)或此二者缔结联合权力协议，并应被视为本章规定的公共机构。

（2）加利福尼亚州史密斯河印第安人部落是一个联邦政府认可的印第安人部落，其管理机构为史密斯河印第安人部落理事会，它可通过缔结联合权力协议来参加边境海岸地区机场管理局，也可与德尔诺特县和/或克雷森特市缔结联合权力协议，用以帮助、促进、发展或提高下水道、暴雨水、饮用水或交通服务，并且为达成上述目的，应被视为本章规定的公共机构。

（b）自 2004 年 1 月 1 日起，根据本款（a）项设立的联合权力机构无权依据《1985 年马克斯—鲁斯地方债券池法》(Marks-Roos Local Bond Pooling Act of 1985)[《政府法典》第 7 分篇第 5 章第 4 条（开始于第 6584 款）]批准或发行债券，除非债券拟资助的公共改建工程由联合权力机构或其一个或多个公共机构成员所拥有与维护，并且被质押用以偿还债券的收入流来自联合权力机构或其一个或多个公共机构成员。

根据 2011 年立法第 85 章第 1 款(AB 798)修订，2012 年 1 月 1 日起生效。

6529.5.

（a）联合权力机构如包括某个联邦政府认可的印第安人部落，则无权依据《1985 年马克斯—鲁斯地方债券池法》[第 4 条（开始于第 6584 款）]批准或发行债券，除非债券拟资助的公共改建工程由联合权力机构或其一个或多个公共机构成员所拥有与维护，并且被质押用以偿还债券的收入流来自联合权力机构或其一个或多个公共机构成员，或来自政府资金或公共资金或账户的收益。

(b)当用于本节时,"政府资金或公共资金或账户"包括但不限于来自一个或多个公共机构成员,由其持有、属于其、归因于其或为其利益而持有的金钱或收入流构成的资金或账户,但不包括任何根据《政府法典》第2篇第3分篇第2部分第7.5章(开始于第12710款)分配之补助构成的资金或账户。

根据2011年立法第266章第2款(AB 3307)增加,2012年1月1日起生效。

6532.
(a)州立法机关认定并宣布,为了圣克拉拉(Santa Clara)市内及周边社区之最佳利益,包括圣克拉拉市和圣克拉拉市再开发管理局在内且旨在建设、运营与维护一个供职业足球队使用之体育场的联合权力机构,应获得授权可将体育场建设项目的唯一供应商合同发包给一个合格的设计施工承包商。这一授权可以使联合权力机构控制成本、提升效率并从专业化知识中受益。对本款的解释,不得影响联合权力机构与私人主体间订立的与体育场开发相关的任何合同,根据本款给予设计施工承包商的合同除外。

(b)(1)为与现行法律保持一致,圣克拉拉市和圣克拉拉市再开发管理局可缔结一个联合权力协议,为建设、运营与维护一个适于职业足球队使用,并坐落于北湾岸再开发项目区内的体育场及相关设施而设立和运营一个联合权力机构。根据本款设立的联合权力机构可称为"圣克拉拉体育场管理局"。除了(但不限于)拥有圣克拉拉市和圣克拉拉市再开发管理局共有的权力外,圣克拉拉体育场管理局应有权购买、资助、建设、管理、维护和运营一个适于职业足球队使用的体育场及相关设施。

(2)即使有第(1)目的规定,在运营或维护位于北湾岸再开发项目区内的体育场时,圣克拉拉体育场管理局和圣克拉拉市再开发管理局不得使用根据《健康与安全法典》(Health and Safety Code)第33670款分配给再开发管理局的房产税增值收益。

(c)(1)即使法律有其他规定并且必须遵守(d)项的规定,在所有下列因素具备时,圣克拉拉体育场管理局可将建造体育场的设计施工合同发包给一个合格的设计施工承包商,无须使用原本应该适用的招标程序:

(A)同意建设一个适于职业足球队使用的体育场的投票程序,被圣克拉拉市的选民以全市投票的方式予以批准。

(B) 圣克拉拉体育场管理局的管理部门确定合同的造价是合理的。

(C) 圣克拉拉体育场管理局的管理部门确定合同的发包符合其最佳利益。

(2) 根据第(1)目规定发包给一个合格设计施工承包商的合同，不能使用圣克拉拉市再开发管理局拨付的资金或根据《1982年梅略—鲁斯社区设施法》(Mello-Roos Community Facilities Act of 1982)(《政府法典》第5篇第2分篇第1部分第2.5章(开始于第53311款))设立的社区设施区提供的资金，不论是直接支付还是报销，除非这些资金是用以支付或报销分包合同规定的分包工作，分包合同由设计施工承包商按(e)项规定分包给最低价可靠投标人。

(d) 根据上述(c)项，只有在下列条件全部满足时，圣克拉拉体育场管理局方能发包设计施工合同：

(1) 设计施工合同不要求从圣克拉拉市的一般基金或企业基金中支出款项。

(2) 圣克拉拉市再开发管理局拨付资金的义务不能超过一个规定的最高额，该最高额不包括还本付息和其他相关财务成本，并且这些资金只能用于支付或报销分包合同规定的分包工作，分包合同由设计施工承包商按(e)项规定分包给最低价可靠投标人。在圣克拉拉市再开发管理局向联合权力机构负有的财政义务上，本目规定没有修改《社区再开发法》(Community Redevelopment Law)(《健康与安全法典》第24分篇第1部分(开始于第33000款))规定的要求与限制。

(3) 私人主体应为建设成本超支承担责任。

(e) 如果圣克拉拉体育场管理局根据本款规定分包设计施工合同，其应为合同的分包设立一个竞争性招标程序，并要求设计施工承包商使用该程序分包合同。该竞争性招标程序应规定合同在分包时可使用《公共合同法典》(Public Contract Code)第20133款所述之最低价可靠投标人或物有所值的方法。按物有所值方法分包的合同，不能使用圣克拉拉市再开发管理局拨付的资金或根据《1982年梅略—鲁斯社区设施法》[《政府法典》第5篇第2分篇第1部分第2.5章(开始于第53311款)]设立的社区设施区提供的资金，不论是直接支付还是报销。圣克拉拉市再开发管理局或社区设施区提供的资金只能用于发包给最低价可靠投标人的合同，其方式应与圣克拉拉市城市宪章规定的程序相一致。

(f) 即使有《民事法典》(Civil Code)第3248款的规定，对于根据本款发包的设计施工合同,圣克拉拉体育场管理局可在不低于合同金额一半或三亿美元（$300 000 000)这二者间,选择更低的一个作为付款保证金。

(g) 如圣克拉拉体育场管理局选择按本款规定推进项目建设,并使用设计施工合同建造适于职业足球队使用的体育场,它应在体育场建造完工后6个月内向州立法分析办公室提交一份项目报告,报告应包括但不限于所有以下信息：

(1) 对项目的简要描述。

(2) 项目的总建筑面积。

(3) 承包项目的设计施工实体。

(4) 在适当之处,对项目完工所需时间的预估和实际时长。

(5) 预估和实际的项目开支。

(6) 对涉及项目询价、投标、提案或发包任一方面的书面反对意见的描述,包括反对意见的解决。

(7) 对资格预审程序与标准的评估。

(8) 对合同发包所使用方法的描述。如采用的是《公共合同法典》第20133款所述之物有所值法,报告应介绍评估投标所考虑的因素,包括各个因素的加权和对方法论有效性的评估。

(h) 根据本款的规定,立法机关无意将设计施工合同应用于其他基础设施,包括但不限于：街道与公路、公共轨道交通或水资源设施,以及在体育场位置以外或相邻城市街道和房产以外的基础设施。

(i) 如果州交通运输部根据其他准据法,认为本款所计划的体育场的建造、运营或维护需要对州公路系统进行改善,所有下列规定应予适用：

(1) 即使本款有其他规定,针对州交通运输部认为对本款所计划之体育场的建造、运营或维护有必要的州公路系统工程,交通运输部是项目开发服务绩效的责任机关,这些项目开发服务包括性能指标、前期工程、投标前服务、准备项目报告和环境文件、项目设计以及建设监察服务。交通运输部也是准备相关文件的责任机关,这些文件包括但不限于：项目的规模、类型与期望的设计特征；涵盖材料、设备与工艺质量的性能指标；初步与最终计划和指标；以及所有对设计和建造满足交通运输部需求的项目所必需的其他信息。

(2) 为遵守《加利福尼亚州宪法》第22条,交通运输部可使用其雇员或咨询顾问提供上述服务。出于计算工作量的考虑，包括提供服务所必要的人员要求在内的部门资源，应纳入年度预算法案中交通运输部的基建投资支持项目。

(j) 本款的规定是可分割的。如果本款的任一规定或其应用被认定无效，该无效部分不影响其他有效的规定或其应用。除非本款另有规定，对本款的解释不得影响其他法律的适用。

根据2009年立法第330章第1款(SB 43)增加，2010年1月1日起生效。

6533.
(a) 为帮助某个成员公共机构购买水，东部水联盟联合权力机构的理事会可向其拨付可动用的资金，如果理事会认为这一供水将从总体上有益于圣华金县东部地下水盆地，并且该成员机构舍此资金将无法购水。《水法典》第10753.1款适用于本款下的所有地下水规制。当用于本款时，"地下水"一词具有和《水法典》第10752款(a)项之定义相同的含义。

(b)(1) 为补充联合权力机构的一般运营收入，在联合权力机构理事会的要求下，圣华金县政委员会可从县的一般资金或圣华金县防洪与水利区的第2区中拨款给联合权力机构。这些资金可用于实现联合权力机构的任一目标，且县或防洪与水利区已得到批准为该目标使用资金。

(2) 在接收第(1)目所述之资金时，该目并未给予联合权力机构以相比于其他公共机构的优先权。

(c) 联合权力机构应将其根据(b)项获得的县或区的资金存放于一个独立账户，并应在县或区的要求下，证明所有从该账户的开支仅用于执行联合权力机构和圣华金县或圣华金县防洪与水利区第2区的权力、项目及实现其目标。

(d) 根据《加利福尼亚州宪法》第13D条，联合权力机构为遵守本项规定，可在其管辖范围内，就改进后地下水管理与规划所产生的房地产相关服务，以及改善后的地下水位与地下水可用性按其规定向土地所有者征收规划实施费用。该规划实施费用系一项针对水的收费，并应遵守《加利福尼亚州宪法》第13D条第6款第(a)、(b)项规定的程序与要求，具体如下：

(1) 联合权力机构理事会每年可确定规划实施费用的数额，其不应超过由该费用资助的行为实施所需的年度开支。理事会可使用不超过五年的多年度预算来确定规划实施费用，并制定通过一份当下时间段的费用表。

(2) 在征收规划实施费用前,联合权力机构理事会应在机构管辖范围内,确定将从费用资助的行为受益的地块,征收规划实施费用的必要性,以及每一地块应收取的费用数额。对地块征收的费用数额,不应超过与地块挂钩的费用所资助行为的比例成本。联合权力机构应发布规划实施费用的书面通知,并按《加利福尼亚州宪法》第13D条第6款(a)项的规定举行一次公共听证会。当被确认拟收取费用的地块所有者中的多数人提交对费用的书面抗议时,联合权力机构不得征收规划实施费用。

(3)(A) 根据联合权力机构的选择,在县的纳税清册上,规划实施费用可以相同方式、由相同的人并在相同时间,与县的从价不动产税一起征收,不可分离。在此情形下,县审计长可从根据本段收取的费用总额中,减去用以补偿县实际征收成本的金额。

(B) 作为上述选择的替代,联合权力机构应按与规定的征收县从价不动产税相同的时间和费率,连同罚款及利息一起收取规划实施费用。

(4) 未支付的规划实施费用,连同因此产生的罚款与利息一起,构成对欠费地块的留置权,在行使时间和方式上等同于为保证支付县从价不动产税而产生的欠税不动产留置权。

(5) 对于联合权力机构下属任一成员公共机构范围内的地块,为替代其需缴纳的规划实施费用,联合权力机构的成员可通过决议方式决定向联合权力机构支付资金,该资金在数额上应相当于在成员机构管辖范围内征收规划实施费用可收取的金额,并且在支付时间上也等同于征收规划实施费用的时间。

(e) 在本款中,"联合权力机构"指的是东部水联盟联合权力机构。

(f) 在本款中,"圣华金县东部地下水盆地"指的是州水资源部第118—80号公告第38、39页所述之圣华金县东部盆地。

根据2003年立法第740章第2款增加,2004年1月1日起生效。

6534.

(a) 本款可被称为或被引用为《加利福尼亚州监狱犯人卫生服务改革法》。

(b) 为成立区域性犯人卫生服务联合权力机构,州惩教部依据本章,可与按《健康与安全法典》第23分篇(开始于第32000款)规定设立的一个或多个卫生保健区缔结联合权力协议。

（c）犯人卫生服务联合权力机构可用于与提供、购买或协调犯人卫生保健服务相关的用途，包括但不限于下列内容：

（1）提供依托于地区医院的外科手术、诊断、急诊、外伤治疗、急症护理、专业护理、长期看护和住院精神科护理。

（2）卫生保健服务的利用审查服务。

（3）卫生设施管理咨询服务。

（4）卫生保健合同设计、谈判、管理及相关的咨询服务。

（5）卫生保健质量监控、管理和监管的咨询服务。

（6）医师与卫生保健人员的招聘服务。

（7）为提供犯人的卫生保健服务，设计、建造和运营专用的、安全的、依托于社区的卫生保健设施。

根据 2004 年立法第 310 章第 2 款增加，2005 年 1 月 1 日起生效。

6535.

如果联合权力协议的某个缔约当事人是一个根据《福利与机构法典》(Welfare and Institutions Code) 第 14018.7 节、14087.31 节、14087.35 节、14087.36 节、14087.38 节或 14087.9605 节设立的实体，则根据本条批准的联合权力协议所设立，并同时得到《健康与安全法典》第 2 分篇（开始于第 1340 款）第 2.2 章批准的实体，应和根据《福利与机构法典》第 14018.7 节、14087.31 节、14087.35 节、14087.36 节、14087.38 节或 14087.9605 节设立且作为联合权力协议缔约当事人的实体一样，遵守所有应适用之规定，包括但不限于治理、公共文档的要求、公开会议的要求以及利益冲突。

根据 2005 年立法第 516 章第 1 款增加，2005 年 10 月 4 日起生效。

6536.

即使本章有其他规定，在租赁自洛杉矶县的土地上举办展会和其他活动及交易会的私立非营利法人，为互利使用公有土地，可与第 6500 款所述之公共机构缔结联合权力协议。根据该联合权力协议组建的机构应视作第 6507 款所述之公共实体。

根据 2005 年立法第 122 章第 1 款增加，2006 年 1 月 1 日起生效。

6537.

(a) 州立法机关认为,为实现蒙特雷半岛上社区之最佳利益,根据本条组建,其成员包括蒙特雷半岛水管理区和一个或多个其他公共机构的联合行使权力机构,可获准发行水费减免债券(以下简称为"机构债券")。为提供必要的储备金并支付机构债券的发行成本,根据《公用事业法典》(*Public Utilities Code*)第 1 分篇第 1 部分第 4 章第 5.7 条(开始于第 849 款)发布的融资命令,机构债券的收益将用于购买由某个合格自来水公司的下属机构发行的水费减免债券。只有当委员会在融资命令中认定,由于可以得到联邦或州的所得税豁免,机构债券的发行能够为蒙特雷半岛的用水客户节省资金时,机构债券方能发行。

(b) 即使法律有其他规定,联合权力机构可根据本章第 2 条(开始于第 6540 款)或第 4 条(开始于第 6584 款)发行债券。当机构按本款规定发行债券时,虽然本法典第 5 篇第 2 分篇第 1 部分第 4 章第 5 条(开始于第 53760 款)有所规定,机构不得根据《美国法典》第 11 篇第 9 章(开始于第 901 款)提出破产申请,只要债券和任何相关的融资成本尚未偿付或偿还,并且在偿还债券及相关融资成本后的一年零一天内,仍不得申请破产。

根据 2014 年立法第 482 章第 5 款(SB 936)增加,2015 年 1 月 1 日起生效。

6538.

(a) 即使本章有任何其他规定,根据联邦的《国内税收法典》(*Internal Revenue Code*)第 501 款(c)项(3)目成立,致力于向无家可归者提供服务或防止露宿的一个或多个私立非营利法人,可组建一个联合权力机构或与一个或多个公共机构缔结联合权力协议。根据该联合权力协议组建的机构应视为是第 6507 款所述之公共实体,但是,即使有其他法律的规定,该机构不得借债。

(b) 根据(a)项,本款规定的联合权力机构或协议之目的,在于鼓励和便利公共机构与非营利法人之间必要的信息共享,从而能确认识别那些靡费资金最多、最经常使用公共应急服务的人,其目的是为无家可归者或为防止露宿提供第 65582 款(e)项所述之经常用户协调照顾与住房服务。

(c) 根据(a)项组建的机构,应由理事会进行治理,理事会的组成应由参与的公共机构决定。私立非营利法人在理事会中的代表不得超过50%。

（d）本款规定的有效期至2024年1月1日，并应在该日期后被废止。

根据2015年立法第188章第1款（AB1403）增加，2016年1月1日起生效。根据其自身规定，自2024年1月1日起废止。

6539.

即使有其他法律的规定，橙县消防局理事会的组成不应包括替补成员。

根据2016年立法第504章第1款（AB1217）增加，2017年1月1日起生效。

6539.5.

（a）（1）即使有其他法律，橙县及其辖区内的城市可根据本章缔结联合权力协议，设立与运营联合权力机构以出资提供房屋，帮助橙县内的无家可归人口和《健康与安全法典》第50093款所述之极低收入、非常低收入及低收入者与家庭。

（2）根据本款设立的联合权力机构应被称为"橙县住房金融信托局"，并应按本款规定设立和运营。

（b）橙县住房金融信托局应由理事会进行治理，理事会由代表橙县的民选官员和参与缔结联合权力协议的城市代表组成。

（c）即使有其他法律规定，橙县住房金融信托局可从事下列行为：

（1）为规划和建设各种类型与居住期限的住房提供资金，供给无家可归人口和《健康与安全法典》第50093款所述之极低收入、非常低收入及低收入者与家庭，包括但不限于永久支持性住房。

（2）接受公共和私人的资助与资金。

（3）批准和发行债券、出资证明或其他债务票据，用前述第（2）目所述且被橙县住房金融信托局质押之资金和资助进行偿还。

（d）橙县住房金融信托局应将年度财务报表和审计要求纳入其联合权力协议，从而实现最大限度的透明并披露有关其接受与使用资金的公共信息。年度财务报表应显示资金如何促进橙县住房金融信托局实现其目标。

（e）橙县住房金融信托局应遵守其接受的每个特定州经费来源的规制指引。

根据2018年立法第336章第2款（AB448）增加，2019年1月1日起生效。

第二条 发行收入债券的权力（第 6540—6579.5 款）

（本条根据 1955 年立法第 329 章废止后增加）

6540.

当用于本条时，"债券"是指收入债券、票据或其他债务形式。

根据 1955 年立法第 329 章废止后增加。

6541.

当用于本条时，"债券持有人"或"持有债券者"或任何类似表述，指的是任何拥有未偿付的收入债券的持票人，或是届时将登记在持票人以外的其他人名下的债券所有者。

根据 1955 年立法第 329 章废止后增加。

6542.

"实体"在本条中是指联合权力协议根据本章第 1 条所规定的机构、理事会或委员会。这些机构、理事会或委员会是与参与缔结协议的公共机构相分离的实体。

根据 1955 年立法第 329 章废止后增加。

6542.1.

当用于本条时，"展会与博览会管理局"是指为资助或以其他方式促进农业、畜牧业、工业、文化或其他类型会展或博览会之目的，由联合权力协议所设立的实体。

根据 1980 年立法第 1356 章增加。

6542.5.

"地方政府"在本条中是指第 6500 款所述之公共机构中，除联邦政府或任何联邦部门或机构、本州、邻近州或任何州政府部门或机构以外的其他公共机构。

根据 1971 年立法第 721 章增加。

6543.

"管理部门"在本条中指的是根据本章第1条由联合权力协议规定设立的理事会或委员会。

根据1955年立法第329章废止后增加。

6544.

"发债契约"(Indenture)在本条中是指记载有发行收入债券的条款与条件的文书,它可能是决议、命令、协议或其他文书。

根据1955年立法第329章废止后增加。

6545.

当用于本条时,"项目"(Project)包括连同土地和必要的路外停车设施一起的建筑物、构筑物、改建和所有附属设施,由根据本条发行的收入债券提供资金。此外,针对生产或输送电力的设施,项目还包括该设施的所有者权益或得到电力容量的权利,不论该设施是整体还是部分位于州内或州外。针对电信系统或服务,项目还包括安装、提供或维护该系统或服务的合同。另外,项目也包括根据第6516款在协议中载明的所有目标。

根据1993年立法第190章第1款修订,1993年7月26日起生效。

6546.

除了其他权力外,第1条(开始于第6500款)所述之联合权力协议所规定的机构、委员会或理事会,可为了下列部分或全部之目标,根据本条发行收入债券,用以偿还购买或建设某个项目或执行某个项目而产生的成本与开支:

(a) 展览馆或其他为展示农业、畜牧业、工业或其他产品而举办展会或博览会的地方,包括可移动设备、娱乐设施和其他用以在几个地点举办展会或博览会的设施,包括《商业与职业法典》第19606.1款(a)项(1)目载明的那些项目和设施,《食品与农业法典》(Food and Agricultural Code)第3分篇第3部分第6章第3.5条(开始于第4161款)规定的项目与设施,以及《政府法典》第6516款所述之协议载明的目标。

(b) 举办体育活动、体育比赛、技巧竞赛、展览会、盛大活动及其他公共聚会的大体育馆、体育场、运动场、运动馆或其他建筑物。

(c) 其他公共建筑物，包括但不限于市、县、市与县、特别区或机构的综合行政设施。

(d) 区域性或地方的公园、休闲区或娱乐中心，以及所有相关的设施和改建。

(e) 为公共或私人使用而生产或输送电力的设施，以及因此而必要的所有权利、不动产和改建，包括燃料和水处理设施与资源。当用于本章时，"输送电力"不包括将电力最终配送到消费者的环节。

(f) 将固体或危险废物或有毒物质进行处置、处理或转化成能源和可再利用材料。

(g) 生产、贮存、输送或处理水或废水的设施。

(h) 地方的街道、道路与桥梁。

(i) 根据第 50029 款和第 66484.3 款建造桥梁和主干道。

(j) 公共交通设施或交通工具。

(k) 公有或公共运营的商业或通用航空机场及与机场相关的设施。

(l) 警察局或消防局。

(m) 市政工程设施，包括市政当局的场地。

(n) 由市、县、市与县、特别区或机构所有或运营的公共卫生设施。

(o) 刑事司法设施，包括法院大楼、监狱、青少年管教所和青少年拘留设施。

(p) 公共图书馆。

(q) 公有或公共运营的汽车停车场。

(r) 由市、县、市与县或住房管理机构所有或运营的低收入者住房项目。

(s) 在《健康与安全法典》第 24 分篇第 1 部分（开始于第 33000 款）的《社区再开发法》设立的项目区域中批准的公共改建工程。

(t) 根据《街道与公路法典》第 7 分篇（开始于第 5000 款）的《1911 年改建法》、第 10 分篇（开始于第 8500 款）的《1915 年改建债券法》、第 12 分篇（开始于第 10000 款）的《1913 年市政改建法》以及《政府法典》第 5 篇第 2 分篇第 1 部分第 2.5 章（开始于第 53311 款）的《1982 年梅略—鲁斯社区设施法》批准的公共改建工程。

(u) 电信系统或服务，包括但不限于安装、提供或维护该系统或服务。

(v) 管理、节约、再利用或回收利用电容量或能源、天然气、水、污水或再生水的项目、设施、权利、所有权和改建工程,包括需求面或负荷管理,以及设计旨在削减能源需求或允许、提升高效使用能源的其他项目与设施。

基于本项之目的,"项目"(Programs)应包括依据可适用的通用会计准则由资本账户支付开支的活动,或实体要求通过资本账户支付开支的活动,这些实体由州公用事业委员会或其他州的规制部门进行管理。

(w)支持前述所列举设施必要的设备或提供公共服务所必要的设备,包括但不限于电信设备、电脑和服务车辆。如果联合权力实体或其各个组成单位有权购买、建设、维持或运营一个或多个本款所述之项目,并且各组成单位根据第6547.5款、6547.6款或6547.7款,约定将拨付的款项应用于偿还债务,则可依据本条发行债券。

根据1994年立法第1080章第2款修订,1994年9月29日起生效。

6546.1.

在洛杉矶县,为购买、运营、修理、维护、改进和管理好莱坞—伯班克机场并使之成为一个公共机场,根据修订后的《1958年联邦航空法》(Federal Aviation Act of 1958),各个城市按本章第1条(开始于第6500款)缔结的联合权力协议所规定的机构、理事会或委员会,可依据本条负责具体的执行工作并批准发行收入债券,为购买、修理、改进该项目及为项目的融资和再融资提供资金,包括支付所有设施与改建工程和所有附带或相关联的开支。当地方政府作为联合权力协议的当事人时,属于其并由其征收或收取的房产税收入不得用于赎回该收入债券,除非批准将房产税收入用于前述用途的法令被地方政府的选民在该议题上以多数票通过。在机场运营中,上述独立公共实体不得允许或批准任何与机场相关,并且会导致噪声影响区范围扩大的活动。噪声影响区的标准是和社区噪声相同等级的70分贝,由《加利福尼亚行政法典》(California Administrative Code)第21篇第2.5章第6节设立。由该节规定的社区噪声等效声级不论维持不变还是后续有所修改,都应得到上述实体的进一步遵守。

独立公共实体应执行《加利福尼亚行政法典》第21篇第2.5章第6节规定的噪声监控要求。此外,实体应勉力建设所有合理可用的林荫道,确保噪声的不利影响减轻到合理可能的最大限度。

独立公共实体不得批准或允许加长机场的跑道,此处的跑道是指在机场地产上跑道的已铺设部分,或自本法生效之日起,不得批准或允许购买已被分区规划为居住用地的有危险性不动产的所有权。

根据本款发行收入债券的权力自 1980 年 12 月 31 日之后不再有效,除非:(1)实体已经在 1980 年 12 月 31 日或之前首次发行了收入债券;或(2)实体因诉讼而无法首次发行收入债券以实现本款之目标,在此情况下,根据本款首次发行收入债券的权力在诉讼作出最终裁决且在此之后一年内应继续有效。如果实体已经在前一句所述之(1)或(2)两个时间段内首次发行了收入债券,则只要本款仍然有效,根据本款发行收入债券的权力便继续有效。

根据 1978 年立法第 62 章修订。

6546.2.

除了其他权力外,根据本章第 1 条(开始于第 6500 款)订立之联合权力协议所规定,并由第 28020 款决定在一个三等县设立的机构、委员会或理事会,可通过法令按本条的规定批准发行收入债券,用以支付购买或改善地区公园或地区公共休闲区,以及所有与之相关的设施与改建的成本与开支。

根据 1973 年立法第 514 章增加。

6546.3.

即使法律有其他规定,只有在地方政府管理部门制定的批准地方政府缔结一个或多个长期或短期租赁合同或协议的法令生效之后,地方政府方能与依据第 6546.2 款组建的联合权力实体缔结一个或多个长期或短期租赁合同或协议。当且仅当法令首先被地方政府的选民以多数票通过后,根据本款制定的法令才能生效。一般而言,提交给选民投票的法令应包括以下内容:

(a) 介绍拟长期或短期出租的不动产或设施。

(b) 说明长期或短期租赁合同或协议可持续的最长时间段。

(c) 说明在长期或短期租赁合同或协议下,地方政府将支付给联合权力实体的最大金额,以及在此基础上每年或每月需支付的最大金额。

除了依据《财政收入与税收法典》第 1 分篇第 4 部分第 3 章第 4 条(开始于第 2260 款)设立的最大房产税率外,假如地方政府管理部门希望按某一房产税率额外进行征收或已经以其名义进行了征收,从而提供资金以准备有关计划与具体要求,支付租金和其他应由地方政府在长期或短期租赁合同或协议下须承担的费用,或支付其他与运营或维护地区公园或地区公共休闲区相关的成本与开支,管理部门可在拟提交给选民投票的法令中,对需要得到批准用于上述目的的附加房产税率,以及该附加房产税率获批的年限作出具体说明。来自附加房产税率的收入只能用于法令载明的用途。按附加房产税率进行征收时,应按《财政收入与税收法典》第2325款的规定向州审计长报告。

当用于本款时,"房产税率"应具有《财政收入与税收法典》第2213款所阐明的含义。

在本款中,"长期或短期租赁合同或协议"指的是涉及土地或永久性附着于土地之上的建筑物、构筑物或其他设施的租约、转租契约、合同或其他协议,这些合同或协议由地方政府与联合权力实体直接或间接订立,其全部或部分收益将由联合权力实体用于支付其根据第6546.2款发行之债券的本金或利息。

根据1975年立法第580章修订。

6546.4.

根据第6546.3款批准法令的地方政府管理部门,就法令是否应当通过的问题,应要求地方政府的合格选民举行一次投票。该投票的举行、进行以及游说,应与地方政府就一般政府保证债券的拟发行提交给其选民的投票采用相同或尽可能相近的方式。

基于本款之目的,地方政府的选民应当是有权在地方政府管理委员会成员的选举中进行投票的选民,如果机构的管理委员会系选举产生的话。同时,每个选民的投票应当具有和选举管理委员会成员时相同的权重。如果地方政府没有一个经选举产生的管理委员会,其选民应当是居住在地方政府的区划范围内并有资格在州长选举中对州长候选人进行投票者。当地方政府投票的结果是以多数票赞成通过法令,则应视为该法令已被通过。但是,只有在最终的游说拉票记录的认证副本被提交给州务卿后,该法令方能生效。

如果地方政府没有法定权力提交法令草案并呈送给机构的选民,该地方政府的管理部门可在其所有成员经多数票批准后,在例行会议上提交并呈送该法令草案。

根据1973年立法第514章增加。

6546.5.

假如在根据第6546.4款举行的投票表决中,有三分之二以上票数反对通过法令,则基于相同或实质相同目的批准地方政府缔结长期或短期租赁合同或协议的法令,自上次投票之日起一年内不得再次呈送给地方政府的选民。

根据1973年立法第514章增加。参见由1994年立法第1152章增加的同一编号条款。

6546.5.

对于根据第6546款(g)项获得授权,为生产、贮存、输送或处理水或废水的设施而发行收入债券的机构、委员会或理事会而言,该授权所针对的设施包括从水中移除危险物质、污染物质或污染物的设施。

根据1994年立法第1152章第2款增加,1995年1月1日起生效。参见由1973年立法第514章增加的同一编号条款。

6546.6.

除了其他权力外,根据本章第1条(开始于第6500款)由各城市订立之联合权力协议所规定,并由第28020款决定在一个五等县设立的机构、委员会或理事会,可按本条的规定发行收入债券,用以支付因购买、建设或改进收集、处理或处置下水道、废水或雨水的设施而产生的全部或部分成本与开支,假如上述实体有权建设、维护或运营这些设施。

根据1981年立法第6章第1款增加,1981年3月2日起生效。

6546.7.

公共机构根据本条可缔结联合权力协议以设立一个展会与博览会管理局,并赋予其发行收入债券的权力为项目提供资金。当州食品与农业部作为缔约当事人参与设立展会与博览会管理局时,管理局可与柑橘类水果展览会签订合同,为该类展览会项目提供资金资助并为此目的发行收入债券。当县作为缔约当事人参与设立展会与博览会管理局,并且该县根据《政府法典》第25905款和25906款,或其他类似或后续条款,与某个非营利法人缔约举办展览会时,展会与博览会管理局可与该非营利法人签订合同,为该类展览会项目提供资金资助并为此目的的发行收入债券。

根据1980年立法第1356章增加。

6546.11.

除了其他权力外,行使由《健康与安全法典》第 24 分篇第 1 部分第 8 章(开始于第 33750 款)或第 24 分篇第 13 部分(开始于第 37910 款)所赋予权力的联合权力实体,可为这些法律条款所载明之目的,并遵守上述条款所规定的程序而发行收入债券。

根据 1982 年立法第 1159 章第 1 款增加。

6546.12.

在任何一个经上次官方人口普查确定人口超过 400 万的县,根据第 1 条(开始于第 6500 款)由各城市订立之联合权力协议所规定的机构、委员会或理事会,为购买土地,构思、设计、建造、运营、维护、改进和管理联运集装箱中转设施之目的,可依据本条负责具体的执行工作并批准发行收入债券,用以购买土地,构思、设计、建造和改进该项目,包括所有的设施与改建工程和所有附带或相关联的开支。根据本款发行收入债券的权力,自 1995 年 12 月 31 日之后不再有效,除非:(1)实体已经在 1995 年 12 月 31 日或之前首次发行了收入债券;或(2)实体因涉及首次发行问题的诉讼而无法首次发行收入债券以实现本款之目标,在此情况下,根据本款首次发行收入债券的权力在诉讼作出最终裁决且在此之后一年内应继续有效。如果实体已经在前一句所述之(1)或(2)两个时间段内首次发行了收入债券,则只要本款仍然有效,根据本款发行后续其他收入债券的权力便继续有效。

对原第 6546.6 款(根据 1983 年立法第 914 章修订)重新编号后,根据 1984 年立法第 193 章第 33 款增加。

6546.13.

(a)阿拉米达走廊(Alameda Corridor)交通管理局或其后续机构,为购买土地,构思、设计、建造和改进项目之有限目的,包括综合交通走廊的所有设施与改建工程以及所有相关的融资成本,可根据本条发行收入债券,或根据第 4 条(开始于第 6584 款)发行债券。不合格费用包括维护、运营和管理综合交通走廊的费用开支。

(b)在本款中,"综合交通走廊"是指为改善通向长滩港与洛杉矶的公路或铁路而设立的交通走廊。

(c) 用以支付本款所批准之债券本金和利息的预期收入来源或其他资金，包括来自长滩港与洛杉矶的收入或质押物、铁路使用费、卡车费以及来自其他公共和私人来源的质押物。

(d) 联合权力实体在根据本款规定寻求获得批准发行收入债券时，应遵守第6547款和6547.5款。

(e) 根据《1985年马克斯—鲁斯地方债券池法》(第4条，开始于第6584款)，联合权力实体在本款下寻求发行债券时，应遵守第4条(开始于第6584款)之下的所有规定。

(f) 根据本条发行收入债券或根据第4条(开始于第6584款)发行债券的权力，在2015年12月31日之后不再有效，除非：(1)联合权力机构已经在2015年12月31日或之前首次发行了收入债券；或(2)联合权力机构因涉及首次发行问题的诉讼而无法首次发行收入债券或债券以实现本款之目标，在此情况下，根据本款首次发行收入债券和根据第4条(开始于第6584款)发行债券的权力，在诉讼作出最终裁决且在此之后一年内应继续有效。如果联合权力机构已经在本项规定的(1)或(2)两个时间段内首次发行了收入债券或债券，则只要首次发行的收入债券或债券仍然未清偿和未支付，发行后续其他收入债券或债券，并且根据本条偿还已发行之收入债券或根据第4条(开始于第6584款)偿还债券的权力，应继续有效。

根据1991年立法第568章第1款增加。

6547.

实体发行收入债券的权力，与联合权力协议缔约当事人共有的权力并行不悖，但只有在协议各方当事人批准后方能行使。不过在展会与博览会管理局发行收入债券的情况下，这一批准程序并非必要。如果发行收入债券的实体系根据本章设立，并按第66484.3款的规定以建设桥梁和主干道为目标，实体发行收入债券的权力应通过决议方式行使，该决议应由实体的管理部门在根据第54954款召开的例行会议上以多数票通过。但是，只有成员所代表的公共机构之前已经用决议方式批准成员就该特定问题进行投票表决，实体的成员方可就债券发行的问题进行表决。对于依据本章设立，执行第6546.13款所述之综合交通走廊项目的实体,如其打算发行收入债券,其发行的权力应由实体的管理部门以多数票通过的决议方式行使。对于生产或输送电力的项目或将固体废物处置、处理或转化成能源和可再利用材料的项目,联运集装箱中转设施的项目,或根据第 66484.3 款建造桥梁和主干道的项目,发行权还应包括为资助研究,取得优先权与许可,以及在从事项目建设或购买之前需要承担其他初步成本,或是为了建设或购买某一项目的成本提供临时融资而发行票据的权力。这些票据可公开发售或内部认购,并可不时予以延期,其本金与利息除了从收入债券的收益中进行支付外,还可从实体的收入中予以偿付。

各地方政府应以法令形式作出本款第一句话所述之批准,除非本款另有规定。除本款已有规定外,法令还应概括性描述拟由收入债券资助的一个或多个项目,债券拟发行的最大金额,以及赎回债券的预期收入来源。对于生产或输送电力的项目或将固体废物处置、处理或转化成能源和可再利用材料的项目,联运集装箱中转设施的项目,或根据第 66484.3 款建造桥梁和主干道的项目,法令应概括性介绍拟由收入债券或票据资助的项目、相关研究或其他因此产生的初步成本,为项目、相关研究或其他初步成本而发行之债券的预估最大金额,以及用以支付债券或票据的本金与利息的预期收入来源或其他资金。对于第 6546.13 款所述之综合交通走廊项目,批准决议应概括性描述拟由收入债券资助的一个或多个项目,为这些项目而发行之债券的最大金额,以及用以支付债券本金与利息的预期收入来源或其他资金。但是,如果需要(且以此为限)额外发行债券或票据以完成对项目、研究或其他初步成本的资助,法令对债券或票据预估最大金额的陈述,并不意味着在法令没有进一步授权的情况下,禁止在实体发行债券或票据的法令所批准的金额上超出预估。每个法令都应声明,它需要遵守《选举法典》(Elections Code)第 9142 款规定的公民投票条款。

每一次实体拟单独发行的债券都需要单独批准,除了在生产或输送电力的项目或将固体废物处置、处理或转化成能源和可再利用材料的项目,联运集装箱中转设施的项目,或根据第 66484.3 款建造桥梁和主干道的项目中,不定时的分期发行债券只需要单独一次批准,如果该债券在批准文件中已确认系为了资助项目、研究成本或其他初步成本而发行。

如果在 1971 年 3 月 4 日之前,一个或多个地方政府或公共机构根据联合权力协议,已经采取正式行动实施一个或多个有待购买或建设的项目,则对法令的

要求和在此基础上公民投票的权利不适用于收入债券的发行。实施一个或多个项目的正式行动应包括,但不限于以下内容:

(a) 实质性承担建筑或工程合同或其他与项目有关合同的责任。

(b) 为项目而购买土地或改建工程。

(c) 为项目注入大量资金。

即使有联合权力协议的当事人批准发行收入债券的要求,在生产或输送电力的项目全部或部分由发行收入债券提供资金的情况下,只有那些约定将拨付的款项应用于偿还收入债券的地方政府才需要批准发行收入债券。根据第50029款或第66484.3款,本款所要求的批准发行建设桥梁和主干道项目的收入债券,可通过法令或决议的形式。

根据2009年立法第557章第3款(SB 99)修订,2010年1月1日起生效。

6547.1.

已经获得批准根据本条行使权力发行收入债券的实体,根据本款应拥有承担其他形式债务的进一步的额外权力。此处所述之进一步的额外权力,只有在协议各方当事人批准后方能行使。此处所述之债务,可表现为根据本条发行的一种或多种面额的债券,或由票据、权证或其他形式的债务凭证组成。在可出售的情况下,它们由根据本条已批准或发行的全部或部分之债券作为质押物进行担保。前述发行的债券、票据、权证或其他形式的债务凭证应为可转让的,在此情形下它们可以兑现。根据本款,批准承担债务的决议可按其意愿订立任何契约并规定任何条款或条件,只要根据本条发行的债券规定了可以销售或以其他方式处置被担保的债券,以及包含有实体的管理部门认为对促进承担前述债务或保护出借人有必要或有意义的任何其他契约、条款或条件。对此类债务的清偿,只能使用本条所批准的用于支付债券本金与利息的资金来源,或使用根据本条发行的调换债券的收益。当公共机构作为设立实体的联合权力协议的缔约当事人时,实体的此类债务不得构成公共机构的债务、责任或义务。

根据1957年立法第943章增加。

6547.2.

对于按第6547款需要进行公民投票的法令而言,颁布其的通知应在通过法令后的 15 日内，按第 6040.1 款的要求予以公开。

如果某个地方政府根据第 6547 款不具有颁布法令的法定权力，其管理部门有权在例行会议或延期的例行会议上，通过其所有成员的多数票表决批准提交和颁布法令。如果地方政府的法令无须进行公民投票，则(1)地方政府的管理部门可将根据第 6547 款颁布的法令提交给地方政府的选民，在方式等同于县政委员会按《选举法典》第 9140 款向选民提交县的有关问题；以及(2)地方政府的选民应当有权请求就法令进行公民投票，在方式和规则上遵循《选举法典》第 9141 款至 9145 款的规定，除非这些款所提及的计算过程和县的官员应被解释为可适用于类似的计算过程和地方政府的官员。如果地方政府的管理委员会系选举产生，本款所述之地方政府的选民应当是其区划范围内有权在管理委员会成员的选举中投票的选民。如果地方政府没有一个经选举产生的管理委员会，在地方政府区划范围内居住，并有资格在州长选举中对州长候选人投票的选民，应当是本款所述之地方政府的选民。

根据 1994 年立法第 923 章第 35 款修订，1995 年 1 月 1 日起生效。

6547.3.

如果根据第 6547 款颁布并批准实体发行收入债券的法令经过了一次成功的公民投票表决，或是被地方政府所撤销或废止，地方政府自公民投票、撤销或废止之日起一年内，不得再通过基于相同目的批准实体发行收入债券的法令。

根据 1971 年立法第 721 章增加。

6547.4.

除了颁布法令的要求和公民投票的权利外，在州立法机关 1971 年常务会议上通过的第 6547 款的修订案，不得限制或影响公共机构任何此前既有的权利，即作为当事人缔结联合权力协议并批准协议设立的实体根据本条发行债券。前述权利还包括实现该公共机构之公共目的，不论该公共机构是否有义务出资或拨付公共资金或财物。

根据 1971 年立法第 721 章增加。

6547.5.

只有在订立联合权力协议的当事人所通过的法令批准下，根据本章设立的联合权力实体方可根据本条发行收入债券。这些当事人可约定将拨付款项应用于偿还收入债券，条件是不参与协议的当事人无须承担债券发行的清偿责任。

根据 1985 年立法第 868 章第 3 款增加，1985 年 9 月 23 日起生效。

6547.6.

只有在订立联合权力协议的当事人所通过的法令批准下，根据本章设立的联合权力实体，方可根据第 6547.1 款承担第 6546 款载明之一个或多个项目所产生的其他形式的债务。这些当事人可约定将拨付款项应用于偿还债务票据，条件是不参与协议的当事人无须承担这些债务票据的清偿责任。

根据 1985 年立法第 868 章第 4 款增加，1985 年 9 月 23 日起生效。

6547.7.

根据本章设立的联合权力实体，可根据《健康与安全法典》第 31 分篇第 5 部分（开始于第 52000 款）发行抵押贷款收入债券，以及根据《加利福尼亚州产业发展融资法》(California Industrial Development Financing Act)（第 10 篇，开始于第 91500 款）发行产业发展债券。

根据 1985 年立法第 868 章第 5 款增加，1985 年 9 月 23 日起生效。

6547.8.

联合权力机构管理部门的成员不应为债券承担个人责任，或因为根据本章为债券的发行承担任何个人责任或受到问责。

根据 1997 年立法第 920 章第 1 款增加，1997 年 10 月 12 日起生效。

6547.9.

对于根据本章设立的联合权力机构的联邦税问题，州财政部长是指定的民选代表。对联合权力机构而言，只有在联邦税法要求州财政部长对联合权力机构发行或以其名义发行的债券、票据或其他债务凭证作出批准时，州财政部长才有权批准或确认这一发行。

根据 2001 年立法第 186 章第 1 款增加，2002 年 1 月 1 日起生效。

6548.

收入债券的发行,用以为前述项目的购买、建设与融资提供所需的全部或部分资金,包括附带或相关的部分或所有开支。这些开支可包括工程设计费、检查费、法律和会计等中介机构的费用、发行与销售前述债券的成本、营运资本、储备金以及在建设阶段和建设完成后不超过 12 个月的时间段内预计产生的债券利息。债券收益只能用于据以发行收入债券的发债契约中规定的项目。

根据 1957 年立法第 943 章修订。

6548.5.

机构或实体因根据本条发行债券所收取或以其名义收取的费用标准,根据第 2 篇第 1 分篇第 11.5 章(开始于第 8855 款)的规定,应在提交给加利福尼亚州债务与投资咨询委员会的最终销售报告中予以披露。

根据 2009 年立法第 557 章第 4 款(SB 99)增加,2010 年 1 月 1 日起生效。

6549.

规定债券发行的条款与条件,以及相关约定事项的发债契约,应体现在决议中或以决议方式批准。此类发债契约应介绍或说明用以偿还债券的收入与资金来源。这些收入与资金包括来自使用债券收益的项目的运营收入和由此产生的其他收入,以及包括来自联合权力实体的任何其他建筑物、大体育馆、体育场、设施或其他渠道及任一或所有增建或更新改造部分的收入,包括其既有资金在内。

根据 1957 年立法第 943 章修订。

6550.

支付债券本金与利息的款项,应:

(a) 首先,来自已经使用或将要使用债券收益的项目的运营收入,或来自前述项目的任何其他收入;

(b) 其次,来自实体的包括其既有资金在内的其他收入,根据第 6549 款,在发债契约中这些收入被介绍或说明为债务的担保。

根据 1957 年立法第 943 章修订。

6551.

根据本条发行的收入债券，以及为实现债券发行之目标而缔结，并且全部或部分用前述债券收益来清偿的合同或相应义务，在公共机构作为设立实体的联合权力协议当事人时，不得构成公共机构的债务、责任或义务。

根据1968年立法第972章修订。

6552.

实体发行的所有债券应在其票面包含一段说明，即本金或其一部分的偿还，或因此产生之利息，在公共机构作为设立实体的联合权力协议当事人时，不得构成其债务、责任或义务。

根据1955年立法第329章增加。

6553.

批准发行债券的发债契约应列举债券发行的目标和用途，它们可包括本条所载明的任一或全部目标，并且应包含以下内容：项目；债券本金的金额；需要支付但不超过第53531款允许的最大利率，按管理部门决定的间隔进行支付，并且利率可以是固定的或可变的，可以是单利或复利；债券发行的日期；债券的到期日；用以支付债券及其利息以及赎回债券的附加费用的资金；实体管理部门根据本条认为有必要或值得批准的其他规定。但是，如果是生产或输送电力的项目，最大利率不得适用于项目此前已经发行过债券，为继续或完成项目融资而新发行的债券。所发行的债券应为可转让的，并且可以兑付。根据本条发行和销售的收入债券中的说明部分或程序的规范性，应视为是遵从本条及债券有效性的确定性证据。债券可发行和销售给美利坚合众国或加利福尼亚州，或其任何适当之部门或机构，从而当美利坚合众国或加利福尼亚州或其机构贷款给根据本章缔结之协议所设立的机构时，可以为支付贷款的本金与利息提供资金来源。

根据1987年立法第212章第1款修订，1987年7月23日起生效。

6554.

批准发行债券的发债契约应规定债券的面额，支付本金与利息的方式，支付前述债券与利息的地点（可以在加利福尼亚州内或州外），前述债券的格式（包括说明部分或程序的规范性)和附属的息票格式,临时债券或临时凭证的格式、面额与条件,债券或凭证上的手写签名与复制签名(其中有一个签名必须为手写),以及息票上的手写或复制签名。

根据1955年立法第329章增加。

6555.

在批准发行前述债券的发债契约上,管理部门还可以确定额外的条款与条件,并且可以在具体条款中,对其认为有必要或有意义之处,就促进债券的发行与销售或是为了保护或保证债券持有人的安全作出规定或承诺。这些规定包括在不影响前述事项一般性的情况下,对本条第6556款至6568款所述事项的部分或全部作出规定。

根据1955年立法第329章增加。

6556.

就前述债券的清偿、到期之前赎回(包括在到期之前赎回债券须支付的溢价,如果有的话)、交易、登记、转让和洽兑,前述发债契约可规定相应的条款与条件。债券在到期之前不得赎回,除非债券中含有实质上体现赎回意思的声明。

根据1955年立法第329章增加。

6557.

前述发债契约可包括与据此发行之债券相关的承诺或其他条款,这些承诺和条款要求实体设定、规定和收取费用、通行费、规费、租金收入或其他费用,它们与利用债券收益购买或建设的项目所提供的服务和设施相关联。发债契约还会要求当债券到期时,这些费用、通行费、规费、租金收入或其他费用足以支付债券的本金和利息,同时还有项目运营、维护和修理的所有开支,以及为进一步担保债券而提供偿债基金、储备金或其他特别基金所需的额外款项,或是与项目相关的折扣费或其他费用。但是,与项目提供的服务和设施相关的所有费用、通行费、规费、租金收入或其他费用,应当遵守在设立实体的公共机构间订立的合同或协议中包含的相关条款(如果有的话)。

根据1955年立法第329章增加。

6558.

发债契约中的承诺或其他条款,可规定不同于或用以代替第1条(开始于第6500款)所要求之内容,它们涉及收取、存放、妥善保管收入,经许可使用收入,为支付债券本金和利息而准备的专门资金,包括储备金、偿债基金、债券服务基金、赎回资金和信托基金,以及用收入基金支付的债券可用为此建立的专门资金予以清偿;任命受托人;经许可为财富投资于前述基金或其他基金,保留的账目与记录,债券持有人和其他人所作的审计与检查,以及实体所作的报告。对任命受托人作出规定的发债契约,应对受托人的投资权力进行限定,要求其按第53601款的规定进行投资。

根据1974年立法第544章修订。

6559.

发债契约中的承诺或其他条款,可规定与项目或其某一部分相关的保险,用以防范部分或全部之风险,以及在发生损失的情况下,如何运用保险赔款。

根据1955年立法第329章增加。

6560.

发债契约中的承诺或其他条款,可规定禁止或限制以销售、租赁或其他方式处置项目或其某一部分。

根据1955年立法第329章增加。

6561.

发债契约中的承诺或其他条款,可规定禁止或限制额外发行以项目收益来偿还的债券,或承担额外的债务。

根据1957年立法第943章修订。

6562.

发债契约中的承诺或其他条款可以规定,经一定比例或数量的债券持有人同意或协商一致后,可要求所有债券持有人服从批准或规定债券发行的发债契约中全部或部分条款的修改或变化,并且修改或变化后的条款应在发债契约中作出详细说明或声明。

根据 1955 年立法第 329 章增加。

6563.

发债契约可规定债券副本发行的方式，以及副本发行所基于之联合权力实体管理部门确定的条款与条件，以防所发行之债券、临时债券、息票或临时凭证丢失、毁坏或残缺。

根据 1955 年立法第 329 章增加。

6564.

发债契约中的承诺或其他条款，可规定禁止缔结任何破坏项目或其某一部分合作的协议，这种合作是确保有足够收入能支付债券本金与利息所必要的，或禁止缔结在项目收入或合作方面，另外有损持券人权利的协议。

根据 1955 年立法第 329 章增加。

6565.

发债契约可规定债务违约的事项，和债券在到期之前被宣布应兑付的条款，以及取消到期公告和其结果的条款。

根据 1955 年立法第 329 章增加。

6566.

发债契约可规定因联合权力实体破坏发债契约所作的承诺、条件或义务而产生之权利、义务、权力和责任。

根据 1955 年立法第 329 章增加。

6567.

发债契约可规定一个财务代理人以及随后的基金存款。

根据 1955 年立法第 329 章增加。

6568.

发债契约可包含其他在加利福尼亚州宪法和美国联邦宪法下有效的条款或

承诺，如果实体的管理部门认为这些条款或承诺的规定对促进债券的发行与销售，或对保护债券持有人的安全有必要或有意义。

根据 1955 年立法第 329 章增加。

6569.

批准发行前述债券的发债契约和前述债券发行过程中所作的所有决议或命令，均构成与债券持有人的合同，并且持券人可通过执行令、禁止令或任何可适用之法律行为、诉讼、程序或其他救济措施要求执行此类合同。

根据 1955 年立法第 329 章增加。

6570.

根据本法发行的债券，应在从发行之日起不超过 40 年的时间内清偿。债券发行时有效的联合权力协议可规定，债券的到期时间不得晚于机构、理事会或委员会的任期。

根据 1955 年立法第 329 章增加。

6571.

债券的发行与销售应由实体的管理部门决定，且销售时不得低于票面价值和到交割日为止的待付利息，除非在生产或输送电力的项目，将固体废物处置、处理或转化成能源和可再利用材料的项目，第 6546.6 款所述之用途的项目，根据第 66484.3 款建造桥梁和主干道的项目，第 6546.6 款所述之联运集装箱中转设施的项目，第 6546.13 款的综合交通走廊项目，根据《港口与航行法典》第 6 分篇第 1 部分（开始于第 1690 款）为提供口岸或港口基础设施而组建的联合权力机构所资助的项目中，或在展会与博览会管理局发行的债券中，如果管理部门认为能给债券销售带来更有利条件，亦可低于票面价值销售。债券的销售应遵守第 1 篇第 6 分篇第 10 章（开始于第 5800 款）的规定，除非在生产或输送电力的项目，将固体废物处置、处理或转化成能源和可再利用材料的项目，第 6546.6 款所述之开发与建设联运集装箱中转设施的项目，第 6546.13 款的综合交通走廊项目，根据第 66484.3 款建造桥梁和主干道的项目，根据《港口与航行法典》第 6 分篇第 1 部分（开始于第 1690 款）为提供口岸或港口基础设施而组建的联合权力机构所资助的项目中，或在展会与博览会管理局发行的债券中,管理部门认为有必要对债券作议价销售。在此情形下,债券应根据管理部门批准的条款进行销售。

债券销售的收益(除去溢价和待付利息,它们应存入为支付债券本金或利息而指定或设立的债券服务或其他基金)应直接打入建设基金或批准发行债券的发债契约指定的其他基金中,并专门用于发债契约所规定的目标和用途上,包括所有附带或与之相关的开支,也包括在项目的研究和建设阶段,以及在建设完成后不超过12个月的时间内支付债券的利息。

根据1992年立法第1235章第2款修订,1993年1月1日起生效。

6571.2.

为购买和建设污水排放设施之目的,联合权力机构在1972年1月1日前已经根据本条第6571.1款发行收入债券的,除了第1条(开始于第6500款)和本条规定的权力外,可为以下目的另外发行收入债券:

(a)偿还收入债券全部或部分的本金金额,这些债券此前系为购买和建设污水排放设施而发行。

(b)通过取得所有权或获得运力权来直接购买和建设污水排放设施,包括但不限于收集、处理和处置污水的工程与设施,或偿还此类债券;本项在1977年12月31日之后无效。

根据1973年立法第256章增加。

6572.

批准发行债券的发债契约中所描述之项目收入,应被质押或留置以作为债券的担保,并且此类收入只能按照前述发债契约的规定来使用。项目收入包括来自后期建设或制造的项目改建、附加、扩建部分的收入。债券还应以额外收入作为担保,额外收入包括实体来自其他渠道的已有资金(如果有的话),以发债契约的规定为限。

根据1957年立法第943章修订。

6573.

在债券或其息票未清偿与未支付的情况下,项目收入及其利息不得用于发债契约未批准的用途，除非债券持有人根据发债契约的规定批准将收入改作此用途，并且在此期间，联合权力协议不得撤销，不得以任何有损持券人利益的方式修改或修订。当债券到期或到期前赎回时，为清偿和履行债券义务，在储备金或根据本条设立的特别信托账户中可对资金作切块处理以确保有足够的钱进行清偿，或通过在偿债基金或其他基金或信托账户中将资金作不可取消的分隔处理以保障资金充足性时，在本条规定的含义内，债券应被视为已清偿和支付。

根据1955年立法第329章增加。

6574.
实体在运营、维护和维持项目时，应确保其处于良好的维修与工作状态，并应以经济有效的方式运营项目；但是，实体亦可将其特许权作长期或短期出租，或将项目或项目之一部作长期或短期出租，又或以其他方式规定项目或其一部之运营。

根据1955年立法第329章增加。

6575.
除了赠与税、继承税和遗产税外，所有债券及其利息或由此产生之收入，皆可享受豁免本州所有税收的待遇。

根据1955年立法第329章增加。

6576.
为赎回或收回实体所发行的收入债券，或清偿实体所承担之任何其他债务，实体可对调换债券的发行、销售或交易作出规定。本条所有可适用于收入债券发行的规定，同样适用于筹款债券或调换债券，并适用于它们的发行、销售或交易。

根据1957年立法第943章修订。

6577.
筹款债券或调换债券发行的本金金额，应足以为下列款项的支付提供资金：
（a）所有由上述筹款债券或调换债券资助或偿还的债券。
（b）与收兑、收回或清偿未偿付债券以及发行筹款债券或调换债券相关联的所有开支，包括第53550款所述之发行调换债券的成本。

（c）有待使用销售收益资助或偿还的筹款债券或调换债券从销售之日起至清偿之日的利息，或至债券拟偿还之日的利息，该日期根据持券人的兑付要求确定或与其达成协议后确定。

（d）收兑或收回未偿付债券时产生的必要的溢价，以及到债券收兑或收回之日止累积的利息。

根据2006年立法第538章第234款修订，2007年1月1日起生效。

6578.

对本条之解释应以充分实现其目的为宗旨。

根据1955年立法第329章增加。

6579.

除了本条所批准的收入债券外，为第54307.1款载明之目的，根据本章条款设立的机构或实体还可依据《1941年收入债券法》(Revenue Bond Law)的规定发行收入债券，该法现已编入《政府法典》第5篇第2分篇第1部分第6章（开始于第54300款）。

根据1975年立法第21章增加。

6579.5.

除了本条所批准的收入债券和其他权力外，根据本章第1条（开始于第6500款）缔结的联合权力协议所规定的机构、委员会或理事会，如果出于将固体废物处置、处理或转化成能源和可再利用材料之目的，有权购买、建设、维护或运营系统、工厂、建筑或其他设施或财产，可依据《政府法典》第5篇第2分篇第1部分第6章的《1941年收入债券法》发行收入债券，用以支付购买、建设、改进和资助用于部分或全部前述用途的项目所产生的成本与开支。

在通过《政府法典》第5篇第2分篇第1部分第6章第3条（开始于第54380款）所指的决议后，实体应执行该决议，按第54307.3款的规定在其管辖区域范围内举行一次投票。实体管辖范围内的所有投票人如果就提案投出多数赞成票，应认为该批准发行债券的提案已被通过。

根据1980年立法第435章修订。

第三条　联合县公园理事会(第 6580—6583 款)

(本条根据1965年立法第582章增加)

6580.

当用于本条时,下列词汇的含义如下:

(a)"联合县公园理事会"是指根据本章第1条(开始于第6500款)订立之协议所组建的理事会、委员会或其他公共实体,其目的是改进、运营和维护位于不止一个县境内的某个公园或其他休闲设施,如果公园或其他休闲设施的地块没有一处位于某个法人城市中,并且更进一步,如果公园或其他休闲设施所在的所有县都是设立理事会、委员会或其他公共实体的协议当事人。

(b)"县"指的是由联合县公园理事会运营和维护的公园或其他休闲设施之一部分所在的所有的县。

(c)"公园"是指由联合县公园理事会运营和维护的公园或其他休闲设施。

根据1965年立法第582章增加。

6581.

联合县公园理事会可指定任何一个县的治安官作为公园的治安官。公园治安官所来自的县的县政委员会和联合县公园理事会可通过订立合同任命公园治安官。合同应规定对于公园治安官向公园提供的服务,需要支付给公园治安官所来自县的金额,以及终止合同的方式与时间。合同还应进一步规定,和在合同期内公园治安官所来自的县从联合县公园理事会处收到的资金相同数额的钱款,应在合同期内用于公园治安官向公园提供的服务。只有在合同各方已经开始履行,并且公园治安官以书面形式批准,以及各个县的县政委员会及时以决议方式批准后,合同方能生效。

根据1965年立法第582章增加。

6582.

在按第6581款规定的方式任命公园治安官后,并且到因任命公园治安官的合同被终止而撤销任命时为止,公园治安官应拥有治安官办公室所有的职能、职责、义务和责任并在公园范围内行使之,并且应拥有与治安官办公室相关联的所有特权且在公园内行使之,就如同整个公园是治安官所来自的县的一部分(构成治安官民事职能的职责除外)。

根据 1965 年立法第 582 章增加。

6583.

本条中适用于公园治安官的规定,如果已经任命治安官的话,应在公园治安官的副手和下属的能力范围内同样适用于他们。

根据 1965 年立法第 582 章增加。

第四条　地方债券池(第 6584—6599.3 款)

(根据 1985 年立法第 868 章第 6 款增加)

6584.

本条应被称为和被引用为《1985 年马克斯—鲁斯地方债券池法》

根据 1985 年立法第 868 章第 6 款增加,1985 年 9 月 23 日起生效。

6584.5.

州立法机关认定并宣布以下所有内容:

(a) 本州有扩大、升级和以其他方式改善地方政府公共不动产的急切需要,它们对于支持复原和建设住宅开发与经济开发而言是必要的。地方政府为这些设施进行融资的需要,极大超过了从现有州、地方和联邦层面可获得之资金的数额。

(b) 州立法机关希冀能帮助削减地方的借贷成本,促进加速建设、修理和维护公共基本设施,并提倡更多运用既有的和新的金融手段与机制,比如地方政府的债券池。

(c) 根据本条,联合权力机构或任何其成员机构向地方政府收取费用,或接受来自联合权力机构发行或取得之债券销售收益是非法的,除非根据第 6588 款第(o)项,为弥补联合权力机构的发行与管理成本而收取的费用。

根据 1996 年立法第 833 章第 1 款增加,1997 年 1 月 1 日起生效。

6585.

本款中的定义对本条的构造和解释具有拘束力。

(a)(1)除了第(2)、(3)目的规定外,"机构"是指根据第1条(开始于第6500款)设立的实体,并且包括任何承接该实体权力与职能的继受者。

(2)在机构根据本章发行债券,并且机动车辆牌照费的应收款按(j)项的规定已被质押以偿还债券的情况下,与机动车辆牌照费被质押给一个一等县不同,该机构应包含不少于100个地方政府。

(3)在机构根据本章发行债券,并且提案1A的应收款按(g)项的规定已被质押以偿还债券的情况下,该机构应包含不少于250个地方政府。

(b)"债券购买协议"是指一个在机构与地方政府间执行的契约性协议,机构根据该协议同意购买地方政府的债券。

(c)"债券"指的是以下内容:

(1)债券,包括但不限于评估债券、再开发机构债券、政府发行的抵押债券和产业发展债券。

(2)票据,包括债券、收入、税收或拨款预期票据。

(3)商业票据、浮动利率和不定期证券,以及其他债务凭证。

(4)出资证明或租借购买协议。

(d)"保护或再利用之目的"是指以减少由公有公用事业公司供应的饮用水用量,或减少公有公用事业公司输入的水量为设计宗旨的公用事业项目,包括但不限于:雨水收集和处理、水循环利用、地方的地下水资源开发、地下水补充以及污水回收。

(e)"成本",当用于公共基本设施、公用事业项目或根据本部分规定接受融资的部分改建或公用事业项目时,指的是以下内容:

(1)建设、修缮,以及购买土地、构筑物、动产或不动产、权利、通行权、特许权、地役权及为公共基本设施或公用事业项目购买或使用的权益的全部或部分成本。

(2)拆除或移除所购得土地上的建筑物或构筑物的成本,包括购买拟用以容纳被移除建筑物或构筑物之土地的成本,和所有机械与设备的成本。

(3)财务费用。

(4)由机构决定的建设完成之前、过程中以及完成后一段时间的利息。

（5）营运资本的备付金，本金与利息的准备金，以及扩建、增补物、附加物、更换、修缮与改建的准备金。

（6）建筑、工程、财务与法律服务的成本，规划、规格说明、预算和行政费用。

（7）确定项目建设可行性的其他必要或附带性开支，或建设、购买或资助公共基本设施或公用事业项目的附带性开支。

（f）"客户"是指通过公有公用事业公司的设施接受水供应的个人或实体。

（g）"融资成本"指的是以下内容：

（1）降价债券（rate reduction bonds）应支付的利息和赎回溢价。

（2）赎回降价债券本金的成本，不论其是否到期，包括在违约情形下或赎回时的加速到期，后者还包括偿债基金的赎回。

（3）与降价债券发行或服务相关的成本，包括但不限于服务费用、受托人费用、法律费用、行政费用、债券顾问费、债券配售或承销费、再营销费、代理经销商费、独立管理人费、根据利率掉期协议所作的付款、财务顾问费、会计报告费、工程报告费以及评级机构费。

（4）与债券保单、财务担保书或降价债券合同、协议或其他降价债券信用增强手段有关的，或是与为降价债券而缔结的合同、协议或其他金融协议有关的付款或开支。

（5）为有关降价债券的一个或多个储备金账户提供资金。

（h）（1）"融资决议"是指由机构管理部门通过的使用降价债券为公用事业项目融资的决议。根据第6588.7款的规定，决议设立并收取与降价债券有关的公用事业项目费。

（2）融资决议可独立于批准发行降价债券的决议。

（i）"立法部门"是指地方政府的管理部门。

（j）"地方政府"是指资助公共基本设施项目并参与缔结设立机构之协议的一方当事人，或该当事人的某个机关或下属分支，或是指本州的某个市、县、市与县、机构、区或市政机关。

（k）"命令"指的是就公有公用事业公司的设施，全部或部分为公有公用事业公司利益而运营的设施，或就公有公用事业公司的运营，就公有公用事业公司所抽取、取得或供应的水，由某个被授权实体以任一方式作出的要求，包括但不限于法令、规则、规章、行政或司法裁决，以及建造、运营或审批的要求或条件，或是与被授权当事人订立之协议或来自该当事人颁发的执照或许可证。

(l)(1)"被授权实体"包括美利坚合众国;合众国的某个州;美国或其州的机关、部门、委员会或其他下属分支;美国或其州的法院;对公有公用事业公司的运营具有管辖权的任何其他部门或组织;公有公用事业公司的设施,或全部或部分为公有公用事业公司利益而运营的设施;公有公用事业公司抽取、取得或销售的水。

(2)"被授权实体"不包括拥有公有公用事业公司的地方政府。

(m)"提案1A的应收款"是指根据《加利福尼亚州宪法》第13条第25.5款第(a)项第(1)目(B)段(iii)行和《财政收入与税收法典》第100.06款的规定,地方政府已到期或即将到期的要求付款的权利。

(n)"公共基本设施"指的是第6546款所述之一个或多个项目。

(o)"公有公用事业公司"是指向不少于25000个零售客户提供供水服务的公用事业公司,由某个地方政府或其某个部门或其他下属分支,以及承接部门或其他下属分支之权力与职能的继受者所拥有与运营。

(p)"降价债券"指的是由机构发行的债券,其收益直接或间接用于支付或补偿给地方政府或其公有公用事业公司在公用事业项目上的成本开支,并且按第6588.7的规定,以公用事业项目财产作为质押担保或用其偿还。

(q)"收入"是指机构从以下来源处获得之收入与进款:

(1)债券购买协议。

(2)机构购买的债券。

(3)贷款分期偿还销售协议,以及机构缔结的其他能产生收益的协议。

(4)机构资助的项目。

(5)补助和其他收入来源。

(6)根据第6588.5款购买的机动车辆牌照费的应收款。

(7)根据第6588.6款购买的提案1A的应收款。

(8)向任何基金或账户投资所得之利息或其他收入,这些基金或账户的设立是为了偿还债券的本金或利息或溢价。

(r)"公用事业项目"指的是对位于加利福尼亚州内或州外的设备、装置、建筑物、改建、工序、设施、技术、权利或财产的购买、建设、安装、改装、重建或其他添附或改进,并且为保护或再利用之目的,或是作为对命令的回应,已被用于或将被用于与公有公用事业公司运营相关的活动。

（s）"公用事业项目费"是指由公有公用事业公司的客户支付或将要支付的费用，用以弥补为公有公用事业公司的公用事业项目融资的降价债券的融资成本，其征收的依据是第6588.7款。同时，该费用还包括根据第6588.7款对费用所作的调整。

（t）"公用事业项目财产"是指根据第6588.7款创设的财产权利，包括但不限于机构在下列领域中的权利、所有权和利益：

（1）与融资决议和因降价债券而设立的公用事业项目费相关，并且根据第6588.7款不定期进行调整。

（2）用以支付降价债券融资成本的钱，以及所有的收入、所收取的账款、债权、还款、款项或收益，用于或来自和降价债券有关的公用事业项目费。

（3）与根据第6588.7款调整和降价债券有关的公用事业项目费有关的所有权利。

（u）"机动车辆牌照费的应收款"是指根据《财政收入与税收法典》第10754.11款的规定，地方政府已到期或即将到期的，要求从应当支付给地方政府并且与机动车辆牌照费相关的资金中付款的权利。

（v）"营运资本"指的是地方政府使用或以其名义使用的钱，这些钱将用于第53852款规定的地方政府可借入资金的用途，或用于地方政府将已出售给机构的机动车辆牌照费的应收款或提案1A的应收款投入使用的用途。

根据2013年立法第636章第1款（AB 850）修订，2014年1月1日起生效。

6586.

州立法机关制定本条的宗旨，是帮助地方政府为公共基本设施、营运资本、债务及其他保险需求融资，或是为项目融资，如果有重大公共利益需要采取这一行动。在本条中，"重大公共利益"对地方政府的公民而言，是指以下利益：

（a）实际利率、债券准备、债券包销或债券发行成本的明显下降。

（b）地方政府征收的实际使用费的显著减少。

（c）因及时启动项目而带来的就业利益。

（d）地方政府为住宅与商业开发提供更为有效的服务。

根据1998年立法第35章第1款修订，1999年1月1日起生效。

6586.5.

(a) 即使有第 6587 款的规定，机构，或任何代表机构或服务于机构利益的实体，必须根据第 1 条（开始于第 6500 款）的规定方可发行债券以建设、购买公共基本设施或为其融资，并且对有待建设、购买和融资的每个公共基本设施而言，须满足以下所有条件：

(1) 机构可合理期待，公共基本设施将位于机构之下的一个或多个地方政府地理区划范围内，并且公共基本设施自身并非是一个机构。

(2) 自身并非是机构且公共基本设施将位于其区划范围内的地方政府，已经批准了对公共基本设施的融资，并根据第 6586 款所述之标准认定存有重大公共利益。在此之前，地方政府应在公共基本设施所在的每个县或市和县举行一次公共听证会，并且应在听证会之前至少 5 日，在每个受影响的县或市和县公开发行流通的报纸上发布听证会的通知。如果待融资的公共基本设施将为开发项目提供基础设施、服务或高尔夫球场的支持，或提供与开发项目相关的基础设施、服务或高尔夫球场，基于本目之目的，地方政府应当是对开发项目有土地使用管辖权的市、县或市和县。

(3) 在第(2)目所述之听证会举行之前至少 5 个工作日，应以挂号信方式向州司法部长和加利福尼亚州债务与投资咨询委员会发出通知。该通知应包含以下所有信息：

(A) 听证会的日期、时间和确切地点。

(B) 联系人的名字与电话号码。

(C) 联合权力机构的名称。

(D) 联合权力机构所有成员的名称。

(E) 债券顾问的名称、地址和电话号码。

(F) 承销商的名称、地址和电话号码。

(G) 财务顾问的名称、地址和电话号码(如果有财务顾问的话)。

(H) 机构法律顾问的名称、地址和电话号码。

(I) 介绍公共基本设施的预期地点时应指明其街道地址，包括市、县和邮政编码等信息。如果没有街道地址，则应通过一般性描述来告知读者其具体位置，包括能覆盖具体位置的县和邮政编码信息。

(J) 介绍待融资的公共基本设施的一般性功能、类型与使用。

(K)针对公共基本设施发行的债务凭证的最大票面金额。

(b)本款(a)项(3)目不适用于以下债券:

(1)根据《健康与安全法典》第 24 分篇第 1 部分(开始于第 33000 款)的《社区再开发法》发行。

(2)为交通设施和机动车辆融资。

(3)为位于机构管辖范围内的设施融资,如果发行这些债券的机构由以下情形之一的成员组成:

(A)管辖范围有重叠的地方政府。

(B)某个县和某个地方政府或完全位于该县内的多个地方政府。

(C)某个市和某个地方政府或完全位于该市内的多个地方政府。

(4)为某个设施融资,机构因该设施从加利福尼亚州债务限额分配委员会处获得份额分配。

(5)由不少于 100 个地方政府组成的机构所发行,并且设立该机构的协议要求地方政府的管理部门批准设施和债券的发行,如果地方政府是机构的成员且设施位于其管辖范围内。

(c)本款和第 6586.7 款不适用于为以下任一目的发行的债券:

(1)为公用事业的地下管线和通信线路融资。

(2)为与本章的规定保持一致,为供公共或私人使用而生产或输送电力的设施,以及因此而必要的所有权利、不动产和改建,包括燃料和水处理设施与资源而融资。

(3)为生产、贮存、输送或处理水、循环水或废水的设施融资。

(4)为公立学校设施融资。

(5)为机构管辖范围内的公共高速公路融资,此时机构有权行使《街道与公路法典》第 17 分篇第 5 章(开始于第 31100 款)载明的权力,条件是该机构举行了已发出通知的公共听证会,并根据本款规定认定有重大公共利益的存在。

(d)基于本款之目的,地方政府不包括私人实体。

根据 2001 年立法第 56 章第 1 款修订,2002 年 1 月 1 日起生效。

6586.7.

(a)由机构通过,批准债券或债券发行,或接受债券利益或收益的决议副本,应在机构通过该决议后5日内,以挂号信方式向州司法部长和加利福尼亚州债务与投资咨询委员会发出,但根据第1条(开始于第6500款)发行或批准的债券,或为第6586.5款(c)项所述之目的而发行的债券除外。

(b) 本款不适用于下列债券:

(1) 第6586.5款(c)项所述之债券。

(2) 根据《健康与安全法典》第24分篇第1部分(开始于第33000款)的《社区再开发法》发行的债券。

(3) 为交通设施和机动车辆融资的债券。

(4) 为位于机构管辖范围内的设施融资的债券,如果发行这些债券的机构由以下情形之一的成员组成:

(A) 管辖范围有重叠的地方政府。

(B) 某个县和某个地方政府或完全位于该县内的多个地方政府。

(C) 某个市和某个地方政府或完全位于该市内的多个地方政府。

(5) 为某个设施融资的债券,机构因该设施从加利福尼亚州债务限额分配委员会处获得份额分配。

(6) 由不少于100个地方政府组成的机构所发行,并且设立该机构的协议要求地方政府的管理部门批准设施和债券的发行(如果地方政府是机构的成员且设施位于其管辖范围内)。

(7) 根据第6588.8款发行的债券。

根据2000年立法第724章第1款增加,根据2017年立法第430章第4款(SB 564)修订,2018年1月1日起生效。

6587.

本条不限制任何其他法律批准公共基本设施的融资或对其作出规定。类似地,本条并不构成对涉及地方债务的任何其他法律的限制,或限制根据本章设立的机构行使任何其他权力。对行使本条所授予的权力而言,本条可视为提供了一种完整的和补充性的方法,并且对其他可适用之法律所赋予的权力形成补充。本条规定下的债券发行、融资或再融资,无须遵守任何其他适用于债券发行的州法律的要求,包括但不限于本章其他条的规定。

根据1989年立法第1264章第4款修订。

6588.

除了根据第 1 条(开始于第 6500 款)和第 2 条(开始于第 6540 款)在协议中载明的其他权力外,机构可作出以下任一或全部行为:

(a) 制定通过细则对其事务进行规范并开展业务。

(b) 以其自身名义起诉和被诉。

(c) 发行债券,包括根据其意愿发行带息债券,用以支付公共基本设施、营运资本、债务或其他保险项目的开支。此外,当机构为特定之目的,在与公共或私人实体的租约或分期付款销售协议中执行与交付或安排执行与交付出资证明时,机构亦可选择发行或安排发行债券而非出资证明,并与公共或私人实体缔结贷款协议。

(d) 聘请私人顾问提供服务,在实现本条之目的时得到其专业化的技术援助和建议。

(e) 根据准据法的规定,雇佣机构认为有必要聘请的与债券发行和销售相关联的债券顾问、金融顾问及其他顾问并向他们支付报酬。

(f) 为公共基本设施的成功开发,在机构认为有必要时就工程、建筑、会计或其他服务订立合同。

(g) 如果机构认为某些服务对成功开发公共基本设施是有必要的,可以为资助者或参与者所雇佣的咨询工程公司、建筑师、会计人员以及建设、土地利用、休闲和环境方面的专家支付合理的报酬。

(h) 拥有土地、构筑物、动产或不动产、权利、通行权、特许权、地役权以及土地上的其他利益,以分期付款方式或其他方式销售它们或出租,这些土地位于本州内,并且机构认为拥有、销售或出租对公共基本设施或其一部之融资是必要的或适宜的。

(i) 为了或帮助公共基本设施或其一部之建设融资或再融资,或为了给营运资本或保险项目融资,或为了支付债券的本金与利息而接收与接受贷款、出资或补助,如果债券的收益系用于本款所述之一个或多个用途。这些贷款、出资或补助可来自任何渠道,并以资金、财物、劳力或其他有价值之物的形式出现。

(j) 根据机构与地方政府之间订立的协议,向地方政府发放与公共基本设施项目、营运资本或保险项目融资相关的有担保或无担保贷款。但是,贷款金额不得超过由地方政府和机构所决定的公共基本设施、营运资本或地方政府保险需求的总额。

(k) 根据机构与地方政府之间订立的协议，向地方政府发放有担保或无担保的贷款，为地方政府因其承担并完成公共基本设施而产生之相关债务再融资。

(l) 将公共基本设施和项目所在不动产的全部或部分权益进行抵押，不论为其所有还是此后所购买，包括同意在有形或无形财产上设立担保物权。

(m) 当债券发行系为公共基本设施融资时，为债券持有人之利益，转让或质押其在抵押贷款、房产信托契约、抵押或信托契约或类似手段、票据中的全部或部分权益，以及在已接受机构贷款的地方政府的有形或无形财产上的担保物权和由此产生的收入，包括来自机构所拥有或持有之权益的报酬或收入。根据本部分所授予的权力，机构所作的资金、收入、账户、合同权利或任何种类的付款权利的质押，为保护承押人及其权利继受者之利益，应自针对所有当事人的质押作出之时起有效并具有约束力，不论各当事人是否收到了权利主张通知书。

(n) 基于机构认为适当之条款与条件，将接受融资的公共基本设施出租给某个地方政府；收取和要求支付因此产生的租金；当承租人未能遵守租约的义务时终止租约；在租约中加入条款，规定承租人应有权根据机构所决定的租金，将租约延续一段或数段时期；通过分期付款协议或其他方式，购买或销售全部或部分之公共基本设施；或者在机构因公共基本设施的融资或再融资而产生的所有债务清偿完毕后，机构可将全部或部分之项目转让给承租人。

(o) 对受益于其服务的地方政府，要求其分摊并收取因行使本条赋予之权力而产生的行政开支与费用。这些费用的费率设定应足以弥补，但不得超过机构的发行与管理成本。当债务已被保险池取得时，向作为债务人的各个地方政府收取的费用，不得超过债务人按比例应承担的成本份额。这些费用的水平，应根据第 6599.1 款向加利福尼亚州债务与投资咨询委员会披露。

(p) 对根据本条制订或缔结的贷款、租约、债务或任何证明或担保同样内容的文书，为支付或偿还其全部或部分之本金和/或利息而给予保险或作出保障，或从合众国或州的部门或机构处，或从私人公司处获得或帮助获得保险或保障。

(q) 即使本条有其他规定，可就上述保险与保障缔结协议、合同或任何其他文书；在地方政府违约的情况下，按规定的方式与形式接受其赔偿；以及转让作为机构发行之债券担保的保险或保障。

（r）缔结协议或合同，执行有关文书，并作出相应行为或完成事务，只要其对于运用本条所授予之权力是必要、方便或值得的。

（s）将其拥有的资金投资于储备基金或偿债基金，或将无需马上使用或支出的钱投资于法律批准用于投资信托基金的债券。

（t）在受影响的地方政府要求下，将收入合并并质押给公共基本设施以偿还根据本条发行的一个或多个系列的债券。

（u）在其总体指导、指引和监管下，授权给其个别的成员或其他责任人以其名义作出行为。

（v）使用其债券收益或收入购买地方政府以公共发售或议价发售形式发行的债券。根据本项购买的债券可由机构持有，或以公共发售或议价发售形式，独立或连同机构发行的其他债券一起，部分或全部出售给公共或私人购买者。

（w）使用其债券收益或收入购买根据第 6588.5 款出售给机构的机动车辆牌照费的应收款。所购之机动车辆牌照费的应收款可被质押以偿还机构所发行之债券，或以公共发售或议价发售形式，独立或连同机构购买的其他机动车辆牌照费的应收款一起，部分或全部再次出售给公共或私人购买者。

（x）（1）使用其债券收益或收入购买第 6588.6 款所述之提案 1A 的应收款。所购之提案 1A 的应收款可被质押以偿还机构所发行之债券，或以公共发售或议价发售形式，独立或连同机构购买的其他提案 1A 的应收款一起，部分或全部再次出售给公共或私人购买者。

（2）（A）根据《财政收入与税收法典》第 100.05 款规定的暂停适用，所有须遵守第 100.06 款要求的削减从价不动产税收入的实体，应当有机会向机构销售它们的提案 1A 的应收款。

（B）如果这些实体向机构提供提案 1A 的应收款供其购买，并根据机构批准的文件正式准许销售提案 1A 的应收款，机构应购买所有的提案 1A 的应收款直至其能够因此销售债券。如果机构没有购买实体提供的所有提案 1A 的应收款，它应按一定份额比例购买各个实体所提供的提案 1A 的应收款。

（C）机构可设置一个不早于 2009 年 11 月 3 日的截止日期，在此之前这些实体应向机构提供其提案 1A 的应收款且向其销售，并完成机构要求的申请程序。

（3）为了支付其在履行涉及购买和销售提案 1A 的应收款的职责时产生的

开支,机构在向各个实体购买提案 1A 的应收款时,应有权向它们收取一笔费用。该费用的计算应基于从各个实体处购买的提案 1A 的应收款的百分比值,以机构所购买的所有提案 1A 的应收款总额为基数。该费用应以债券的收益进行支付,并应纳入债券的本金之中。

(4)机构收取的任何及所有的费用与规费的条款与条件,或机构与之订立合同的对象,以及销售提案 1A 的应收款和根据本项发行之债券的条款与条件,包括提前赎回的可选条款内容(如果有的话),应当由州财政部长和财政部总监予以批准,并不得无理拒绝批准。根据本项发行的所有债券的本金总额,不得超过 22 亿 5 千万美元($2 250 000 000),并且这些债券需支付的利率不得超过年利率 8%。机构应尽其最大努力争取可能的最低融资成本。任何与所有取得的溢价应用于下列用途之一:

(A)支付债券发行的成本。

(B)存入一个向债券持有人提供担保的信托账户,并且仅用于支付债券的利息或偿还债券。

(5)(A)涉及由提案 1A 的应收款支持的融资时,州财政部长可聘请财务顾问、法律顾问和其他咨询顾问以帮助履行本章所要求的与融资相关的职责。

(B)即使有其他法律的规定,下列条款不得适用于由州财政部长根据(A)段缔结的,与提案 1A 融资有关的协议:

(i)《政府法典》第 11040 款。

(ii)《公共合同法典》第 10295 款。

(iii)《公共合同法典》第 2 分篇第 2 部分第 2 章第 3 条(开始于第 10300款)与第 4 条(开始于第 10335 款),但州财政部根据《公共合同法典》第 10336 款指示某个州行政机关将合同发送给其进行审查的权力除外,以及《公共合同法典》第 10348.5 款除外。

(C)由州财政部长承担的与提案 1A 融资有关的成本,应以融资的收益偿还。

(y)在其认为必要且适当时,为公共利益且为促成本条目之实现,可以决议方式为根据本款所作之购买或出售行为设置任何其他的条款与条件。

根据 2013 年立法第 219 章第 1 款(SB 692)修订,2014 年 1 月 1 日起生效。

6588.5.

(a) 在本款颁布时业已存在的机构,可使用其债券收益或其收入,从一个或多个地方政府处购买机动车辆牌照费的应收款。如债券的发行是为了给购买机动车辆牌照费的应收款融资,出于给此类债券担保之目的,机构可质押、让与、转售或以其他方式转让或抵押机动车辆牌照费的应收款。

(b) 即使法律有其他规定,地方政府可一次性或不定时地将机动车辆牌照费的应收款出售给机构,并且可以其认为合适之条款,与机构缔结一个或多个销售协议。当机构为购买机动车辆牌照费的应收款而发行债券时,销售协议中可包括地方政府认为必要的且对其具有约束力的确立和维持债券安全性的承诺,并且在可适用的情况下,出于联邦所得税的考虑而将这些承诺从债券利息总收入中排除出去。任何根据本条由地方政府转让给机构的部分或全部机动车辆牌照费的应收款,如有关文件将其陈述为销售,则应视为是向机构的无条件销售和转让财产,并不得认为是地方政府为了确保借款而作出的质押或给予担保物权。将机动车辆牌照费的应收款转让认定为地方政府的无条件销售,不得因下列任一因素被否认或受到不利影响:

(1) 只有一部分机动车辆牌照费的应收款被转让的事实。

(2) 因地方政府在机动车辆牌照费的应收款的残值或从属权益中取得的所有者权益。

(3) 为会计、税收或证券监管之目的由机构或债券作出的认定。

(4) 因任何其他因素。

(c) 自每一笔机动车辆牌照费的应收款根据本条转让的生效之日起及之后,如果有关文件将其陈述为销售,地方政府则不得对已转让的机动车辆牌照费的应收款主张权利、所有权或利益,并且转让后的机动车辆牌照费的应收款应成为机构而不是地方政府的财产,其只能由机构或机构的受托人或代理人拥有、收取、持有和支出。机动车辆牌照费的应收款的部分或全部销售应自动完成,无需作出实物交割、登记、存档或其他进一步的行为,并且《商法典》(*Commercial Code*)第 9 分篇(开始于第 9101 款)和《民法典》(*Civil Code*)第 954.5 款至 955.1 款不适用于该销售。地方政府根据本条出售的任何机动车辆牌照费的应收款,无须遵守债权扣押程序、征收、执行和财产扣押行为,或其他的程序、令状,包括但不限于执行令或相关的救济措施,例如向地方政府主张或执行债务、赔偿请求、和解或裁判。在出售机动车辆牌照费的应收款的生效日当天或之前，地方政府应通知州审计长应收款已被出售给机构，并不可撤销地指示付款人自生效日起，其须支付的机动车辆牌照费的应收款应直接付给机构，或机构任命的任何受托人或代理人。

(d) 州在此承诺，对于机构根据本条发行，并以其所购买之机动车辆牌照费的应收款偿还的债券，为债券持有人之利益，只要这些债券尚未清偿，它将不会采取任何会对他们产生实质性不利影响，或以其他方式伤害这些债券安全性的行为。

根据 2004 年立法第 211 章第 4 款增加，2004 年 8 月 5 日起生效。

6588.6.

(a) 在 2009 年 7 月 28 日前业已存在的机构，可使用其债券收益或其收入，从一个或多个地方政府处购买提案 1A 的应收款。如债券的发行是为了给购买提案 1A 的应收款融资，出于给此类债券担保之目的，机构可质押、让与、转售或以其他方式转让或抵押提案 1A 的应收款。

(b) 即使有其他法律的规定，地方政府可将提案 1A 的应收款出售给机构，并且可以其认为合适之条款，与机构缔结一个或多个销售协议。当机构为购买提案 1A 的应收款而发行债券时，销售协议中可包括地方政府认为必要的且对其具有约束力的确立和维持债券安全性的承诺，并且在可适用的情况下，出于联邦所得税的考虑而将这些承诺从债券利息总收入中排除出去。任何根据本条由地方政府转让给机构的部分或全部提案 1A 的应收款，如有关文件将其陈述为销售，则应视为是向机构的无条件销售和转让财产，并不得认为是地方政府为了确保借款而作出的质押或给予担保物权。将提案 1A 的应收款转让认定为地方政府的无条件销售，不得因下列任一因素被否认或受到不利影响：

(1) 只有一部分提案 1A 的应收款被转让的事实。

(2) 因地方政府在提案 1A 的应收款的残值或从属权益中取得的所有者权益。

(3) 为会计、税收或证券监管之目的由机构或债券作出的认定。

(4) 因任何其他因素。

(c) 自每一笔提案 1A 的应收款根据本条转让的生效之日起及之后，如果有关文件将其陈述为销售，地方政府则不得对已转让的提案 1A 的应收款主张权利、所有权或利益，并且转让后的提案 1A 的应收款应成为机构而不是地方政府的财产，其只能由机构或机构任命的受托人或代理人拥有、收取、持有和支出。提案 1A 的应收款的部分或全部销售应自动完成，无需作出实物交割、登记、存档或其他进一步的行为，并且《商法典》第 9 分篇（开始于第 9101 款）和《民法典》第 954.5 款至 955.1 款不适用于该销售。地方政府根据本条出售的任何提案 1A 的应收款，无须遵守债权扣押程序、征收、执行和财产扣押行为，或其他的程序、令状，包括但不限于执行令或相关的救济措施，例如向地方政府主张或执行债务、赔偿请求、和解或裁判。在出售提案 1A 的应收款的生效日当天或之前，地方政府应通知州审计长应收款已被出售给机构，并不可撤销地指示付款人自生效日起，其须支付的提案 1A 的应收款应直接付给机构，或机构任命的任何受托人或代理人。

（d）州在此承诺，对于机构根据本条发行，并以其所购买之提案 1A 的应收款偿还的债券，为债券持有人之利益，只要这些债券尚未清偿，它将不会采取任何会对他们产生实质性不利影响，或以其他方式伤害这些债券安全性的行为。

（e）（1）在 2009 年 9 月 15 日当天或之前，各县的审计师应准备一份列有本县内各税务机关的清单，其中应包括税务机关的名称和各税务机关可收取之提案 1A 的应收款的预计金额。

（2）在 2009 年 10 月 30 日当天或之前，各县的审计师应准备一份列有本县内各税务机关的清单，其中应包括税务机关的名称和各税务机关可收取之提案 1A 的应收款的最终确认金额。

（3）根据第（1）或第（2）目准备的清单，应在机构、州财政部或各税务机关的要求下向其提供。

（4）机构和为提案 1A 的应收款融资而发行的机构债券持有人，应有资格依赖于根据第（2）目准备的确认后清单。

根据 2009 年立法第 634 章第 3 款（SB 67）修订，2009 年 10 月 19 日起生效。

6588.7.

（a）融资活动仅限于给公用事业项目和使用公共供水机构的项目或为其利

益服务之项目融资的机构,可按本款之规定为公用事业项目融资,包括发行降价债券,以及征收和调整公用事业项目费。

(b)(1)如果在申请时,用公有公用事业公司的收入进行清偿的债券被全国公认的评级机构评为投资级,拥有并运营某个公有公用事业公司的地方政府可向(a)项所述之机构提出申请,要求使用降价债券的收益为公有公用事业公司的项目成本融资。在其向机构提交的融资申请中,地方政府应载明需要降价债券给予融资的公用事业项目,本金的最大金额,最大利率以及降价债券中最主要的规定条款。

(2)为了使州能够审查降价债券的发行,收集数据,确保透明度,并根据本款对使用降价债券的有效性作出独立分析,《健康与安全法典》第44504款规定的加利福尼亚州污染防治融资管理局应对每起债券发行作出审查,并根据本款的规定决定其发行是否符合条件。当满足下列所有条件时,加利福尼亚州污染防治融资管理局应认定降价债券的发行是符合本款规定的:

(A)发行满足本款(c)项第(1)至第(3)目所述之标准。

(B)第6585款(g)项所规定的项目融资成本,处于可比类型的债券发行融资成本的正常范围之内。

(3)加利福尼亚州污染防治融资管理局应设置相关程序,根据本款对拟发行行为作出快速审查,包括但不限于规定合理的申请费,补偿管理局在执行本款时产生之成本。

(4)在拒绝批准发行债券时,加利福尼亚州污染防治融资管理局应提供书面解释,但不得变更或修改与公用事业项目财产有关之条款或条件。

(5)对根据本款提交给其的任何正式申请,加利福尼亚州污染防治融资管理局都应在其收到申请至少60日之后召开的下一次会议前作出相应行为。

(6)根据本款所作之审查与批准发行,可与管理局对融资申请的处理同步进行,从而保证降价债券的发行尽可能快捷。

(7)即使有其他法律的规定,加利福尼亚州污染防治融资管理局可根据《政府法典》第3分篇第1部分第3.5章(开始于第11340款),制定通过与本款相关的条例作为应急条例。基于包括第11349.6款在内的第3.5章之目的,行政法办公室应认定条例的制定通过对立即保护公共治安、健康与安全以及公共福祉有其必要。

（8）每年的3月31日之前，加利福尼亚州污染防治融资管理局根据本款应向州立法机关提交一份结束于12月31日的上一日历年度的活动报告。管理局应要求申请人上报信息，确保获得必要的数据以完成该报告。报告可作为《健康与安全法典》第44538款所要求之报告的一部分提交。报告应包括以下所有内容：

（A）一份所收到申请的清单。

（B）一份根据本款规定合格的拟发行债券清单。

（C）一份关于已销售债券、债券利率以及由全国公认的证券评级机构给债券作出评级的报告，不论债券以公开投标还是以议价方式销售。

（D）一份关于拟发行债券虽合格但尚未发行的详细说明。

（E）将根据本款合格的债券发行的利率与交易成本，与发生于同一时间或相似时间的可比类型的债券发行利率进行比较。

（9）（A）第（8）目所规定的提交报告的要求，到2020年12月31日不再有效。

（B）根据第（8）目所提交的报告，应在提交时遵守第9795款的要求。

（c）只有在地方政府的立法部门确定以下所有事项后，地方政府方能向机构申请为公用事业项目融资：

（1）待融资项目是一个公用事业项目。

（2）地方政府根据本款选择为公用事业项目的成本融资，并且与融资相关的成本将以公用事业项目的财产来清偿，包括与按照本款为公用事业项目发行之降价债券相关的公用事业项目费。

（3）基于立法部门获得之信息和所作之估算，加上因使用降价债券为公用事业项目融资而产生之公用事业项目费之后的公有公用事业公司的价格，将有望低于由使用公有公用事业公司收入清偿的债券为公用事业项目融资时公有公用事业公司的价格。

（d）（1）根据《加利福尼亚州宪法》第13D条的要求，使用降价债券为地方政府的公有公用事业项目成本融资的机构，有权且有义务按本款规定征收与收取与降价债券有关的公用事业项目费。公用事业项目费的征收，应由机构的管理部门以制定通过融资决议的方式作出与证明。使用降价债券为公有公用事业公司的项目融资的融资决议，应包含以下所有内容：

(A) 在融资决议载明的客户类别中的每个公有公用事业公司客户的账单上，增加一笔单独的费用。

(B) 对机构用以确定公用事业项目费的财务计算过程、公式或其他方法作出描述。财务计算过程、公式或其他方法应包括一种对公用事业项目费进行定期调整的方法，起码每年调整一次。机构应使用这种方法纠正公用事业项目费的过度征收或征收不足，或使用必要的任何其他方式的调整，确保及时支付降价债券的融资成本，包括但不限于调整公用事业项目费以支付降价债券的债务偿还要求。融资决议根据本款设立的财务计算过程、公式或其他方法，包括定期调整方法，以及向公有公用事业公司客户分配或在他们中分配公用事业项目费，应由机构的管理部门单独作出决定，并且该决定是最终与确定的。任何情况下融资决议中设立的定期调整方法在运用时，不得低于融资决议和与降价债券相关的文件所要求的频率。一旦融资决议设立了用以确定公用事业项目费的财务计算过程、公式或其他方法，以及定期调整的方法，并且它们按本款规定成为最终与确定的，则不得予以变更。

(C) 即使本款有其他规定，公用事业项目费在任何情况下不得超过《加利福尼亚州宪法》第13D条所允许的最高额。

(D) 要求机构为收取公用事业项目费，应与需要得到融资的地方政府或其公有公用事业公司缔结服务协议，并且为了收取公用事业项目费，只要服务协议一直有效，地方政府或其公有公用事业公司便应作为机构的服务代理人。地方政府或其公有公用事业公司作为服务代理人以机构名义收取的公用事业项目费，应为有权要求支付融资成本者的专属利益而代为保管，融资成本的支付应直接或间接来自公用事业项目费，并且不应由于地方政府或其公有公用事业公司的占有而改变其属于机构收入的性质。地方政府或其公有公用事业公司应向机构提供信息，如水的预计销售情况和机构所要求的涉及公有公用事业公司，并且与公用事业项目费的初始设立与调整相关联的任何其他信息。

(2) 地方政府立法部门所作的决定，即有待使用降价债券融资的项目是一个公用事业项目，应当是最终与确定的。为公用事业项目融资而发行的降价债券，以及与降价债券有关的公用事业项目费的征收，按照融资决议的条款和与降价债券相关的文件，也应当是有效且可执行的。在其有关公用事业项目费的融资决议中，机构应要求只要融资决议载明的客户类别中的客户通过公有公用事业公司的设施接水,客户便应当支付公用事业项目费,不论该客户是否与公有公用事业公司以外的人或实体订立过购买水的协议。对所有融资决议载明的客户类别中的公有公用事业公司客户,以及类别中所有未来的客户而言,当融资决议被通过后,公用事业项目费的收取是不可回避的。如果一个需要缴纳公用事业项目费的公有公用事业公司客户与公司以外的人或实体订立协议购买水,该客户仍有义务支付其须缴纳的公用事业项目费,如同其未曾签订过协议一样。客户的缴费义务可根据机构的规定,以持续支付其累积的应缴纳的公用事业项目费或一次性支付方式来履行。根据本目制定通过的融资决议的所有内容,应对机构具有约束力。

(3) 及时、完整地支付所有公用事业项目费,对负有缴费义务的个体而言,是其从地方政府的公有公用事业公司处接受供水服务的条件。每个地方政府及其公有公用事业公司都有权运用其设立的收费政策,以及法律规定的所有收取公用事业项目费及强制执行的权利和救济措施。任何情况下,负有缴费义务的个体不得以任何理由要求或被批准拒绝支付全部或部分的公用事业项目费。

(4) 在发行降价债券后,机构应决定是否需要对与降价债券有关的公用事业项目费作出调整,并且在融资决议或与降价债券相关的文件中规定至少每年调整一次,或规定额外的调整次数。每次调整的作出与生效,应遵循机构根据融资决议规定的用以确定公用事业项目费的财务计算过程、公式或其他方法,并且应在机构确定有必要进行调整后迅速作出。

(5) 与降价债券有关的公用事业项目财产的所有收入,包括客户支付的公用事业项目费,应首先用于支付当时到期的相关降价债券的融资成本,包括降价债券的储备金。如有剩余,可用于机构所确定的用途,只要是为了发行降价债券所支持之公用事业的利益。

(6) 机构应当有义务根据对公用事业项目费之下用水量的估算,设置与收取和降价债券有关的公用事业项目费金额,使其足以及时支付与到期的降价债券相关联的融资成本。为担保降价债券的清偿而质押公用事业项目费的行为不可撤销,并且加利福尼亚州、机构或任何根据本款(i)项行事的有限责任公司不得减少、损害或以其他方式调整公用事业项目费,除非机构是根据相关融资决议或与降价债券相关的文件规定,对与降价债券有关的公用事业项目费作出定期调整。来自公用事业项目费的收入应作为机构的特别收入,并不得因任何理由成为地方政府或其公有公用事业公司的收入,包括但不限于地方政府或其公有公用事业公司为担保其债务,使用其收入、进款或其他收益已做出或将要做出的任何奉献、承诺或保证。

(7)当且仅当批准公用事业项目费的融资决议按照其条款生效时,公用事业项目费即构成公用事业项目财产。并且,该财产应在此后作为可用于各种用途,在融资决议规定的期间内具有本款规定的所有权利与特权的财产持续存在,直至相关降价债券的所有融资成本被完全清偿,包括因此产生的所有欠款。

(8)公用事业项目财产应构成当下的财产权,虽然财产权的价值将取决于用水的消费者,或在消费者系公有公用事业公司的客户时,取决于提供某些服务的公有公用事业公司。

(9)如果为之发行降价债券且债券尚未清偿的地方政府停止运营某处自来水公用事业设施,不论直接还是通过其公有公用事业公司停止,本款凡提及地方政府及其公有公用事业公司之处,均应适用于替代地方政府提供自来水公用事业服务的实体。并且,在降价债券尚未清偿时,该实体应按本款要求及其与地方政府签订之服务协议的约定,承担和履行所有地方政府及其公有公用事业公司的债务。

(e)(1)降价债券应限定在地方政府根据本款(b)项规定的降价债券融资范围内,并且地方政府或其公有公用事业公司可获得之降价债券的收益,应根据(b)项使用于公用事业项目融资申请所确定的公用事业项目上。

(2)机构应以其管理部门决议的方式批准发行降价债券。发行降价债券的机构应在其根据第8855款向加利福尼亚州债务与投资咨询委员会提交的有关降价债券的初步通知和最终报告中包含一段声明,即降价债券系根据本款发行。发行降价债券的机构应在其根据第8855款向加利福尼亚州债务与投资咨询委员会提交的有关降价债券的最终报告中,陈述在为公有公用事业公司之利益而发行降价债券的情况下,因发行降价债券而不是以公有公用事业公司收入进行清偿的债券所实现的节省。当公用事业项目融资是为了地方政府和公有公用事业公司时,降价债券不得追索至它们的银行存款余额或任何财物,并且应当用与降价债券有关的公用事业项目财产、任何额外担保或降价债券有关文件中载明的信用增强手段作为质押担保和以之清偿。

(3)发行降价债券的机构应将与降价债券有关的公用事业项目财产质押作

为偿还降价债券的担保,该质押应根据第 5451 款作出并产生该款所规定的作用。机构在作为偿还降价债券担保的被质押公用事业项目财产上的所有权利,应当按照降价债券有关文件的规定,为质押受益人之利益而行使并可由其强制执行。

(4) 当公用事业项目财产的利益被质押作为偿还降价债券的担保时,相应的地方政府或其公有公用事业公司应与机构订立合同,约定由地方政府或其公有公用事业公司继续运营其包括接受融资的公用事业项目在内的公有公用事业系统,为其客户提供服务。地方政府或其公有公用事业公司将以服务者身份,代机构并为机构和公用事业项目费的质押受益人之利益收取公用事业项目费,并且将为其收取的金额负责,将这些费用移交给机构或者代机构移交。该合同应作为公用事业项目财产的一部分。

(5) 即使有其他法律的规定,本款中的任何要求、融资决议、机构的任何其他决议或与降价债券有关的文件中的条款,如其规定的是机构应对涉及降价债券的公用事业项目财产采取行动,都对机构具有约束力,虽然机构的管理部门会不定期改组。并且,机构没有权力或权利废除、改变或修订任何包含上述要求的决议或文件。

(6) 即使有其他法律的规定,除非本款对调整公用事业项目费另有规定,使用公用事业项目费弥补降价债券融资成本的行为不可撤销,并且机构无权决定降价债券的融资成本或公用事业项目费是不公正或不合理的,不论其是通过废除、改变或修订相应融资决议或其他文件,为价格厘定之目的重新估价或调整降价债券融资成本的方式,还是以任何直接或间接的方式减少或损害包括公用事业项目费在内的公用事业项目财产的价值;同时,用以弥补降价债券融资成本的收入金额或公用事业项目费不得因任何理由被减少、损害、推迟或终结,除非有待利用公用事业项目费偿还的融资成本已经全部还清和履行。除非本款对调整公用事业项目费另有规定,加利福尼亚州在此保证并与降价债券的所有者达成一致,加利福尼亚州既不会限制,也不会改变与降价债券有关的融资成本或包括公用事业项目费在内的公用事业项目财产,或公用事业项目财产中的任何权利,直至涉及降价债券的所有融资成本已经全部还清和履行。当法律已经为保护债券所有人作出充分的规定,本款并不禁止限制或改变。机构有权将加利福尼亚州的有关保证与承诺放入降价债券的管理文件中。即使本款有其他规定,机构应按本款和有关降价债券文件的要求,对涉及降价债券的公用事业项目费作出必要的调整,以确保及时支付降价债券的所有融资成本。调整之后,不得要求根据融资决议无须缴纳公用事业项目费的某些类别的客户缴纳该费用。

(f)(1)与机构的特别债务不同,和降价债券相关的融资成本不构成加利福尼亚州或其任何政治分支机构的债务或责任,也不构成加利福尼亚州或包括机构在内的任何政治分支机构作出的充分信任与尊重的保证,只能用本款规定的资金和降价债券有关文件规定的资金予以偿还。本目的规定并不禁止对降价债券进行保障或信用增强。所有降价债券应在其票面上包含如下声明:

加利福尼亚州或其任何政治分支机构的充分信任与尊重,以及税收权力,不得用于保证本债券本金与利息的清偿。

(2)降价债券的发行,不得直接、间接或临时使加利福尼亚州或其任何政治分支机构,为了清偿降价债券或拨款用以清偿债券而负有征收任何形式税收或以税收作为担保的义务。

(g)(1)公用事业项目财产在任何情况下应构成财产权,包括保障降价债券的合同,不论由公用事业项目财产所产生之收入和收益是否已经形成。

(2)当公用事业项目财产被质押时,除遵守质押文件的有关条款外,根据本款设立或批准的质押的有效性与相对优先性,不得因公用事业项目财产所产生之收入与代表机构收取公用事业项目费的地方政府或公有公用事业公司的其他资金混杂在一起而被否认或受到不利影响。

(h)(1)对涉及降价债券的公用事业项目财产可运用法定留置权。自关于降价债券的融资决议生效之日起,对当时存在或其后产生之所有公用事业项目财产均可运用最优先法定留置权,确保降价债券的清偿。根据法律该留置权应通过本款的施行自动产生,无须机构、地方政府或其公有公用事业公司或任何其他人作出任何行为。这一留置权应当用于向所有降价债券持有人、持有人的受托人或代表,以及融资决议或降价债券有关文件中载明的任何实体担保清偿既存的或其后产生的融资成本。该留置权应附属于公用事业项目财产,不论财产由谁拥有,或其后谁被决定应当拥有,这些主体可以是地方政府或其公有公用事业公司、机构或任何其他人。在融资决议生效后,该留置权即对公用事业项目财产的所有人和所有第三方产生效力并可予执行,无须再行发出公告。

(2)本款设立的公用事业项目财产上的法定留置权,对公用事业项目财产所产生之所有收入和收益不断发生留置效力,不论收入或收益是否已经形成。公用事业项目财产在任何情况下应构成财产权,包括保障降价债券的合同,不论由其产生之收入或收益是否已经形成。

(3) 此外,在设立公用事业项目财产的融资决议中,机构可要求在地方政府或其公有公用事业公司违约未能支付由公用事业项目财产所产生之收入时,根据法定留置权受益人的申请,并且在不限制受益人因他人违约而可以行使之任何其他救济权利的情况下,机构应下令扣押并将公用事业项目财产所产生之收入支付给受益人。

(i) 即使有其他法律的规定,只要公用事业项目财产清偿降价债券的义务仍然存在,通过发行降价债券为某个公用事业项目融资的机构,便无权根据《美国破产法典》(United States Bankruptcy Code)(美国法典第 11 篇第 1 款及以下)在案件中成为债务人,并且政府官员或组织也无权批准机构成为债务人,或根据其他法律成为类似案件或程序的主体,不论是联邦法律还是加利福尼亚州的法律。

(j) 通过由机构组建一人有限责任公司并授权该公司制定通过融资决议,机构根据本款可选择启动对某个公用事业项目的融资。并且,机构所发行之降价债券,可由公司根据协议从相关公用事业项目财产支付给机构的金额中来偿还,并以其作为质押担保。为确保根据公司有关发行降价债券之协议支付融资成本,本款(g)项和(h)项的规定应适用于公司完成对公用事业项目财产的质押,并且应当是唯一的方法。为执行本项规定,凡本款及所有相关定义中提及机构之处,都指的是公司或包括公司在内。

(k) 2020 年 12 月 31 日之后,根据本款发行降价债券的机构应予终止。

根据 2014 年立法第 71 章第 70 款(SB 1304)修订,2015 年 1 月 1 日起生效。

6588.8.

(a) 本款可被称为和被引用为《水费节约法》。

(b) 基于本款之目的,下列术语具有如下含义:

(1) "账单不变"是指从客户近期的账单历史来看,客户通过增效设施所节省的总体开支,预计要大于或等于客户每月水费账单中的增效费用。

(2) "客户"指的是从地方政府或其公有公用事业公司处购买水,并由地方政府或其公有公用事业公司对其开出账单的个人或实体。

（3）"客户的不动产"是指客户所拥有、出租或许可占有的住宅类、商业类、工业类、农业类或其他类型的不动产。

（4）"增效费用"是指在水费账单上增加的一笔费用，它根据地方政府或其公有公用事业公司在客户不动产上安装的水表来收取，由于供水增效设施位于客户的不动产上，因此根据本款规定须收取该笔费用以支付增效设施的开支。

（5）"增效设施"是指由机构定义的供水增效设施。增效设施应遵守"加州节约用水与用水效率循环贷款项目"的项目指南中确认的合格项目与项目优先级清单，这些清单根据《水法典》(Water Code)第30分篇（开始于第81000款）设立。增效设施不包括自然植被。

（6）"融资成本"指的是以下所有内容：

(A) 债券应付的利息和赎回溢价。

(B) 赎回债券本金的成本，不论其是否到期，包括违约情形下或赎回时的加速到期，后者还包括偿债基金的赎回。

(C) 与债券发行或服务相关的成本，包括但不限于服务费用、受托人费用、法律费用、行政费用、债券顾问费、债券配售或承销费、再营销费、代理经销商费、独立管理人费、市政顾问费、会计报告费、工程报告费、评级机构费以及根据利率掉期协议所作的付款。

(D) 与债券保单、财务担保书或债券合同、协议或其他债券信用增强手段有关的，或是与为债券而缔结的合同、协议或其他金融协议有关的付款或开支。

(E) 为有关债券的一个或多个储备金账户提供资金。

（7）"地方政府"指的是《加利福尼亚州宪法》第13C条第1款(b)项所述之"地方政府"，位于阿拉米达、康特拉科斯塔、洛杉矶、马林(Marin)、纳帕(Napa)、旧金山、圣马特奥(San Mateo)、圣克拉拉、索拉诺(Solano)、索诺马(Sonoma)等县境内。

（8）"公有公用事业公司"指的是向客户提供供水服务的公用事业公司，其由地方政府或地方政府的部门或其他下属分支拥有和运营，包括任何承接部门或其他下属分支权力与职能的继受者。

（9）"服务协议"指的是为收取增效费用而在地方政府或其公有公用事业公司与机构之间订立的协议，根据协议，地方政府或其公有公用事业公司作为服务代理人替机构收取增效费用。

(c)(1)即使有其他法律的规定,当满足本项第(2)、(3)目的要求时,机构可为地方政府或其公有公用事业公司的客户提供资金,使其能购买、安装或修理由地方政府或其公有公用事业公司提供服务的客户不动产上的增效设施。

(2)(A)机构可通过决议的方式设立或扩展某个项目,从而为地方政府或其公有公用事业公司的客户提供资金,使其能购买、安装或修理由地方政府或其公有公用事业公司提供服务的客户不动产上的增效设施。决议应包含所有以下内容:

(i)表明机构运作该项目的意图。

(ii)将项目运作的地理范围界定为仅限于由地方政府提供零售供水服务的地域,这些地方政府按第(3)目的规定,已经明确要求机构通过该项目为其客户提供资金。

(iii)详细说明需要项目为之融资的增效设施的类型。

(iv)批准一项标准化的服务协议。

(v)授权机构的一个或多个指定官员,代表机构执行和履行服务协议。

(B)机构承认收到了第(3)目(C)段所述之决议。

(C)机构可认定所有的程序均为有效且符合本目的要求,并且该结论是最终与确定的。

(3)通过作出如下所有行为,地方政府立法部门可根据本款,要求机构通过由其设立之项目为地方政府的客户提供资金:

(A)立法部门通过一项决议宣布其意图,要求机构向立法部门所代表的某个客户设立或扩展某个项目,要求至少在30日之后召开公开听证会,并且指令立法部门的办事人员或秘书至少提前5日发布听证会通知,通知应刊登在地方政府管辖范围内公开发行流通的报纸上。如果地方政府希望质押其水务企业的收入作为清偿机构所发行债券的本金、利息和赎回溢价的担保,根据第(f)项第(5)目当增效费用不足以达成上述目的时,立法部门应在决议中宣布该意图。

(B)立法部门召开已发布通知的公共听证会,并且在考量利害关系人的证词后,认定项目和拟质押的水务企业收入,如果可适用质押的话,将提供满足第6586款所述之标准的重大公共利益。

(C)立法部门通过一项包含以下所有内容的决议:

(i) 批准机构根据本款在地方政府管辖范围内设立或扩展某个项目。

(ii) 宣布机构在地方政府的地理边界内对项目的运作，将提供满足第6586款所述之标准的重大公共利益。

(iii) 详细说明需要项目为之融资的增效设施的类型。

(iv) 批准标准化的服务协议，并授权地方政府的一个或多个指定官员执行和履行与机构签订的服务协议。

(v) 在可行的情况下，批准质押水务企业的收入作为清偿机构所发行债券的本金、利息和赎回溢价的担保（如果增效费用不足以达成上述目的）。

(vi) 在可行的情况下，批准执行和履行一个或多个表明已设立质押的质押协议。

(vii) 在决议中，立法部门可认定所有的程序均为有效且符合本款的要求，并且该结论是最终与确定的。

(d)（1）客户应通过在其水费账单中缴纳增效费用的方式向机构付费，增效费用则由地方政府或其公有公用事业公司在确认已经安装增效设施后设立并收取。支付增效费用的义务来自书面协议并得到协议的证明，自增效设施安装后，协议便开始在客户，不同于客户的所有登记的不动产所有人，机构以及地方政府或其公有公用事业公司间实施。

（2）书面协议应包含以下所有内容：

（A）客户同意按协议约定的期间与金额支付增效费用，除非增效费用已经按协议规定的方式预付。约定的付款期间不得超过接受融资的增效设施的预期使用寿命。

（B）机构用以确定增效费用的财务计算过程、公式或其他方法的介绍。由地方政府或其公有公用事业公司以及与项目和资金相关联的机构所发生的合理行政开支，可纳入作为增效费用的一个组成部分。这一部分合理的行政开支应在书面协议中单独列出。

（C）对使用增效费用资助的增效设施的介绍。

（D）客户所作的陈述，即在客户不动产上增效设施的使用寿命之内，客户计划购买、安装或修理和使用该增效设施。在增效设施的使用寿命内，客户损坏、移除或其他过错导致增效设施故障的行为，不影响客户按协议规定支付增效费用的义务。

(E) 要求在不涉及客户损坏、移除或其他过错导致增效设施故障的情况下，客户可暂停缴纳增效费用，直到增效设施修理完毕且恢复服务。

(F) 机构作出的表示，即客户支付增效费用后其账单不变。

(G) 当不动产并非由所有人占有时，支付增效费用的义务应出现在客户出租或许可他人占有不动产的合同条款中。

(3) 只有在订立书面协议的机构已经核实以下所有信息后，书面协议方能生效：

(A) 订立协议的客户是在登记地址上的公用事业公司的客户，并且所有登记的不动产所有人已经以书面形式同意协议，如果其与客户并非同一人。

(B) 参与协议的客户的账户在过去的 12 个月内信誉良好，或客户对增效设施拟安装地点的占有不足 12 个月，在其占有期间该客户信誉良好。

(C) 安装增效设施的人，已经被机构、地方政府或其公有公用事业公司批准安装增效设施，并且遵守机构设立的项目要求。

(D) 协议中的增效设施遵守机构设立的项目要求，与本款(b)项第(5)目一致。

(E) 在协议存续期间，增效设施所节省的公用事业总开支超过客户所支付的增效费用总额，并且根据本款(b)项第(1)目的规定，参与的客户其账单不变。

(4) 对同意支付增效费用的客户而言，及时、完全地支付增效费用是从地方政府或其公有公用事业公司处获得供水服务的条件。地方政府或其公有公用事业公司有权运用其制订的收费政策和法律规定的所有权利与救济措施，强制要求支付和收取增效费用。负有缴纳增效费用的个人，不得因任何理由要求拒绝支付或无权拒绝支付全部或部分的增效费用。如果增效设施所在的不动产被出售或转让给后续客户，在出售或转让时过期未付或拖欠的任何增效费用不得转移给不动产的受让人。之前客户未能支付增效费用的，不影响后续客户从地方政府或其公有公用事业公司处获得供水服务。

(5) 客户支付增效费用的义务，应与增效设施所在的客户不动产上的水表相关联，直到与增效设施相关的增效费用全部偿付完毕，或当增效费用被转移给接受供水服务的后续客户时，其不动产上安装有增效测量设施可显示剩余的缴费义务。即使本款有其他规定，当之前的客户移除或损坏增效设施且未将其恢复时，增效费用不得转让给后续客户，不得继续与不动产上的水表相关联，并且应仍旧由之前的客户承担付款义务。在为增效设施提供资金后10日内，地方政府或其公有公用事业公司应将增效费用缴纳通知记录于客户不动产所在县的县文档员的档案中。在将增效费用缴纳通知进行存档时，县文档员应按受增效费用影响的水表所在的不动产所有人的名字，将增效费用缴纳通知编入总索引中。通知中须包含有受增效费用影响的水表所在不动产的地址或法定描述、被评定的宗地号以及不动产所有人的名字。通知应被标示为"增效费用缴纳通知"且应遵守第27324款。通知中还应包含联系人或联系机关的信息，他们有权迅速、准确地提供关于增效费用未支付金额和结算金额的书面报告，这是将增效费用缴纳通知存档的目的所在。如果不动产上安装有增效测量设施能显示客户支付增效费用的义务，则增效费用缴纳通知的存档应视为是对该不动产后续客户的充分通知。

（6）（A）当被存档的增效费用缴纳通知所涉及的未支付费用得到完全清偿后的10日内，负责收取和办理增效费用的实体，应将增效费用完全清偿与撤除通知记录于客户不动产所在县的县文档员的档案中。增效费用完全清偿与撤除通知中应包含有已存档的增效费用缴纳通知的编号。

（B）当增效设施故障不涉及客户的损坏、移除或其他过错，并且机构作出不对有故障的增效设施进行修理和恢复服务的决定后10日内，负责收取和办理增效费用的实体，应将增效费用撤除通知记录于客户不动产所在县的县文档员的档案中。增效费用撤除通知中应包含有已存档的增效费用缴纳通知的编号。

（7）由于增效费用是一种非强制性费用，它由客户、不同于客户的所有登记的不动产所有人、机构以及地方政府或其公有公用事业公司之间的书面协议进行约定，州立法机关因此认定并宣布，本款所述之非强制性的增效费用不属于《加利福尼亚州宪法》第13C条与13D条所指之税收、评估额、规费或费用，第13C条与13D条的内容以及《政府法典》第5篇第2分篇第1部分第4章第4.6条（开始于第53750款）不适用于根据本款征收的非强制性增效费用。

（e）（1）机构可与某个地方政府或其公有公用事业公司就收取一笔或多笔增效费用订立一个服务协议，地方政府或其公有公用事业公司应作为服务代理人，代为收取增效费用。

（2）负责收取增效费用的机构、地方政府或公有公用事业公司，应确保根据本款规定存档于县文档员档案中的增效费用缴纳通知中的联系信息是准确的，从而使利害关系人可以要求并迅速收到关于已存档之增效费用缴纳通知的书面回复,其中有准确的结算金额或未支付费用确认书。此外,机构、地方政府或公有公用事业公司应在每一份发给客户的水费账单中写入联系电话,使客户能够获知每月增效费用的金额,以及对产生增效费用的增效设施的描述。

(3) 在负责收取增效费用的服务代理人或实体发生变化的情况下,新的增效费用缴纳通知应在变更的 10 日内予以存档。

(4) 当存档的增效费用缴纳通知将机构、地方政府或公有公用事业公司确定为联系人时,向它们索要书面结算金额或未支付费用确认书的当事人,应在请求提出后 7 日内获得结算金额或确认书,并且自收到这些书面信息后的 45 日之内,可信赖书面结算金额或确认书的准确性。如果机构、地方政府或公有公用事业公司又提供了一份书面结算金额或确认书的书面修订版,当事人可自收到书面修订版后的 45 日内给予其信任。

(5) 地方政府或其公有公用事业公司作为服务代理人以机构名义收取的增效费用,应为有权要求支付融资成本者的专属利益而代为保管,融资成本的支付应直接或间接来自增效费用,并且不应由于地方政府或其公有公用事业公司的占有而改变其属于机构收入的性质。

(6) 在服务协议中,地方政府或其公有公用事业公司应与机构订立合同,约定地方政府或其公有公用事业公司将继续运营其公有公用事业系统,为其客户提供服务。地方政府或其公有公用事业公司将以服务者身份,代机构和增效费用的质押受益人(如果可适用的话)并为其利益收取增效费用,并且将为其收取的金额负责,将这些费用移交给机构或者代机构移交。

(7) 服务协议应规定,支付增效费用的义务应与增效设施所在的客户不动产上的水表相关联,直到机构收到全部费用。

(8) 为了与本款(d)项第(4)目保持一致,服务协议可规定对于同意支付增效费用的客户而言,及时、完全地支付所有增效费用是从公有公用事业公司处获得供水服务的条件,并且地方政府或其公有公用事业公司有权运用其制订的收费政策和法律规定的所有权利与救济措施,强制要求支付和收取增效费用。

(9) 在服务决议中,地方政府或其公有公用事业公司可作出约定,在它们违约未能支付因增效费用所产生之收入时,基于本款所述之机构质押受益人的申请,并且在不限制受益人因他人违约而可以行使之任何其他救济权利的情况下,机构应下令扣押并将增效费用所产生之收入支付给受益人。

（f）（1）机构可发行一个或多个债券，为根据本款购买、安装和修理位于客户不动产上的增效设施提供资金。

（2）发行债券的机构应在其根据第 8855 款向加利福尼亚州债务与投资咨询委员会提交的债券初步通知和最终报告中包含一段声明，即债券系根据本款发行。

（3）如债券购买人提出要求，发行债券的机构根据本款应设立一个债务偿付储备基金。

（4）（A）机构可根据第 5451 款的规定，将一笔或多笔增效费用质押作为根据本款发行之债券的担保。来自增效费用的收入应作为机构的特别收入，并不得因任何理由成为地方政府或其公有公用事业公司的收入，包括但不限于地方政府或其公有公用事业公司为担保其债务，使用其收入、进款或其他收益已做出或将要做出的任何奉献、承诺或保证。

（B）根据本款设立或批准的质押的有效性与相对优先性，不得因增效费用的收入与地方政府或其公有公用事业公司收取的其他资金混杂在一起而被否认或受到不利影响。

（5）地方政府可质押水务企业的收入作为清偿机构所发行债券的本金、利息和赎回溢价的担保，如果增效费用不足以达成上述目的，并且可以为机构之利益或为有权要求用增效费用支付融资成本者的专属利益，根据第 5451 款执行一个或多个质押协议。

（6）如债券购买人提出要求，将水务企业的收入质押作为清偿机构所发行债券的本金、利息和赎回溢价担保的地方政府应为债券设立一个债务偿付储备基金。

（g）如果为之发行债券且债券尚未清偿的地方政府停止运营某处自来水公用事业设施，不论直接还是通过其公有公用事业公司停止，本款凡提及地方政府或其公有公用事业公司之处，均应适用于替代地方政府提供自来水公用事业服务的实体。并且，在债券尚未清偿时，该实体应按本款要求及其与机构签订之服务协议的约定，承担和履行所有地方政府或其公有公用事业公司的债务。

（h）如果地方政府、其公有公用事业公司以及机构已遵守了本款规定之程序，它们无须再遵守第 6586.5 款。

(i) 管理某个增效设施融资项目的机构,应编制并公开发布一份包括以下所有内容的年度报告:

(1) 所缔结之书面协议的数量。

(2) 对已取得之用水效率提升的估算及其平均数。

(3) 机构所提供之前期融资的金额。

(4) 机构所收取的收入金额。

(5) 机构根据第 8855 款向加利福尼亚州债务与投资咨询委员会提交的报告副本。

(6) 机构受理来自客户和地方政府或其公有公用事业公司对项目投诉的处理程序的副本或概要。

(7) 机构对承包商绩效与项目营销的监管实践与程序的副本或概要。

(8) 就增效设施故障的过错认定决定,向机构和参与的地方政府或其公有公用事业公司申诉的程序副本或概要。

根据 2017 年立法第 430 章第 5 款(SB 564)增加,2018 年 1 月 1 日起生效。

6589.

机构可与一个或多个地方政府缔结债券购买协议。债券购买协议应具体规定最大利率、发行成本、法定准备金的数额以及违约时可使用的程序。即使法律有其他规定,地方政府可将其债券议价出售给机构,无须遵守作为债券发行依据的相关立法中的公开出售要求。

根据 1987 年立法第 481 章第 4 款修订,1987 年 9 月 9 日起生效。

6590.

机构可不定期发行债券,债券本金的金额取决于能提供充分资金以完成机构之诸多目的,包括但不限于为债券购买协议提供资金,支付机动车辆牌照费应收款的购买款,支付提案 1A 应收款的购买款,为公用事业项目融资,支付机构债券的利息,为担保债券而设立储备金,以及用于与债券发行相关的机构其他开支。机构也可为贷款给地方政府而发行债券,条件是这些地方政府依法可以借债,或发行债券用于按第 6588.5 款的规定从地方政府处购买机动车辆牌照费的应收款,或按第 6588.6 款的规定购买提案 1A 的应收款。并且,贷款或销售收益应当供地方政府用于支付公共基本设施、营运资本或保险项目。根据本款发行的由提案1A应收款支持的所有债券的本金总额不得超过22亿5千万美元（＄2 250 000 000），并且该发行应得到州财政部及其部长的批准。

对于1988年1月1日前已成立的机构，不得贷款给地方政府用于支付营运资本或保险，除非这些用途首先由机构管理部门的所有成员以全票赞成通过决议的方式予以批准。

根据2013年立法第636章第3款（AB 850）修订，2014年1月1日起生效。

6590.1.

（a）当机构发行的债券用于购买地方债时，债券的招募书应清楚描述有待购买之地方债的投资标准。投资标准应具体规定适于机构购买之地方债的类型，以及这些债券在信用度上的最低标准。

（b）财务顾问、投资顾问、承销商、经纪人、交易员或市政债券交易员不得向机构推荐购买、销售或交易市政债券，除非根据机构的投资标准及其保障公共资金的责任，财务顾问、投资顾问、承销商、经纪人、交易员或市政债券交易员有合理依据相信或确实相信其推荐适合于机构。

（c）当机构发行的债券用于购买地方债时，债券的承销商和机构的财务顾问、投资顾问不得从其库存中向机构销售任何由州或地方政府发行的证券或债券，或是向机构销售由其承销或代表另一个客户配售的证券或债券。

根据1995年立法第229章第2款增加，1995年7月31日起生效。

6590.2.

（a）对于用机构发行之债券收益购买的担保投资合同，机构应征集至少三个出价，并选择其中最高的出价。

（b）（1）向机构销售政府证券的经纪人或交易员，应保证这些证券的购买价等于它们的公平市场价格。

（2）就本项而言，"公平市场价格"是指在公平交易中意向买家愿意向意向卖家支付的价格。

6591.

（a）机构有权不定期发行债券为达成其目的提供资金。

（b）债券经批准后，可为以下任一内容提供融资：

（1）单个的某一处公共基本设施、多个公用事业项目、营运资本、购买机动车辆牌照费的应收款、购买提案 1A 的应收款或某一地方政府的保险项目。

（2）一系列公共基本设施、多个公用事业项目、营运资本、多次购买机动车辆牌照费的应收款、多次购买提案 1A 的应收款或某一地方政府的保险项目。

（3）单个的某一处公共基本设施、多个公用事业项目、营运资本、多次购买机动车辆牌照费的应收款、多次购买提案 1A 的应收款或两个或多个地方政府的某一保险项目。

（4）一系列公共基本设施、多个公用事业项目、营运资本、多次购买机动车辆牌照费的应收款或提案 1A 的应收款或两个或多个地方政府的多个保险项目。

（c）为了给营运资本提供资金而发行的债券，应当用于向地方政府发放贷款，贷款用途必须是第 53852 款规定的地方政府可以借债的领域。贷款的偿还则应遵守第 53854 款的规定。

（d）除非机构另有明确规定，其发行的每一笔债券应当构成机构的一般债务，以机构所获得之未质押的收入或资金予以偿还。这些收入或资金可包括来自附加债券的收益，当这些特别债券用来担保特定的收入或资金时，其收益的使用只需遵守与债券持有人之间的协议。即使债券可能用特别资金予以清偿，它们在任何情况下仍应被视作可流通票据，只遵守债券登记方面的规定。

（e）（1）债券可作为分期还本债券或定期债券发行，机构亦可同时发行这两种类型的债券。机构应以决议方式批准发行债券，并且根据债券发行的决议或发债契约的规定，债券应满足以下所有条件：

（A）标记发行日期。

（B）标记到期时间，该时间自发行之日起不得超过 50 年。

（C）标记利率，不论是固定利率还是可变利率。在可变利率的情况下，不得超过其载明的最大利率。

（D）在规定的时间清偿本金与利息。

（E）按规定的面额与形式发行。

（F）具有规定的登记特权。

（G）按规定的方式执行。

（H）在规定的地点以美利坚合众国的合法货币偿还，不论该地点是否在本州内。

（I）遵守规定的赎回条款。

（2）虽然有第（1）目的规定，由提案 1A 的应收款支持的债券，其到期日不得迟于 2013 年 8 月 1 日。

（3）对于由提案 1A 的应收款支持的债券，可适用下列两段的规定：

（A）从财政部总监处收到及时的书面通知后，机构可行使收兑的权利，但是应至少在总监向联合立法预算委员会发出书面意向通知的 30 日之后。

（B）债券可通过设置定期的利息支付日来支付利息，也可累积利息至到期日统一支付，或者二者相结合，但根据第 6588 款第（x）项须得到州财政部及其部长的批准。

（f）机构在出售债券时，应按其决议中规定的时间与方式进行。在充分考虑将从债券收益中得到支持的地方政府提出的建议后，债券的销售可以按机构认为适当之价格及条款与条件公开发售或内部认购。在准备正式债券期间，机构可发行之后可用于兑换正式债券的临时收据、凭证或临时债券。对于由提案 1A 的应收款支持的债券，机构应尽其最大努力将债券总成本降至最低，并且应证明自己已尽力而为。在与州财政部及其部长商议后，机构应组织安排由提案 1A 应收款支持的债券销售事务，并应将州财政部及其部长批准的那些条款与条件纳入其中。

（g）当机构为了购买地方政府的债券而于 1995 年 1 月 1 日及之后发行债券时，地方政府所有的债券都应由机构用其发行之债券的收益购买，并且应在机构债券发行之日起 90 日内购买。本项之规定不得解释为禁止机构发行平价债券。

根据 2013 年立法第 636 章第 4 款（AB 850）修订，2014 年 1 月 1 日起生效。

6591.1.

（a）承销机构发行之债券的经纪人、交易员、市政债券交易员或其他公司，在涉及使用该债券收益进行投资的决策时，不得担任机构的财务顾问或投资顾问。

（b）在财务顾问提供财务咨询服务之前，机构应与其缔结书面之合同。合同应具体约定拟提供之服务的范围，以及需支付给财务顾问的全部报酬。

根据1995年立法第229章第5款增加，1995年7月31日起生效。

6592.

批准债券或发行债券的决议可包含下列规定，这些规定应作为与债券持有人订立的有待批准之合同的一部分：

（a）保证机构给予充分信任与尊重的规定，或是保证公共基本设施的部分或所有收入、机构与地方政府订立的一个或多个盈利合同、根据第6588.5款购买的机动车辆牌照费的应收款、公用事业项目财产、根据第6588.6款购买的提案1A的应收款或机构的任何其他资金用于担保偿还债券及特别账户的规定，它们须服从于当时已存在之与债券持有人的合同。

（b）阐述租金、规费、购买款、贷款的还款和其他费用，每年拟提高的金额，以及使用和处分收入的规定。

（c）留出储备金或偿债基金，以及对它们进行管理和处分的规定。

（d）对机构或其代理人权利的限制性规定，当使用债券收益或发行特定债券为公共基本设施融资时，限制和规制公共基本设施的使用。

（e）对债券发行销售收益可应用之领域的限制性规定，以及将收益质押以担保债券的清偿或债券的发行。

（f）对附加债券发行的限制性规定，附加债券发行和担保所基于的条款，以及未偿付债券的清偿。

（g）修改或废除与债券持有人的合同中某些条款的程序，如果有的话；债券的金额和在金额问题上需要获得其同意的债券持有人，以及持有人表示同意的方式。

（h）对机构运营、管理的开支或其他费用的限制性规定。

（i）作为或不作为的定义，它们构成了机构对债券持有人未能履行职责的判断标准，另外在不履行职责的情况下规定了持有人的权利和救济方法。

（j）为了给债券持有人提供担保，将公共基本设施和场地进行抵押。

（k）为了给债券持有人提供担保，将地方政府所拥有的土地、改建或其他资产进行抵押。

（l）拟用决议所批准之债券的收益资助的公共基本设施的选择程序，如果债券的销售早于接受融资的公共基本设施与地方政府的确定。

根据2013年立法第636章第5款（AB 850）修订，2014年1月1日起生效。

6592.1.

批准债券或债券发行，或是接受债券利益或收益的决议，只能由机构在根据第54954款举行的例会上通过。

根据2009年立法第557章第5款（SB 99）增加，2010年1月1日起生效。

6592.5.

（a）根据本条，机构在购买地方政府的债券时，不得以生息超过其自身发行之一期债券红利率1%的价格购买地方政府发行的债券。基于本项之目的，红利率应根据债券的发行日确定。

（b）机构于1995年1月1日之后所购买的地方政府债券，其收益的95%以上应用于以下用途：

（1）支付机构为购买地方政府债券而发行之债券的本金、利息、赎回价或信用增强的费用。

（2）支付或补偿机构为购买地方政府债券而发行之债券的管理成本。

（3）就地方政府债券的本金、利息或赎回价，对地方政府作出支付或补偿。

（4）为机构债券的还本付息设立合理的储备金。

（5）购买地方政府的其他债券。

（6）支付或补偿第三方向机构收取的服务费用与开支，这些服务涉及对机构债券的管理或机构为购买地方政府债券而设立之项目的管理。此处的第三方不包括机构的任何成员。

（c）在本款中，下列定义应予适用：

（1）"管理成本"是指并仅限于发行、持有或偿还机构债券的成本。

（2）"信用增强"指的是在独立一方当事人与机构或地方政府之间订立的市政债券保险、履行保证金、信用证或其他担保协议。当债券发行为信用增强所担保，并且在债券使用可变利率且包含有持券人允许或要求清偿债券的条款时，包括债券未能重新上市时的清偿，它们无条件地实质性转移了全部或部分债券清偿的所有信用风险。

（3）"一期债券"是指根据同一个融资计划，由同一个发行人在同一个发行日所发行的债券，人们可合理期待这些债券将使用实质上同一渠道的资金进行清偿，无须考虑运用信用增强或留置权优先性的手段。

（4）"发行日"是指在机构或地方政府发行一期债券的情况下，或是在地方政府为购买机构债券而发行一期债券的情况下，机构作为交换收到该期债券购买价，或收到交付的代表该期债券的债务凭证的首个日期。

（5）"发行价"是指在机构发行一期债券的情况下向公众报出的初次发售价格，此处的公众不包括债券公司、承销商、经纪人及其他中间商，并且假定每一期已到期债券的发行价等于至少10%的该到期债券出售给公众时的价格。假如一期债券采用私下配售的方式，发行价指的是每一期已到期债券的首位买家支付的购买价，此处的首位买家不包括债券公司、承销商、经纪人及其他中间商。在地方政府发行一期债券的情况下，"发行价"指的是机构支付给地方政府的每一期已到期债券的购买价。

（6）"红利率"是指当用于计算自发行日起所有到期应无条件支付本金、利息和信用增强费用的一期债券当前价值时的贴现率，在使用同样的贴现率时，它能产生相当于自发行日以来一期债券总发行价的当前价值的数额。在地方政府为购买机构债券而发行一期债券的情况下，确定地方政府债券的红利率时不得将管理成本的开支纳入考虑范围。

根据1995年立法第229章第6款增加，1995年7月31日起生效。

6593.

机构管理部门的成员无须为债券承担任何个人责任，也不会因为债券发行而承担个人责任或被问责。

根据1985年立法第868章第6款增加，1985年9月23日起生效。

6594.

机构可使用任何其能够动用的资金购买它自己的债券。机构可根据并遵守其与债券持有人之间的协议，持有、质押、撤销或转售债券。

根据1985年立法第868章第6款增加，1985年9月23日起生效。

6595.

根据本条发行之债券,可通过机构与法人受托人或受托人之间的信托协议予以担保。受托人包括本州内或州外的信托公司或具有信托公司权限的信托银行。

(a) 对债券发行作出规定的信托协议或决议,可质押或转让未来收入或合同的收益,也可让与或抵押一个或多个项目,或项目之一部分,如果这些项目有待利用债券收益进行融资。规定债券发行的信托协议或决议在合理、适当且不违反法律的情况下,可包含保护债券持有人权利和提供救济措施的条款以及相应的强制执行条款,以及明确规定要纳入机构批准发行债券的决议中的某些条款。

(b) 在机构的要求下,根据州法律开展业务的银行或信托公司作为债券收益的存储机构或收入或其他资金的存储机构,应提供保障性债券或抵押有价证券。

(c) 信托协议可规定债券持有人和受托人的权利与救济措施,并可以限制债券持有人的个体诉讼权利。此外,信托协议或决议还可以包含机构认为对保障债券持有人权利合理、适当的其他规定。

根据1985年立法第868章第6款增加,1985年9月23日起生效。

6595.3.

(a) 机构可出于偿还其未清偿之债券、票据或其他有价证券的目的发行新债券,其未清偿之债务还包括前述债券、票据或其他有价证券的赎回溢价,以及从最早或后续赎回、购买债券之日期起或到期时所累积或待累积的利息。机构还可发行债券用于支付建设和购买公共基本设施或其一部之增建、改建、附加部分或扩建的全部或部分成本。

(b) 为偿还未清偿债券之目的而发行的债券的收益,可用于购买或到期时清偿或是赎回那些未偿付的债券,时间上可以在它们最早或后续的赎回日期,也可以在购买或到期时清偿之日期。并且在使用期间,这些收益可放置在第三方托管之下,由机构决定购买或到期时清偿或是赎回那些未偿付债券的具体日期。

(c) 在使用期间,被托管的收益可投资与再投资于联邦国债或联邦担保的债务、定期存单或由联邦国债或联邦担保之债务担保的定期存款,只要它们能在适当的时间到期,并且能保证立即偿还未偿付债券之本金、利息和赎回溢价(如果有溢价的话)。投资所得或所实现的利息、收入和利润(如有的话),也可用于偿还未偿付之债券。在托管期间完全结束和执行完毕后,投资所得或所实现的收益余额与利息、收入和利润(如有的话),应返还给机构用于实施本条规定之用途。

(d) 为支付建设和购买项目之增建、改建、附加部分或扩建的全部或部分成本之目的所发行之债券的收益,可将其一部分投资与再投资于联邦国债或联邦担保的债务、定期存单或由联邦国债或联邦担保之债务担保的定期存款,只要它们的到期时间不晚于需要使用这些收益支付全部或部分项目成本的时间。投资所得或所实现的利息、收入和利润(如有的话),可用于支付全部或部分项目成本,或由机构用于实施本条规定之用途。

根据1985年立法第868章第6款增加,1985年9月23日起生效。

6595.5.

对所有信托基金、所有保险公司的资金、商业银行和储蓄银行、信托公司、执行者、行政人员、受托人与其他被信托人而言,对州立学校基金以及任何可投资于县、市或学区债券的资金而言,投资于机构发行的债券是合法投资。这些债券作为有价证券,可由州或市政官员、机关或州的政治分支机构合法存储并接受,并且用于法律当前规定的或此后可能规定的债券或州的债务的存储用途,包括用以保障公共资金的存储。该规定的适用仅限于通过发行这些债券接受融资的参与当事方持有债务凭证或债务证券的情形,并且这些债券有资格用于或适于前述目的与用途。

根据1985年立法第868章第6款增加,1985年9月23日起生效。

6595.7.

(a) 机构无须就公共基本设施或机构根据本条购买或为其购买之不动产,或来自公共基本设施或不动产之收入缴纳税收或评估额,只要机构还对公共基本设施或其包含之不动产还拥有所有权。

(b) 机构所享有之公共基本设施免税待遇,在其对不动产的所有权转移给不动产须应税的地方政府之后便宣告结束。本款规定不能豁免地方政府就其不动产应承担的纳税义务，包括但不限于对公共基本设施的单纯占有权课税，或对公共基本设施所包含的不动产或设施课税，否则这些课税义务将适用于机构的参与人。

根据1985年立法第868章第6款增加，1985年9月23日起生效。

6596.

加利福尼亚州在此向根据本条发行之债券的持有人，以及根据本条与机构缔结合同的当事人作出承诺并与他们达成一致，州不会限制或更改据此赋予机构的为公共基本设施融资的权利，以及根据本段履行借贷协议、租约或其他与机构订立之合同条款的权利。州也不会以任何方式伤害债券或当事人的权利或救济途径，直至这些债券与因此产生的利息一起得到完全清偿与履行，或者合同也得到了机构方面的完全履行。但是，如果法律制定了相应条款保护机构发行之债券持有人或与机构订立合同的当事人，则本款之规定不代表对此类限制或更改的禁止。

根据1985年立法第868章第6款增加，1985年9月23日起生效。

6597.

在机构按本条规定收到收入或债券收益后，由机构融资的所有公共基本设施应在合理时间内支付利息。

根据1985年立法第868章第6款增加，1985年9月23日起生效。

6597.5.

由机构融资的所有公共基本设施应按照机构的规章制度建设或完工。对于为负担特定的某个公共基本设施的成本而发行之机构债券，包括为偿还与再融资全部或部分机构债券而发行之调换债券而言，当它们的本金和利息已经完全支付与清偿，或当人们已为支付与清偿制定了充分的规定，并且决议、租约、发债契约、抵押或信托契约、担保物权或任何其他批准与担保债券的手段中所有其他条件均已得到满足，所设立之留置权也已根据规定予以解除时，机构根据其规定的条款与条件，有权执行解除手续、担保解除契约、再转让证书、契据和产权转让证书，并有权在机构和地方政府各自的利益显现时，作出所有必要或必需的行为转让或解除其在接受融资之公共基本设施中的权利、所有权和利益,以及在其他为了向地方政府担保债券而质押或转让的凭证中的权利、所有权和利益。

根据1985年立法第868章第6款增加,1985年9月23日起生效。

6598.

从机构发行之债券上赚取之利息,在任何时候均免于缴纳州个人所得税和企业所得税。

根据1985年立法第868章第6款增加,1985年9月23日起生效。

6598.5.

就地方债券池管理机构的组成和根据本条批准之债券的计划、准备、投保、营销与出售事宜,地方政府可根据第8859款向加利福尼亚州债务与投资咨询委员会寻求建议。

根据2002年立法第454章第3款修订,2003年1月1日起生效。

6599.

(a) 在根据《民事诉讼法典》第2部分第10篇第9章(开始于第860款)提起的诉讼中,当涉及确定本条所规定之机构事务的有效性时,机构与利害关系人应按《民事诉讼法典》第861款的要求,在发出传票的第一天之前向州司法部长和财政部长送达一份由各方当事人提交的起诉状副本。除非存在根据本款要求已向州司法部长和财政部长作出送达的证据,否则法院不得就有关事务作出判决或给予任何一方其他的永久性救济。

(b) 在根据《民事诉讼法典》第2部分第10篇第9章(开始于第860款)提起的关于确定批准债券或发行债券之有效性的诉讼中,州司法部长和财政部长都是利害关系人。

(c) 通过法院正式判决驳回确认诉讼并撤回决议的机构,不得发行债券以建设、购买公共基本设施或为其融资,除非其以第1条(开始于第6500款)为依据,但机构此后可再次批准发行债券并在可适用之情形下,遵守第6586.5款和6586.7款。

根据2000年立法第723章第5款增加,2001年1月1日起生效。

6599.1.

(a) 立法部门应按《政府法典》第 2 篇第 1 分篇第 11.5 章（开始于第 8855 款）的要求，在根据本条销售债券之前的 30 日内，以预付邮资的邮件形式向加利福尼亚州债务与投资咨询委员会发出拟销售债券的书面通知。

(b) 自 1996 年 1 月 1 日开始，每年机构为购买地方政府债券之目的而出售债券后，立法部门应在当年的 10 月 30 日之前以预付邮资的邮件形式向加利福尼亚州债务与投资咨询委员会提供如下信息，直至债券最终到期：

（1）未偿付的债券本金数额，包括机构的债券和用机构债券之收益购买的地方政府债券。

（2）储备基金的余额。

（3）发行成本，包括所有后续费用。

（4）汇总后的管理费用总额。

（5）向每个地方政府债券收取的管理费用数额。

（6）利息收入和所有有担保之投资合同的条款。

（7）为有担保之投资合同支付的佣金和费用。

（8）所有地方政府债券的违约率。

（9）资本化利息账户的余额。

(c) 此外，对于根据本条销售的债券而言，不论其何时被出售以及在最终到期之前，如有下列任一事件发生，立法部门应在 10 日内以预付邮资的邮件形式通知加利福尼亚州债务与投资咨询委员会：

（1）地方政府或其受托人未能在计划清偿日偿还已到期之本金与利息。

（2）从储备基金中撤回用以偿还机构发行或机构购买的债券之本金与利息的资金。

(d) 不论立法部门还是加利福尼亚州债务与投资咨询委员会都无须为本款所要求的信息报告过程中因疏忽所致的错误承担责任。

根据 2002 年立法第 454 章第 4 款修订，2003 年 1 月 1 日起生效。

6599.2.

即使有《民事诉讼法典》第 863 款和第 869 款的规定，当第 6586.7 款所要求之通知以挂号信方式邮寄给萨克拉门托的州司法部长和财政部长办公室后，州司法部长或财政部长可在不超过 55 日内的任何时间,根据该法典第 2 部分第 10 篇第 9 章(开始于第 860 款)联合或独立提起诉讼。

根据 2001 年立法第 159 章第 107 款修订,2002 年 1 月 1 日起生效。

6599.3.

即使法律有其他规定,对于根据本条发行并为购买地方政府债券提供资金之债券,为公共基本设施或公用事业项目所作的融资,或根据第 6588.5 款购买机动车辆牌照费的应收款或根据第 6588.6 款购买提案 1A 的应收款,以及地方政府订立的出售机动车辆牌照费应收款或提案 1A 应收款或公用事业项目财产的合同及相关文件,为确定它们的有效性,可根据《民事诉讼法典》第 2 部分第 10 篇第 9 章(开始于第 860 款)提起诉讼。起诉时,诉讼应由机构的总办公室所在地法院管辖,无须提交给地方政府所在地的法院。但是,根据《民事诉讼法典》第 861 款规定发出的传票,应在机构总办公室所在的县以及销售债券给机构的地方政府所在的每个县发布,此时机构所在的该地方政府有接受融资的公共基本设施,或已经缔结了关于机动车辆牌照费应收款或提案 1A 应收款的销售协议。

根据 2013 年立法第 636 章第 6 款(AB 850)修订,2014 年 1 月 1 日起生效。

犹他州
地方合作法

王 诚 译

《犹他州法典》第 13 章
"地方合作法"

第一部分 总 则

11-13-101 标题

本章名为《地方合作法》。

根据2002年全体大会通过的第286章重新编号并修改。

11-13-102 本章宗旨

本章的宗旨是：

（1）通过让地方政府与其他地区在互利的基础上合作，使地方政府能最有效运用其权力，并因此以政府组织的形式，以最符合地理、经济、人口和其他影响地方社区需求与发展因素的方式提供服务与设施；以及

（2）为总体提升本州的共同福祉，提供规模经济、经济发展和自然资源利用的福利。

根据2002年全体大会通过的第286章重新编号并修改。

11-13-103 定义

当用于本章时：

（1）（a）"额外项目容量"是指在2002年5月6日当天或之后首次发电的发电机组所提供的发电容量，以及在2002年5月6日之前首次发电的电力项目所在地或邻近地建设或安装的发电机组所提供的发电容量，不论：

（i）新发电机组的所有人是否与电力项目的所有人相同；和

（ii）从新发电机组购电者是否与电力项目的购电者相同。

（b）"额外项目容量"并不意味着或包括替代项目容量。

（2）"委员会"是指由第35A-8-304节所设立的永久性社区影响基金委员会，及其后继者。

（3）"候选人"是指一个或多个：

（a）州；

（b）县、市、学区、地方区、特别服务区或其他类州的政府单位；以及

（c）公诉区（a prosecution district）。

(4)"商业项目实体"是指由第(18)条所界定的项目实体：

(a) 它没有税收权力；且

(b) 并不全部或部分倚靠税收收入，也不使用或耗费税收收入。

(5)"直接影响"是指因提供额外项目容量的项目或设施而引起的对公共设施或服务需求的增长，不包括因建设或运营如下某个设施而产生的影响：

(a) 该设施的所有人并非提供额外项目容量的项目或设施的所有人；以及

(b) 该设施曾一直提供燃料、建设或运营物资供项目使用。

(6)"地方间电力实体"是指第 11-13-203(3) 条所描述的地方间实体。

(7)"地方间能源服务实体"是指第 11-13-203(4) 条所描述的地方间实体。

(8)(a)"预计电力需求"当用于某个合格的地方间能源服务实体时，包括下列能够满足第(8)条(b)款要求的任一项内容：

(i) 发电容量；

(ii) 发电输出量；或

(iii) 电力生产设施。

(b) 假如合格的地方间能源服务实体需要第(8)条(a)款列出的某一项来向其成员履行实体的合同或法律义务，则该项便可归于"预计电力需求"的内容。

(9)(a)"提供替代项目容量的设施"是指已经、正在或将要建设、重建、改装、重新提供动力、购买、租赁、使用或安装的用以提供替代项目容量的设施。

(b)"提供替代项目容量的设施"包括已经、正在或将要建设、重建、改装、重新提供动力、购买、租赁、使用或安装的设施，如其：

(i) 旨在支持与促进建设、重建、改装、重新提供动力、安装、融资、运营、管理或使用替代项目容量；或

(ii) 为了将既有容量或替代项目容量产生的电力分配给相关设施，这些设施位于拥有项目的项目实体拥有所有权、租赁权、优先权或被许可权益的不动产上。

(10)"管理机构"是指管理委员会或联合管理人。

(11)(a)"管理委员会"是指根据第 11-13-206(1) 条(b)款的授权而设立的管理某个地方间实体的机构。

(b)"管理委员会"包括修订后的创设某个项目实体的协议所规定的委员会。

(c)"管理委员会"不包括前述第(2)条所指的委员会。

(12)"地方间实体"是指：

(a)某个犹他州的地方间实体、地方间电力实体或地方间能源服务实体；或是

(b)根据第 11-13-205 节创设的某个独立法人实体或行政实体。

(13)"联合管理人"是指管理某个联合或合作事业，并由第 11-13-207 节所界定的管理人或联合委员会。

(14)"联合或合作事业"是指第 11-13-207 节所描述的并非由地方间实体管理的事业。

(15)"成员"是指根据第 11-13-203 节的规定，会同其他公共机构设立地方间实体的某个公共机构。

(16)"外州公共机构"是指第(19)条(c)、(d)、(e)款所指的公共机构。

(17)(a)"项目"：

(i)是指由某个犹他州的地方间实体或地方间电力实体所拥有的发电与传输设施；以及

(ii)为发电与传输设施所需要的，由犹他州的地方间实体或地方间电力实体所拥有的燃料或燃料运输设施以及水处理设施。

(b)"项目"还包括项目实体在下列设施中的所有者权益：

(i)提供额外项目容量的设施；

(ii)提供替代项目容量的设施；以及

(iii)项目增加建设的发电、传输、燃料、燃料运输、水处理或其他设施。

(18)"项目实体"是指拥有本节所指项目的某个犹他州的地方间实体或地方间电力实体。

(19)"公共机构"是指：

(a)某个城市、乡镇、县、学区、地方区、特别服务区、地方间实体或其他州的政府单位；

(b)州或州的部门、处室或机构；

(c)合众国的任一机构；

(d)另一州或哥伦比亚特区的政府单位或部分，包括根据其他州法律或哥伦比亚特区法律组建的地方间合作或联合权力机构；或

(e) 由于其印第安人的地位,被认可有资格获得美国提供给印第安人的特别项目与服务的印第安部落、居住群、部族或其他有组织群体或社区。

(20)"合格的地方间能源服务实体"是指当地方间能源服务实体从提供额外项目容量的设施获得其权益时,该实体起码有五个成员系犹他州的公共机构。

(21)"替代项目容量"是指这样一种发电容量或传输容量:

(a) 用以替代某个项目所有或部分的既有发电或传输容量;以及

(b) 由某一设施提供,该设施位于、邻近、接近项目所在地或与项目所在地互相连接,不论:

(i) 在替代容量安装之前,替代容量是少于还是多于项目的既有发电或传输容量;

(ii) 替代容量是由作为项目所有者的项目实体所拥有,还是由项目实体设立的分支部分所拥有,又或是由与项目实体或其分支部分订立合同的某个当事人所拥有;或

(iii) 提供替代容量的设施的建设、重建、改装、重新提供动力、购买、租赁、使用或安装,是在项目的既有容量被实际或预期削减或修改的之前或之后。

(22)"犹他州的地方间实体":

(a) 是指由第 11-13-203(2)条所描述的某个地方间实体;

(b) 包括根据修订后的犹他州 1977 年法典第 47 章第 3 节所设立的独立法人实体或行政实体。

(23)"犹他州公共机构"是指本节第(19)条(a)款或(b)款所称之公共机构。

根据 2016 年全体大会通过的第 382 章修改。

第二部分　公共机构联合行使权力

11-13-201　公共机构联合行使权力、特权或管辖权—与《市政有线电视和公共电信服务法》的关系

(1)(a) 一个犹他州公共机构行使或能够行使的任何权力、特权或管辖权,可以按本章规定的方式,与具有同样权力、特权或管辖权的其他犹他州公共机构联合行使与享有,并与任何外州公共机构联合,只要管辖外州公共机构的法律允许这一联合行使或享有。

（b）州政府的任何机关在与公共机构联合行动时，可以行使与享有本章授予公共机构的所有权力、特权和管辖权。

（2）凡第10篇第18章的《市政有线电视和公共电信服务法》(Municipal Cable Television and Public Telecommunications Services Act)未赋予公共机构之提供有线电视服务与公共电信服务的权力，本章不得对这些权力予以扩大或扩张。

根据2015年全体大会通过的第265章修改。

11-13-202　联合或合作承担某些事业的协议，如提供或交换服务，或执法服务—协议的生效日期—公共机构可限缩自己的管辖权或豁免彼此的许可与费用

（1）根据本章规定，任何两个或两个以上的公共机构均可互相缔结协议：

（a）从而联合或合作作出行为；

（b）提供立法分别授权它们提供之服务；

（c）交换立法分别授权它们提供之服务；

（d）约定某个公共机构向一个或多个其他公共机构提供执法服务，假如根据地方间协议提供执法服务的公共机构依法可提供这些服务，或是在各自获得法律授权的情况下，在公共机构之间提供联合或合作执法服务；又或者

（e）从事立法分别授权它们去做的任何其他事务。

（2）第（1）条所述之协议，须经作为缔约方的各个公共机构按第11-13-202.5条之规定批准后方能生效。

（3）（a）在第（1）条所述之协议中，作为协议一方当事人的公共机构：

（i）在面对作为协议另一方当事人的另一个公共机构时，可自愿限缩其向该公共机构发放许可或收取费用的权力；以及

（ii）豁免对作为协议另一方当事人的另一个公共机构的许可或收费要求。

（b）在第（1）条所述之协议的条款中，如果各方当事人作出如第（3）条（a）款的承诺，则各方当事人针对该条款可主张法律和协议规定的所有救济措施，包括禁制令（injunction）、执行职务令（mandamus）、终止诉讼（abatement）或其他救济措施以阻止、禁止、终止或执行该条款。

（4）县与一个或多个市就特定区域的执法服务而缔结的地方间协议，如果

该区域包括部分或全部该县的偏僻地方,应当要求协议约定的执法服务由县治安官提供或在其指导下提供。

根据2009年全体大会通过的第218章修改。

11-13-202.5　某些协议的批准—由律师进行审核

(1) 第11-13-202节所述之所有协议及第11-13-212节所述之所有协议,都应得到下列当事人的批准:

(a) 理事会、委员会、议事会或其他被授予公共机构行政权的组织及官员,本条(b)款和(c)款所规定的当事人除外;

(b) 公共机构的立法部门,假如该协议:

(i) 需要公共机构在当前或未来的财政年度内调整其预算;

(ii) 有一方当事人为外州公共机构;

(iii) 要求公共机构购买或建设:

(A) 某一处设施;或

(B) 不动产的某一处改建;

(iv) 要求公共机构购买或转让不动产的所有权;

(v) 要求公共机构发行债券;

(vi) 创建了一个地方间实体;或

(vii) 要求公共机构分享税收或其他收入;

(c) 如果该公共机构属于第11-13-103节第(19)条(b)款所述之公共机构,则是州的部门、处室或机构的主任或其他首长。

(2) 如果第(1)条所述之协议需要由公共机构的立法部门批准,批准的决议或法令应当:

(a) 明确协议的生效日期;

(b) 假如协议设立了一个地方间实体:

(i) 声明该实体的创设系出于立法部门的意志;

(ii) 陈述设立该地方间实体的公共目的;以及

(iii) 陈述该地方间实体的权力、责任和功能。

(3) 第(1)条中有权批准协议的组织或官员在协议生效之前,应当将协议提交给代表公共机构的律师,就协议的形式是否适当和是否准确适用法律进行审核。

根据 2016 年全体大会通过的第 382 章修改。

11-13-203　地方间实体—批准设立某个地方间实体的协议—犹他州地方间实体变成地方间电力实体或地方间能源服务实体

（1）地方间实体：

（a）独立于设立它的公共机构；

（b）是一个政治体和法人团体；并且

（c）是州的一个政府单位。

（2）（a）任何两个或多个犹他州公共机构可缔结协议，批准设立一个犹他州的地方间实体以实现其作出联合或合作行动之目的，包括完成任务以及为某处设施或改建进行融资，从而提供该协议预期的服务。

（b）地方间实体及其管理机构的设立、运行、管理及财务程序由本章进行规定，无须遵守其成员或其他实体应适用的法律。

（3）（a）一个犹他州公共机构可与另一个或多个公共机构缔结协议，批准设立一个地方间电力实体以实现其作出联合或合作行动，参与如下建设任务或为其融资之目的：

（i）提供额外项目容量的电力设施；

（ii）第 54 篇第 9 章的《电力设施法》（*Electric Power Facilities Act*）所述之普通设施；或

（iii）发电或传输设施。

（b）通过与一个或多个并非是设立犹他州地方间实体的协议当事人的公共机构签订协议，该犹他州地方间实体可被认为是一个地方间电力实体，如果：

（i）作为设立犹他州地方间实体的协议当事人的公共机构以和修改设立协议相同的方式，授权犹他州地方间实体可以成为一个地方间电力实体；以及

（ii）地方间电力实体要实现的作出联合或合作行动的目的满足第（3）条（a）款的要求。

（4）（a）两个或更多犹他州公共机构可相互缔结协议或与一个或多个公共机构缔结协议，批准设立一个地方间能源服务实体以实现其在设施、服务和设施改建方面作出联合或合作行动之目的，这些设施、服务和设施改建对于购电、发

电、输电、电力管理和分配以供缔约的公共机构使用并促进其利益而言,是必需或有积极意义的。

(b)(i) 为便利输电或供电而设立的某个犹他州地方间实体,如其管理委员会通过决议,可选择成为一个地方间能源服务实体。

(ii) 即使有前款规定,一个犹他州地方间实体如其同时也是一个项目实体,可选择不成为一个地方间能源服务实体。

(iii) 根据第(i)项规定所作的转变,并不改变、限制或影响作出转变的犹他州地方间实体在之前已经执行的合同、协议、债券或其他债务的有效性或可执行性。

根据2015年全体大会通过的第265章修改。

11-13-203.5 执法协议之下执行官员的权力、豁免权和特权——对外州官员的要求

(1) 当执法官员根据第11-13-202节第(1)条(d)款的执法协议履行职务时,不论是否在其自身的管辖权范围内,执法官员都应当享有:

(a) 其权限范围内所拥有的所有执法权,包括逮捕的权力;和

(b) 在其管辖权范围内履行职务相同的豁免权和特权。

(2) 根据第11-13-202节第(1)条(d)款所订立的一个犹他州公共机构和一个外州公共机构之间关于互惠执法服务的协议,要求每个来自外州的人在本州内承担执法职责时:

(a) 应当保证在外州具有治安官员的身份;

(b) 在根据协议为本州执行职务之前,应申请获得由第53-6-106节设立的治安官员规范与训练理事会的认可。

根据2003年全体大会通过的第38章颁布。

11-13-204 地方间实体的权力与职责——地方间能源服务实体的额外权力——协议与地方间实体的存续期限——提交副州长的通知——登记要求——公共服务委员会

(1)(a) 一个地方间实体:

(i) 在管理其事务和从事其职务时应遵守规则、政策与程序;

(ii) 可以:

(A) 修改或废止规则、政策或程序；

(B) 起诉与被诉；

(C) 拥有官方印章并自主变更印章；

(D) 制订与执行合同或使用其他手段，如其对职责履行和权力运用、功能发挥而言是必要或有帮助的；

(E) 购买动产或不动产，或动产与不动产中完整的、部分的或其他类型的权益，如其对设立其的协议目的实现是必要或有帮助的，同时可以销售、租赁或以其他方式处置该财产；

(F) 直接或通过与另一个地方间实体订立合同的方式：

（Ⅰ）拥有与购买设施和改建，或设施与改建中完整的、部分的或其他类型的权益；

（Ⅱ）建设、运营、维护和修理设施及改建；以及

（Ⅲ）提供设立其的协议所期望的服务，并为其所提供的服务设置、设立和征收费率、费用与手续费；

(G) 借钱、发生债务和发行收益债券、票据或其他债务凭证，并将其在设施、改建或其提供的服务中取得的全部或部分收入与收益进行转让（assignment）、质押或其他形式的让与（conveyance）以确保其偿还债务；

(H) 提供、发行和销售认股权证、期权或其他与其发行之债券、票据及其他债务凭证相关联的权利；

(I) 销售由其提供之服务、产出、产品或其他利益或为其销售订立合同：

（Ⅰ）给州内或州外的公共机构；

（Ⅱ）就多余的服务、产出、产品或利益，给任何人，只要该地方间实体认为符合作为设立其的协议一方当事人的公共机构的最佳利益；

(J) 为遵守第 53-2a-605 节的要求，以和地方政府相同的方式和范围设立一个地方灾难恢复基金；

(iii) 不可以征收、评定或收取从价不动产税。

(b) 根据第(1)条(a)款(ii)项(G)目所作之转让、质押或其他形式的转让，在规定其的有关文件允许的范围内优先于其他任何形式的债权，但是向州或其政府单位支付的税收或税收替代物除外。

(2) 一个地方间能源服务实体：

(a) 除了它在提供额外项目容量的设施中拥有的所有者权益外,无须遵守:

(i) 本法第三部分"项目实体"的条款;和

(ii) 第 59 篇第 8 章的《免纳特许税或所得税的特定公司的总收入税法》(Gross Receipts Tax on Certain Corporations Not Required to Pay Corporate Franchise or Income Tax Act);以及

(b) 可以:

(i) 拥有、购买,以及通过自己或与他人订立合同的方式,建设、运营与维护某处发电、输电、运电或相关燃料供应设施与改建;

(ii) 缔结合同以获得电力与能源及附属服务的供应,输电和运电服务的供应,以及对发电设施而言所必需的天然气与燃料的供应;

(iii) 为了销售其提供的批发服务,与公共机构、投资者所有型或合作型公用事业公司以及其他当事人缔结合同,不论它们在州内或州外;以及

(iv) 采用与执行风险管理政策和策略,缔结协议与合同以管理和购买、销售能源相关的风险,包括购买与销售的期货合同、对冲合同、设施使用合同与货币互换合同,以及其他手段。

(3) 虽然有第 11-13-216 节的规定,设立地方间实体的协议或修订协议可规定,在以下任一情形最后发生之前,协议可以存续,地方间实体亦可继续存在:

(a) 协议或修订协议生效后的 50 年;

(b) 地方间实体已完全清偿或以其他方式解除其所有债务之后 5 年;

(c) 地方间实体已放弃、停止、转让或转移其在设施与改建中的所有权益后 5 年;或

(d) 地方间实体名下所有的设施与改建按照相关合同的规定,不再提供服务、产能、产品或其他利益之后 5 年。

(4) (a) 在执行批准设立某个地方间实体的协议时,包括地方间电力实体和地方间能源服务实体,地方间实体的成员的管理机构根据第 11-13-203 节的规定,应:

(i) 在协议生效之日起 30 日内,联合向副州长提交:

(A) 第 67-1a-6.5 节所称的,满足该节第(3)条要求的即将定界行为(impending boundary action)的通知副本;

(B) 第 67-1a-6.5 节所称的地方实体的批准后最终地籍图副本,假如作为协

议当事人的犹他州公共机构的管辖范围没有被全部纳入进地方间实体；

(ii) 根据副州长按第 67-1a-6.5 节所发布之设立文书：

(A) 如果该地方间实体位于某个县境内,向该县的文书登记官(recorder)提交以下文件：

(Ⅰ)(Aa) 即将定界行为的通知原件；

(Bb) 设立文书的原件；以及

(Cc) 地方实体的批准后最终地籍图原件,假如该地籍图根据前述(4)条(a)款(i)项(B)目的规定应向副州长提交；以及

(Ⅱ) 批准设立地方间实体的协议的认证副本；

(B) 如果该地方间实体位于多个县境内：

(Ⅰ) 应向其中一个县的文书登记官提交：

(Aa) 前述(4)条(a)款(ii)项(A)目(Ⅰ)(Aa)、(Bb)、(Cc)所列文件的原件；

(Bb) 批准设立地方间实体的协议的认证副本；并

(Ⅱ) 向其他每个县的文书登记官提交：

(Aa) 前述(4)条(a)款(ii)项(A)目(Ⅰ)(Aa)、(Bb)、(Cc)所列文件的认证副本；及

(Bb) 批准设立地方间实体的协议的认证副本。

(b) 副州长根据第 67-1a-6.5 节发布设立文书后,地方间实体宣告成立。

(c) 第(4)条(a)款(ii)项所列之文件在房地产所在的各县的文书登记官办公室登记完毕之前,新设立的地方间实体不得就提供给其辖区内房地产的服务收取或征收费用。

(5) 本节之规定不应解释为市或地方间实体可扩张其销售或提供零售电力服务的权利。

(6) 除了第(7)条另有规定外：

(a) 本节之规定不应解释为扩张或限缩市销售或提供零售电力服务的权利；以及

(b) 地方间能源服务实体不能向其成员市范围以外的客户提供零售电力服务。

(7)(a) 2003 年 7 月 1 日之前成立的地方间能源服务实体,如其成员全部

系犹他州的市，并且在 2010 年 7 月 1 日前已经向其成员市范围以外的客户提供零售电力服务至少 50 年的，可继续提供此类服务，假如：

(i) 地方间能源服务实体：

(A) 与每个持有由公共服务委员会颁发的公共事业运营证(certificate of public convenience and necessity)的公用事业公司签订书面协议，由其负责在地方间能源服务实体的成员市范围以外的约定地域范围提供电力服务；以及

(B) 与县或其他地方政府的立法机构订立特许经营协议，为地方间能源服务实体的成员市范围以外的区域提供电力服务；

(ii) 第(7)条(a)款(i)项(A)目所指之公用事业公司向公共服务委员会申请并从其处获得对书面协议的批准。

(b) (i) 在根据第 52 篇第 4 章的《公开与公共会议法》(Open and Public Meetings Act)的规定举行公共听证会之后，公共服务委员会如果认定前述第(7)条(a)款(ii)项所指之协议已包含了第(7)条(c)款所述之消费者保护，并且第(7)条(a)款(i)项(B)目所述之特许经营协议用中立的仲裁者或监察专员，提供了一种解决由地方间能源服务实体的消费者提出未来潜在争议的合理机制，则应当批准这一符合公共利益的协议。

(ii) 在批准协议时，公共服务委员会应当同时修改第(7)条(a)款(i)项所述之公用事业公司的公共事业运营证，将地方间能源服务实体同意服务的区域从原运营证划定的区域中删除。

(c) 在向其成员市范围外，同时也不在签订有第(7)条(a)款(i)项(B)目所述之特许经营协议的另一个市的市域范围内的消费者提供零售电力服务时，地方间能源服务实体应遵守以下要求：

(i) 成员市范围外的消费者应享受与成员市范围内的消费者同等优惠的服务费率与条款；

(ii) 地方间能源服务实体在其成员市的范围内外提供服务时，应作为同一实体进行运营活动；

(iii) 向成员市范围内的消费者所提供的折扣、退款或其他支付，也应向成员市范围外的消费者同样提供；

(iv) 服务的费率与条款表的制定或其任何变动，均须得到地方间能源服务实体的管理委员会的批准；

（v）在任何价格上涨之前，地方间能源服务实体的管理委员会应首先举行公开会议，听取公众对价格上涨的意见，并且在会议之前不少于 20 天、不超过 60 天的时间内，在日常账单和根据第 63F-1-701 节设立的犹他州公共通知网站上向其消费者发出书面通知；

（vi）地方间能源服务实体应向公共服务委员会提交其现行的服务费率与条款表。

（d）公共服务委员会应要求地方间能源服务实体的服务费率与条款表可受公众的公开检查。

（e）本节的规定并不意味着：

（i）公共服务委员会有权管辖地方间能源服务实体在其成员市范围内提供的零售电力服务；及

（ii）地方间能源服务实体会转变为第 54 篇下的公用事业公司。

（f）本节的规定不会扩张或缩减公共服务委员会对市或根据第 11 篇第 13 章的《地方合作法》而组织形成的市县协会的管辖权，除非本节文字中有明确的授权。

（g）（i）本节第（7）条（a）款所述之地方间能源服务实体，以第 11-13-202 节、11-13-203 节及 11-13-204 节第（1）条至第（5）条的授权为限保留其提供电力服务的权利。

（ii）尽管上述（i）项已有规定，假如公共服务委员会批准了本节第（7）条（a）款（i）项所述之协议，地方间能源服务实体不得向其成员市范围外的消费者提供零售电力服务，除非消费者位于协议约定的地域范围内。

根据 2015 年全体大会通过的第 265 章修改。

11-13-205　公共机构批准设立新实体以拥有污水和废水处理设施的协议—新实体的权力与职责—先前所设实体的确认—提交副州长的通知—登记要求

（1）本州的政策，是确保我们公民的健康、安全和福祉，充足的污水和废水处理厂与处理设施对本州公民的健康而言是至关重要的。遵守联邦与州的法律、联邦水质标准和排放标准，在地区层面拥有足够的污水和废水处理厂与处理设施从而向公共机构提供服务，是州级层面的重大问题，并且符合公共利益。我们发现并认为,在全州范围内有必要提供区域性的污水和废水处理厂与处理设施,并且作为一项明确的立法决定,我们认为本州建设区域性污水和废水处理厂与处理设施有急切之需要,它要求在《地方合作法》的框架下设立实体以拥有、建设、运营污水和废水处理厂与处理设施并为其融资;同时本法的宗旨是以本节规定的方式来实现上述目标。

(2) 本州任意两个或两个以上的公共机构亦可同意批准设立独立法人实体或行政实体,承担并实现拥有、获得、建设、融资、运营、维护和修理区域性污水和废水处理厂与处理设施之目的。

(3) 依据本节设立的独立法人实体或行政实体,是本州的政府单位和政治团体与法人团体,它拥有权力来执行和实现其法人权限,包括以下权力:

(a) 为管理其事务和办理业务而通过、修改和废止规章、细则与条例、政策和程序,以自己的名义作为原告和被告,拥有官方印章及自由更改印章的权力,因履行职责的需要或便利而制定与执行合同或所有其他手段,并在《地方合作法》之下运用权力和发挥职能;

(b) 拥有、获得、建设、运营、维护和修理某个或多个区域性污水和废水处理厂与处理设施,或使其列入建设、运营、维护和修理的计划,所有这些都应在设立实体的协议中予以列明;

(c) 借债、承担债务和发行收入债券、票据或其他债务凭证,并以实体拥有、运营和维护的区域性污水和废水处理厂与处理设施的全部或部分收益与收入来支付债务,此类债券、票据或其他债务凭证应遵守第11篇第14章的《地方政府债券法》(*Local Government Bonding Act*)的有关规定发行与销售;

(d) 与公共机构和其他当事人及实体订立协议,以其认为符合参与者最佳利益的条款和条件提供污水和废水处理服务;以及

(e) 以购买或运用征收权的方式取得动产和不动产,这些动产和不动产应与由其拥有、运营和维护的污水和废水处理厂及所有相关设施以及道路用地的取得和建设有关。

(4) 本法第三部分"项目实体条款"中的规定,不适用于依据本节为区域性污水和废水处理之目的而设立的法人实体或行政实体。

(5) 与依据本章而设立的法人实体或行政实体有关的所有已经历的程序,以及此类实体为批准和发行债券而经历过的所有程序,均已得到验证、批准和确

认；根据本章，这些实体也被认为系有效设立的地方间合作实体。根据这些程序，上述债券不论是之前还是之后发行，都已得到验证、批准和确认，并且依据其条款在发行前或发行时均构成了实体的有效和具有法律上约束力的债务。对本节规定的解释不应对债券、实体之组织以及本法生效时正受到质疑的实体合法性构成影响或确认。

(6)(a) 依据本节规定批准设立实体的协议各方缔约当事人的管理机构，应：

(i) 在协议生效之日起 30 日内，联合向副州长提交：

(A) 第 67-1a-6.5 节所称的，满足该节第(3)条要求的即将定界行为的通知副本；

(B) 第 67-1a-6.5 节所称的地方实体的批准后最终地籍图副本；

(ii) 根据副州长按第 67-1a-6.5 节所发布之设立文书：

(A) 如果该地方间实体位于某个县境内，向该县的文书登记官提交以下文件：

(Ⅰ)(Aa) 即将定界行为的通知原件；

(Bb) 设立文书的原件；以及

(Cc) 地方实体的批准后最终地籍图原件；以及

(Ⅱ) 批准设立实体的协议的认证副本；

(B) 如果该实体位于多个县境内：

(Ⅰ) 应向其中一个县的文书登记官提交：

(Aa) 前述(6)条(a)款(ii)项(A)目(Ⅰ)(Aa)、(Bb)、(Cc)所列文件的原件；

(Bb) 批准设立实体的协议的认证副本；并

(Ⅱ) 向其他每个县的文书登记官提交：

(Aa) 前述(6)条(a)款(ii)项(A)目(Ⅰ)(Aa)、(Bb)、(Cc)所列文件的认证副本；及

(Bb) 批准设立实体的协议的认证副本。

(b) 副州长根据第 67-1a-6.5 节发布设立文书后，实体宣告成立。

(c) 第(6)条(a)款(ii)项所列之文件在房地产所在的各县的文书登记官办公室登记完毕之前，新设立的实体根据本节规定不得就提供给其辖区内房地产

的服务收取或征收费用。

根据 2009 年全体大会通过的第 350 章修改。

11-13-206　联合或合作行动协议的要求

（1）第 11-13-202 节、11-13-203 节、11-13-205 节下的所有协议，都应该明确规定：

（a）协议的有效期；

（b）如果协议设立了一个地方间实体：

（i）该地方间实体确切的组织、构成和性质；

（ii）该地方间实体被授予的权力；

（iii）管理该地方间实体的方式；以及

（iv）依据下面第(2)条的规定，管理委员会成员的任命或选举方式；

（c）协议的目的；

（d）为联合或合作行动提供资金的方式，以及为此设立和保持预算平衡的方式；

（e）部分或完全终结协议时，以及在部分或完全终结时为处置财产而采用的可行的雇佣方式；

（f）作为参加人的公共机构从地方间实体或联合或合作事业中退出的程序、条件和条款；

（g）（i）投票采用一人一票还是加权投票的方式；

（ii）如果允许加权投票，投票权重应当如何确定；以及

（h）任何其他必要且适当的事项。

（2）第 11-13-203 节或 11-13-205 节下设立地方间实体的所有协议，都应当要求作为协议当事人的犹他州公共机构有权采用多数决方式任命或选举地方间实体管理委员会的成员。

根据 2015 年全体大会通过的第 265 章修改。

11-13-207　未设立地方间实体的协议的其他要求

（1）如果第 11-13-202 节下的某个协议没有设立一个地方间实体来从事联合或合作事业，该协议除了第 11-13-206 节所列举的内容外，还应规定：

（a）联合或合作事业的管理者为：
（i）某个管理人；或
（ii）一个联合委员会，其成员来自缔结协议的各个公共机构；
（b）获得、持有和处置联合或合作事业中所使用的动产与不动产的方式；
（c）联合或合作事业的职能；以及
（d）联合管理人的权力。
（2）联合或合作事业的设立、运作、治理和财政程序由本章作出规定。
根据2015年全体大会通过的第265章修改。

11-13-208　协议未免除公共机构的法律义务或责任—例外
（1）除第（2）条的例外规定外，依据本章制订的协议并不免除公共机构依法应承担的义务或责任。
（2）如果公共机构的义务或责任实际上适时地由联合或合作事业所履行，又或是被依据本章而制订的协议所设立的某个地方间实体所履行，则该履行可替代公共机构的义务或责任。
根据2015年全体大会通过的第265章修改。

11-13-209　协议的提交
依据本章制订的协议，自其向参加协议的每个公共机构的文档员提交后生效。
根据2002年全体大会通过的第286章重新编号并修改。

11-13-210　犹他州公共机构与外州机构就协议产生的争议
（1）在一个或多个犹他州公共机构和一个或多个外州公共机构之间产生的，涉及依据本章制订的协议的履行、解释或协议义务的案件或争议中，作为协议当事人的公共机构应当是真实的利害关系人，并且本州可保留采取行动要求获得补偿的权利，或以其他方式使其自己免于承担作为案件或争议的当事人可能承担的赔偿义务或责任。
（2）公共机构的违约行为、未能履行协议或其他行为如导致或促成赔偿义务或责任的产生，本州可保留向其采取相应行动的权利。
根据2002年全体大会通过的第286章重新编号并修改。

11-13-211　公共机构经批准向联合或合作事业或地方间实体提供资源

依据本章规定，公共机构如参与缔结协议，并且协议创设了某个联合或合作事业或设立某个地方间实体，公共机构可向该联合或合作事业或地方间实体：

(1) 拨入资金；

(2) 销售、租赁、给予或相反，供应有形和无形资产；以及

(3) 在其法定权限内提供人员或服务。

根据2015年全体大会通过的第265章修改。

11-13-212　为提供服务、从事活动或完成任务而在公共机构之间订立的合同或与地方间实体订立的合同——设施及其改建

(1)(a) 为提供服务、从事活动或完成任务，公共机构可相互订立合同，并且一个或多个公共机构可与根据本章设立的某个地方间实体订立合同，只要各公共机构依法有权订立合同并作出上述行为。

(b) 前款所述的所有合同应按第11-13-202.5节的规定得到批准。

(c) 第(1)条(a)款下的每个合同都应充分阐明合同当事人的目的、权力、权利、宗旨和责任。

(d) 根据第(1)条(a)款下的合同的规定，为提供服务、从事活动或完成任务，公共机构可以设立、建设或以其他方式获得超过满足需求或合同当事人要求的设施或改建。

(2) 根据本章订立的协议所设立的地方间实体，可以设立、建设或以其他方式获得超过满足需求或作为合同当事人的公共机构要求的设施或改建，以此来提供服务或福利，只要公共机构认为这些对于实现第11-13-102节所陈述的目标和利益而言是有必要的。

根据2003年全体大会通过的第38章修改。

11-13-213　为共同所有、运营或获得设施或改建而订立的协议

任意两个或多个公共机构可就以下事项相互订立协议：

(1) 共同拥有一处或多处依法有权单独拥有的设施或改建；

(2) 共同运营一处或多处依法有权单独运营的设施或改建；

(3) 通过赠送、授予、购买、建设、征用或其他方式共同获得一处或多处设施

或改建，以及为它们进行扩展、修理或更新；

（4）就一处或多处设施或改建及其扩展、修理或更新的问题，地方间实体如何运用其权力；

（5）上述内容的任意组合。

根据2002年全体大会通过的第286章重新编号并修改。

11-13-214　公共机构让与或获得财产

在执行本章的规定时，任何公共机构都可以在有可能达成一致的情况下，向其他公共机构让与财产或从其处获得财产。

根据2002年全体大会通过的第286章重新编号并修改。

11-13-215　分享税收或其他收入

（1）县、市、镇或其他地方政府单位在其管理机构的裁量判断下，可与其他县、市、镇或地方政府单位、州或某个联邦政府机构分享税收和其他收入。

（2）分享税收或其他收入的每个决定，都应按照第11-13-202.5节的规定作出。

根据2003年全体大会通过的第38章修改。

11-13-216　协议的有效期

（1）除了本节第(2)条和第11-13-204节第(3)条的例外规定外，本章下每个合同的有效期不应超过50年。

（2）第(1)条的规定不适用于以下类型的协议：

(a) 项目实体作为协议的一方当事人；

(b) 地方间电力实体作为协议的一方当事人；或

(c) 地方间能源服务实体作为协议的一方当事人。

根据2014年全体大会通过的第8章修改。

11-13-217　协议规定的对共同设施或改建的控制与运营

由两个或多个公共机构共同拥有或共同运营的设施或改建，或是根据本章下的协议获得或建设的设施或改建，可由一个或多个有利害关系且为此目的而设的公共机构运营；或由为此目的而设的某个联合或合作事业或某个地方间实体运营;或是通过地方间实体与从实体处接受服务或其他利益的公共机构订立的协议来运营;还可以通过某些其他的方式来实现控制和运营,这些都可以用适当的协议进行规定。运营成本的支付应按此类协议的规定作出。

根据2015年全体大会通过的第265章修改。

11-13-218　公共机构或地方间实体发行债券的权力—可适用的规定

(1) 公共机构可发行债券从事以下行为,其发行方式可与其独自获得某处设施或改建,或为建设、更新或扩展某处设施或改建而发行债券的方式相同:

(a) 从某处共同所有的设施和/或改建,或从任何其他设施或改建处获得权益;或

(b) 对共同所有的设施和/或改建,或任何其他设施或改建,支付全部或部分的建设、更新或扩展的成本。

(2)(a) 地方间实体出于以下目的,可根据某项决议、信托契约或其他担保契约发行债券或票据:

(i) 为其设施或改建融资;或

(ii) 根据第11篇第42章的《区域环境影响评估法》(Assessment Area Act),提供节能升级、能源系统更新或电动车辆充电基础设施或为它们融资。

(b) 实体可决定债券或票据是公开认购还是内部认购,并决定它们的到期时间、利率以及其他条款和担保措施。

(c) 本条所述之债券或票据,并非是参与协议的公共机构的债务。

(3) 管理委员会可以决议的方式,授权给地方间实体的某个或多个官员,或授权给其下属的由指定成员组成的委员会:

(a) 按照决议的规定并在其界限范围内,批准债券或票据的最终利率、价格、本金数额、到期日、赎回特点及其他条件;

(b) 批准和执行所有与债券或票据发行相关的文件。

(4) 根据本章发行的债券和票据是可转让票据,其形式与实质内容无须遵守《统一商法典》。

(5)(a) 地方间实体在发行债券时,应遵守和适用:

(i) 第14章的《地方政府债券法》;

(ii) 第 27 章的《犹他州调换债券法》；

(iii) 本章；及

(iv) 本州法律中任何其他有关授权公共组织发行债券的条款。

(b) 地方间实体是一个公共组织，第 11-30-2 节对其进行了界定。

根据 2016 年全体大会通过的第 371 章修改。

11-13-218.1　质押收入以支付债券

(1) 除了按第 11-13-204 节第(1)条(a)款(ii)项(G)目的要求所作的转让、质押或让与以外，地方间实体发行的债券可以用以下收入进行支付，并用下列收入的全部或一部进行质押作为担保：

(a) 地方间实体因其提供服务，以及因运营实体的设施和其他财产而产生的收入；

(b) 销售和使用税、财产税及其他税收；

(c) 联邦、州或地方的补助；或

(d) 地方间实体合法取得的其他资金。

(2) 地方间实体为担保债券而作的转让、质押或让与，应按第 11-14-501 节的规定设立和完善，并产生该节要求之效果。

根据 2015 年全体大会通过的第 265 章修改。

11-13-219　决议或协议的公布—决议或协议的合法性争议

(1) 当用于本节时：

(a) "法令"是指：

(i) 管理机构运用本章赋予的权力，通过一项决议或采取的某些程序，它适用于决议、契约或其他为发行债券而规定的手段；以及

(ii) 管理机构运用本章赋予的权力授权、批准或执行某项协议或其他手段。

(b) "管理机构"是指：

(i) 公共机构的立法部门；或

(ii) 根据本章设立的地方间实体的管理当局。

(c) "协议公告"是指本节第(3)条(c)款所规定的公告。

(d) "债券公告"是指本节第(3)条(d)款所规定的公告。

(e)"官方报纸"是指管理机构根据本节第(4)条(b)款的规定,为公布其制定的法令而选择的报纸。

(2) 运用本章赋予的权力制定或通过的法令无须进行公民投票。

(3)(a) 管理机构无须公布任何运用本章赋予的权力制定或通过的法令。

(b) 根据本节设立的公布要求,管理机构可以对运用本章赋予的权力制定或通过的任何法令的公布作出规定。

(c)(i) 如果法令是一项协议、文件或其他形式文本,又或是授权或批准协议、文件或其他形式文本的一项决议或其他程序,管理机构无须公布协议、决议或其他程序的全文,可以仅用公告形式公布协议的如下内容:

(A) 缔约当事人的名称;

(B) 协议的主题;

(C) 协议的有效期;

(D) 协议各方当事人的给付义务(如果有的话);以及

(E) 一项声明,告知公众在协议公告发布后的30日内,可在日常工作时间前往管理机构的主要办公地审阅决议和协议。

(ii) 管理机构应在协议公告发布后的30日内,制作一份决议或其他程序的副本,以及一份协议的副本,在日常工作时间放置于其主要办公地向社会公开。

(d) 假如法令是一项授权发行债券的决议或其他程序,管理机构无须公布决议或其他程序以及和发行债券相关的文件的全文,可以仅发布一份包含有第11-14-316节第(2)条所要求之信息的债券公告。

(4)(a) 如果管理机构选择公布法令、债券公告或协议公告,则其应当遵守本条的相关要求。

(b) 如果在管理机构的管辖范围内有不止一家公开发行的报纸,或多份报纸在市面流通,管理机构应指定其中一家作为发布本节所有文件的官方报纸。

(c)(i)(A) 管理机构应在如下地方发布法令、债券公告或协议公告:

(Ⅰ) 官方报纸;

(Ⅱ) 在政府实体主要办公地所在的市创办发行的报纸;

(Ⅲ) 假如该市没有报纸发行,则应选择一份在该市流通销售的报纸;以及

(B) 遵守第45-1-101节的规定。

(ii) 管理机构可在如下地方发布法令、债券公告或协议公告:

（A）（Ⅰ）公开流通销售的报纸；或

（Ⅱ）作为法令或协议当事人的公共机构管辖范围内发行的报纸；以及

（B）遵守第 45-1-101 节的规定。

（5）（a）任何感兴趣的公民，可在法令、债券公告或协议公告发布之日起 30 日内，对法令的合法性，或根据法令作出的行为或发布的文件的合法性提出异议。

（b）30 日后，任何人不得以任何理由就法令，或根据法令作出的行为或发布的文件的规则性、正规性或合法性提出异议。

根据 2015 年全体大会通过的第 265 章修改。

11-13-220　官员或雇员根据协议提供服务的资格

法律的其他条款如要求公共机构的官员或雇员必须是公共机构的选民或居民，或有其他职位或岗位的资格要求但并不普遍适用于所有缔约机构的，在官员或雇员根据本章规定执行协议，为多个公共机构提供服务或在多个公共机构占有职位时，可无须适用这些条款。

根据 2002 年全体大会通过的第 286 章修改。

11-13-221　遵守本章规定以完成协议

当公共机构基于本章缔结协议，并借此共同利用电力或水处理设施，或某个政治机构向另一个提供服务或设施时，只要遵守本章的要求便足以完成这些协议。

根据 2002 年全体大会通过的第 286 章修改。

11-13-222　雇员依据协议提供服务

（1）当某个雇员根据本章规定的协议向两个或多个公共机构提供服务时，应认为：

（a）其属于雇用他/她的公共机构的雇员，即便其在这些缔约公共机构管辖的地域范围之外履行职责；以及

（b）其属于第 63G 篇第 7 章的《犹他州政府豁免法》(*Governmental Immunity Act of Utah*)所规定的公共机构的雇员。

(2) 除非在设立某个地方间实体的协议中另有规定，作为协议当事人的公共机构的每一个雇员都应当：

(a) 始终作为该公共机构的雇员，即便根据协议被委派给另一个公共机构执行职务。

(b) 继续遵守适用于该公共机构雇员的规章，并享有同样的权利、权益和地位。

(3) 公共机构的官员、代理人或雇员在公共机构的管辖地域范围内执行职务时应遵守之条例和规章，可享受的所有特权、责任豁免、法律豁免、养老金与救济金、残障保障、工伤赔偿以及其他利益，均应在同等程度和范围上适用于根据协议在公共机构管辖地域范围外执行职务或职责的官员、代理人或雇员。

根据2015年全体大会通过的第265章修改。

11-13-224　为新能源车及其设施而成立的犹他州地方间实体

(1) 本节中"委员会"一词是指由第54-1-1节设立的犹他州的公共服务委员会。

(2) 为促进向新能源车的转化和/或加速建设、运营和维护新能源车的相关设施而成立的犹他州地方间实体的管理委员会，应由下列人员组成：

(a) 来自州政府的行政部门，由州长任命的个人；

(b) 由州参议院主席任命的一名参议员；

(c) 由州众议院议长任命的一名众议员；

(d) 来自犹他州县协会，由州参议院主席任命的个人；

(e) 来自犹他州市镇联盟，由州众议院议长任命的个人；

(f) 由州的某个学区雇用，并由州长任命的个人；

(g) 在根据第17B篇第2a章第8部分的《大众运输区法》(Public Transit District Act)而设立的所有大众运输区中，由州内拥有最大预算的大众运输区任命的个人；

(h) 由州的油气公司雇用，并由州长任命的个人；以及

(i) 由州长任命的来自犹他州石油营销商与零售商协会的代表。

(3) 第(2)条所述之犹他州地方间实体：

（a）可贡献资金用于建设、运营和维护新能源车所需的设施，如果地方间实体使用了这些新能源车或从中受益；

（b）应和委员会一起，参与委员会根据第 54-1-13 节作出的各种行动。

根据 2015 年全体大会通过的第 265 章修改。

11-13-224　地方间实体人事体制的设立

（1）地方间实体应按本节的规定，为自己设立一套人事管理制度。

（2）地方间实体在执行第（1）条所述之制度时，应有效地规定下列事项：

（a）在雇员的相对能力、知识和技术的基础上招聘、挑选雇员并使其得到发展，包括在首次任命时公开考虑各个符合条件的申请人；

（b）公平且适当的报酬；

（c）必要的雇员培训以确保高质量的履职；

（d）(i) 保留绩效优良的雇员；以及

(ii) 分离出绩效低劣且无法改正的雇员；

（e）在人事管理的所有环节公平对待申请人或雇员，不应考虑其种族、肤色、宗教、性别、民族血统、政治立场、年龄或残障因素，并同时应充分照顾到申请人或雇员的隐私和宪法权利；以及

（f）处理雇员申诉和不满的正式程序，拒绝对其予以歧视、强制、抑制或报复。

根据 2015 年全体大会通过的第 265 章修改。

11-13-225　竞争性采购

各地方间实体的管理委员会应制定规章和政策，对地方间实体运营所需的商品与服务的竞争性公开采购作出规定。

根据 2015 年全体大会通过的第 265 章修改。

第三部分　项目实体条款

11-13-301　项目实体和发电输出要求

（1）所有项目实体：

(a) 应当：

(i) 除了建设提供替代项目容量的设施外，在承担建设某个项目和提供额外项目容量的设施任务之前，要约销售或提供由项目或额外项目容量分别生产的起码 50% 的电能或发电输出；

(ii) 为前一项的要约设立规则与程序，给预期的购电商提供不少于 60 日的时间接受要约，逾期则视为拒绝；以及

(iii) 使第(i)项的每个要约：

(A) 成为一个长期安排，它可以是一个完整的所有者权益，一种参与者的权益，一个电力销售协议或其他形式；以及

(B) 向本州的一个或多个购电商发出，这些购电商以批发或零售方式供应电力；

(b) 可为其自己的项目修建提供替代项目容量的设施。

(2) (a) 项目供应给本州购电商的发电输出功率或发电量应占到项目总发电输出功率或发电量的 5% 以上。

(b) (i) 在遵守本款(ii)项(B)目的同时，提供额外项目容量的发电容量、发电输出或电能生产设施起码大部分应：

(A) 可供使用以满足州内的实体或消费者的预计电力需求；并且

(B) 可以为州内的实体或消费者所拥有、购买或消费。

(ii) (A) 在本项中，"违约条款"是指允许非违约方继承或要求处理违约一方的权利和利益的条款。

(B) 如果第(2)条(b)款(i)项的要求没有被满足是因为协议中的违约条款被运用，而该协议对提供额外项目容量的设施的所有者权益或其他权益作出了规定，则这些要求可予忽略。

根据 2016 年全体大会通过的第 382 章修改。

11-13-302　某些能源供应商为替代从价不动产税而支付的费用—计算方法—征收—课税扣押权的限度

(1) (a) 依据本章设立，拥有项目并向某个或某些能源供应商销售发电容量、服务或其他权益的各个项目实体，如其拥有的有形资产不能享受犹他州宪法第 13 条第 3 款给予的豁免征收从价不动产税的待遇，则应按本节的规定，向项

目或项目各部分所在的各个税收征管区缴纳一笔年度费用以替代从价不动产税。

(b) 为本节之目的,"年度费用"是指前款所述之替代从价不动产税的每年度缴纳的费用。

(c) 缴纳年度费用的要求:

(i) 对每个作为候选人,根据第 11-13-305 节和 11-13-306 节规定的合同或决定令而获得影响缓和款所带来之利益的税收征管区来说,应从候选人境内提供额外项目容量的项目的最后一台发电机组,而非所有发电机组的商业化运营之日所在的财政年度的后一年度开始。或者在涉及提供额外项目容量的设施的情况下,从候选人境内提供额外项目容量的发电机组的商业化运营之日所在的财政年度的后一年度开始。

(ii) 对不属于前项所指的税收征管区而言,从项目开始建设的财政年度开始。或者在涉及提供额外项目容量的设施的情况下,从这些设施开始建设的财政年度开始。

(d) 缴纳年度费用的要求在项目或设施的使用期内一直有效。

(2)(a) 预计向学区缴纳的年度费用应当遵守本条(b)款的规定,因为由立法机关批准并由学区收取的从价不动产税同时代表了:

(i) 因第 53A-17a-135 节规定的州最低限度学校计划而由州强制课征的税收;以及

(ii) 因第 53A-16-113 节、53A-17a-133 节和 53A-17a-164 节规定的基建投资和其他目的而课征的地方税。

(b) 预计向学区缴纳的年度费用应当遵守如下要求:

(i) 项目实体因州最低限度学校计划而应向学区支付年度费用,根据第 53A-17a-135 节的规定,费率由学区决定并由立法机关批准。

(ii) 对所有其他经批准由学区收取的地方财产税,项目实体应向学区缴纳下列二者之一:

(A) 年度费用;

(B) 第 11-13-305 节和 11-13-306 节规定的合同或决定令中所要求的影响缓和款。

(3)(a) 在某一年内预计向税收征管区缴纳的年度费用应当按如下方式计

算:该年度该区域的税率乘以按第(4)条确定的该年度项目在区域内部分的价格或缴费基数再乘以项目比例,这里的项目生产的是卖给能源服务商的电力容量、服务或其他利益。

(b) 本节中当"税率"适用于学区时,包括学区根据本节第(2)条或第 63M-5-302 节作出的评估。

(c) 项目实体每年就债券所支付的一笔相当于还本付息的费用,可以从该年预计向税收征管区缴纳的年度费用中得到抵扣。按第 11-13-305 节和 11-13-306 节的规定,为了在税收征管区缓和影响,债券的收益被用于提供公共设施和服务。

(d) 当年度税收征管区的税率在计算时应:

(i) 考虑缴费基数或按第(4)条确定的项目在区域内所占比例的价格,如果项目生产的是电力容量、服务或其他利益并卖给了供应商。

(ii) 反映该年度将要接受的任何补助。

(4)(a) 除非本节另有规定,本节要求缴纳的年度费用在支付、收取和分配给税收征管区时:

(i) 应将年度费用视作从价不动产税;以及

(ii) 项目应按与州内可征税的财产相同的税率和定价尺度进行评估。

(b)(i) 即使有(a)款之规定,为了本节所要求的年度费用问题,项目的缴费基数可根据下列当事人间的协议进行确定:

(A) 项目实体;和

(B) 任一县:

(Ⅰ) 假如这些县将从项目实体处收取年度费用;并且

(Ⅱ) 同意根据本条所述之协议来确定项目的缴费基数。

(ii) 本条(b)款(i)项所述之协议:

(A) 应明确规定每年在年度费用的缴费基数问题上,应根据协议来确定之;并且

(B) 除了为缴纳年度费用而确定项目缴费基数的方法之外,不可修改本章的任何条款。

(iii) 就本条(b)款(i)项(B)目所述之县境内的税收征管区收取年度费用的问题,由本条(b)款(i)项所述之协议确定的缴费基数应用于年度费用的计算上。

(ⅳ)(A) 如果在年度费用问题上对每年项目某部分的缴费基数没有达成协议,则应当由州税务委员会:

(Ⅰ) 来确定当年度项目该部分的价格;以及

(Ⅱ) 使用与州内可征税的财产相同的定价尺度来确定价格。

(B) 本条(b)款(ⅳ)项(A)目所要求的定价应当由州税务委员会根据其自身制定的规章来作出。

(c) 支付年度费用的款项应当来自:

(i) 项目所发行债券的收益;和

(ii) 项目实体名下项目的收入。

(d)(i) 如项目的有形资产不能享受犹他州宪法第13条第3款给予的豁免征收从价不动产税的待遇,则项目实体与购买项目发电容量、服务或其他权益的购买商之间的合同应当要求每个购买商,不论其是否位于本州内,按照合同的条款确定并支付相应份额的费用(如果合同没有相反规定的话)。

(ii) 项目实体负有责任要求购买商履行上述义务。

(5)(a) 项目实体缴纳年度费用的责任,限于项目实体能够从债券收益或收入中获得合法的金钱来进行支付,并且缴纳年度费用的义务本来并不是项目实体的一般性义务或责任。

(b) 不能因项目实体未能支付全部或部分年度费用而对其财产或金钱实施课税扣押权(tax lien)。

(c) 项目实体或购买商可以对年度费用的有效性提出抗辩,如同其抗辩从价不动产税的缴纳一样。

(d) 如抗辩成功,年度费用的缴纳可作相应缩减。

(6)(a) 第(1)条所述之年度费用:

(i) 可由某个公共机构缴纳:

(A) 如该机构并非是一个项目实体;而且

(B) 在提供额外项目容量的设施中拥有权益,假如该权益根据犹他州宪法第13条第3款可以其他方式豁免纳税;

(ii) 对本条(a)款(i)项所述之公共机构而言,应当按本条(b)款规定的方式进行计算。

(b) 本条(a)款所要求缴纳的年度费用,应当在数额上相当于税收征管区的税率乘以下列各项的乘积：

（i）税收征管区内提供额外项目容量的设施的缴费基数或价格；

（ii）公共机构在设施中拥有的所有者权益的比例；和

（iii）用百分比表示的公共机构的所有者权益之一部分，这种权益表现为公共机构卖给能源供应商的来自项目设施的发电容量、服务或其他权益，且项目的有形资产不能享受犹他州宪法第13条第3款给予的豁免征收从价不动产税的待遇。

（c）根据本条(a)款支付年度费用的公共机构，应就其所有者权益，像一个项目实体一样享有本节第(1)条至第(5)条所列之补助、权利和保护并履行相应之义务。

根据2015年全体大会通过的第287章修改。

11-13-303　项目实体缴纳销售和使用税的依据—提供额外项目容量的设施的总收入税

（1）根据第59篇第12章的《销售和使用税法》(Sales and Use Tax Act)中第59-12-104节第(2)条的规定，项目实体不能豁免缴纳销售和使用税。

（2）项目实体可以从根据第11-13-218节发行的收益债券的收益或它的其他收入中，按照第63M篇第5章的《资源开发法》(Resource Development Act)的规定缴纳或预先缴纳销售和使用税。

（3）(a)本条适用于提供额外项目容量的设施。

（b）（i）作为特种商品销售税(excise tax)的替代，根据第59篇第8章《免纳特许税或所得税的特定公司的总收入税法》而收取的总收入税，应对来自所有项目实体和其他公共机构在提供额外项目容量的设施中占有的全部所有者权益的所有总收入统一进行征收，就如同这些所有者权益是由某个单一的项目实体所持有那样。

（ii）替代特种商品销售税的总收入税在计算时，可视为由某个单一的纳税人享有全部的所有者权益带来的总收入且没有其他的总收入。

（iii）由这些所有者权益带来的总收入，指的是在设施中拥有所有者权益的所有项目实体和其他公共机构因设施的运营或维护，或设施的日常修理或更换而支出的总收入。

(ⅳ)在计算替代特种商品销售税的总收入税时,确定是否有税率以及如果有的话,税率是多少的问题,应遵守第59-8-104节的规定,除了该节要求的确定适用税率的总收入额应由1千万美元改为5百万美元。

(c)在提供额外项目容量的设施中拥有权益的所有项目实体和公共机构,在缴纳前款所述之总收入税时,只承担与其在设施中占有的所有者权益比例相称的税款,并对该部分的所有者权益不再承担任何其他总收入税。

(d)在设施中拥有所有者权益的项目实体或其他公共机构,不因这些设施而承担第59篇第7章《公司特许税和所得税法》(*Corporate Franchise and Income Taxes*)所规定的税收。

(4)在计算项目实体或其他公共机构根据第59篇第8章《免纳特许税或所得税的特定公司的总收入税法》或本节第(3)条而缴纳的总收入税时,总收入仅指电力容量、服务或其他利益的初次出售而产生的总收入,并不包括电力容量、服务或其他利益的后续销售、转售或停止服务所产生的总收入。

根据2014年全体大会通过的第189章修改。

11-13-304 公共事业运营证的具备——例外

(1)在开始建设任何发电厂或输电线路之前,每个地方间实体和外州公共机构应首先在经过听证程序之后,从公共服务委员会处获得一份公共事业运营证,以此证明该建设符合公众需要,并且该建设绝对不会影响和伤害到目前或未来犹他州电力消费者的公众需要。

(2)获得公共事业运营证的要求适用于所有在本节生效之日后启动的项目,但不适用于:

(a)项目的可行性研究在生效日前便已启动;

(b)提供额外项目容量的设施;

(c)提供替代项目容量的设施;或

(d)为了将电力从本条(a)款所述之项目,或提供额外项目容量的设施或提供替代项目容量的设施处输送出来所需要的输电线路,并且这些项目与设施位于自1987年4月21日起便开始生产的项目输电线路的通道范围内,允许有合理偏差。

根据2016年全体大会通过的第382章修改。

11-13-305　缓和影响的要求—代替从价税的付款—影响缓和款的来源

(1)(a)(i) 项目实体可为其项目的直接影响承担经济责任或为直接影响提供缓和措施,并在影响系项目所导致的情况下,贷款给候选人以缓和因建设或运营设施所造成的影响,这些设施由他人拥有,被用来提供燃料和项目所需的建设或运营材料。

(ii) 缓和措施的规定,可由合同依据本节第(2)条或第11-13-306节规定的决定令中的条款作出。

(b) 并非项目实体的犹他州公共机构,因其在提供额外项目容量的设施中拥有的所有者权益,可像项目实体一样采取本条列出的行动。

(2) 除非第11-13-306节另有规定,某个候选人可要求项目实体,或在提供额外项目容量的设施的情况下,要求在这些设施中拥有权益的其他公共机构与候选人签订合同,由项目实体或其他公共机构为候选人所遭受的来自项目或提供额外项目容量的设施的任何直接影响,视情况承担经济责任或为直接影响提供缓和措施。涉及项目或提供额外项目容量的设施的每份合同,应设置一个期限,在作为合同当事人的候选人的财政年度末或此之前结束。该财政年度之后的下一个财政年度,项目或是提供额外项目容量的设施将缴纳第11-13-302节所要求的年度费用,除非它们像第11-13-310节规定的那样提前终结。合同还应明确阐明直接影响的范围,确定需要覆盖的直接影响的方法,影响缓和款的金额和计算金额的方法,提供影响缓和措施的手段,确保项目或提供额外项目容量的设施及时完成和服务提供的条款,以及应由项目实体或其他公共机构和候选人达成一致的其他适当议题。

(3) 从第11-13-302节第(1)条规定的时间开始,项目实体或其他公共机构应按第11-13-302节的要求及其规定的方式向候选人支付替代从价税的款项。

(4) 影响缓和合同下的付款或根据委员会的决定作出的付款,应来自为项目或为提供额外项目容量的设施而发行的债券收益,或来自其他可利用的与项目或提供额外项目容量的设施相关的资金。

根据2002年全体大会通过的第286章修改。

11-13-306　无法就缓和影响达成合同情况下的程序

(1) 如果项目实体或其他公共机构和候选人无法就缓和影响合同的条款达

成一致，或就候选人已遭受或将要遭受任何直接影响达成一致，项目实体或其他公共机构和候选人各自有权将这些直接影响是否已经存在或将要遭遇的问题，以及任何其他涉及缓和影响合同条款的问题提交给委员会，由其作出决定。

（2）在收到请求作出决定的通知后 40 日内，委员会应就争议问题举行一场公共听证会，各方当事人在听证会上有权提出证据。听证会结束后 20 日内，委员会应发布一份包含其决定的命令并要求各方遵守之。决定应包含对事实的认定和法律上的结论，阐明委员会作出决定的理由。如果命令涉及缓和影响合同的条款，则命令的内容应满足第 11-13-305 节列出的对合同条款的要求。

（3）在听证会开始前 20 日或更早之前，任何一方均可向对方就合同的特定条款或款项发出要约。如果在要约发出后 10 日内对方回复以接受要约的书面通知，任一方即可将要约与承诺的通知随同送达回证一起提交给委员会，由委员会作出与要约一致的命令。未被接受的要约应视为已被撤回，并且与之相关的证据不会被委员会采纳（除非在确定开支的程序中）。假如受要约人最终收到的命令还不如要约有利，受要约人应承担要约发出后产生的开支，包括合理的律师费用。一项要约发出后但未被接受，并不排除后续另行发出要约。

根据 2002 年全体大会通过的第 286 章重新编号并修改。

11-13-307　修改缓和影响合同的方法

缓和影响合同或决定令可在当事人一致同意时进行修改，或按合同有关条款的规定作出修改。此外，任一方可提议对合同或命令进行修改，如果没有和另一方达成一致，则提议方可向委员会提交申请，由委员会决定是否将修订内容纳入合同或命令中。委员会应按第 11-13-305 节、第 11-13-306 节规定的程序和标准，决定合同或决定令是否应当予以修订。

根据 2002 年全体大会通过的第 286 章重新编号并修改。

11-13-308　未能遵守合同或命令的效果

即便涉及项目或提供额外项目容量的设施的缓和影响合同还未缔结或决定令尚未作出，或有关合同或命令的司法审查或上诉还未最终结束，项目或提供额外项目容量的设施的建设或运营仍可以开始并继续推进。项目实体或其他公共机构未能遵守本章的要求或遵守缓和影响合同、决定令或其修订稿内容的，不能成为禁止建设或运营项目或提供额外项目容量的设施的理由。

根据2002年全体大会通过的第286章重新编号并修改。

11-13-309　民事诉讼审判地—不能重新审理

（1）意图质疑、要求执行或审查委员会命令或缓和影响合同的民事诉讼，只能向命令或合同涉及的候选人所在县的地区法院提出。如果是犹他州作为候选人，诉讼应向盐湖县的地区法院提出。在任何司法区提出的诉讼，均应按本节的规定转移到合适的审判地管辖。

（2）意图质疑、要求执行或审查委员会命令的任何民事诉讼，均不得重新对案件进行审理。事项应被认为已经由委员会正式记录在案卷中，并且委员会对事实作出的认定不得被地区法院撤销，除非委员会明显地滥用裁量权。

根据2010年全体大会通过的第378章修改。

11-13-310　终止缓和影响合同

如果项目或项目的某一部分，或提供额外项目容量的设施或其某些部分，又或是来自项目或提供额外项目容量的设施的电力输出，除了遵守第11-13-302节的要求外还需缴纳从价不动产税或其他替代从价不动产税的费用，或其他形式的在金额上等同于支付给候选人款项的税，并且候选人是关于项目或提供额外项目容量的设施的缓和影响合同的当事人，或是根据委员会的决定正在收取影响缓和款或接收涉及项目或提供额外项目容量的设施的财产，则缓和影响合同或根据决定支付影响缓和款或提供财物的要求，应视情形由候选人选择是否终结。无论如何，当项目或提供额外项目容量的设施需要遵守第11-13-302节的条款规定时，所有缓和影响合同或决定令应予终止，除非因根据第11-13-302节第(2)条(b)款(i)项而征收了替代从价不动产税的费用，或因根据第53A-17a-135节规定的州最低限度学校计划而征收了从价不动产税，此时缓和影响合同或学区参与缔结的协议不需要终止。另外，如果项目或提供额外项目容量的设施的建设因某种原因被永久性终止，所有缓和影响合同和决定令，以及因此而要求作出的付款和提供的财物应予终止。缓和影响合同或决定令的终止，不能终结或缩减任何根据合同或决定令由其候选受益人承担的责任。如果第11-13-302节的条款或代替其的条款被有管辖权的法院认定为无效，并且从价税或其他形式的金额相等的税无须缴纳,本章的剩余条款应继续有效,无论项目或提供额外项目容量的设施的最后一台发电机组是否开始商业化运营。

根据2003年全体大会通过的第21章修改。

11-13-311　因影响缓和款而获得的补助以补偿替代从价不动产税—联邦或州的补助

(1) 鉴于项目实体或其他公共机构根据合同和决定令而支付的影响缓和款及提供的财物,项目实体或其他公共机构应视情形有权得到一笔补助,以补偿其根据第11-13-302节的规定而缴纳的替代从价不动产税的费用,或是作为其他税收或费用缴纳的补偿,如作为缓和影响合同或委员会决定令当事人的候选人要求缴纳的从价不动产税或其他税,或其他代替从价不动产税或同等金额的其他形式的税的缴费。

(2) 每个候选人均可向联邦或州政府申请可能获得之补助以缓和候选人受到之影响。当影响系来自项目或提供额外项目容量的设施时,从政府获得之补助应视情形按项目或设施造成影响的比例,用于涉及项目或提供额外项目容量的设施的缓和义务,但候选人因此获得的收入决不能比未接受补助时更少。

(3) 对学区而言,项目实体或其他公共机构根据第11-13-302节第(2)条(b)款(i)项需要为州最低限度学校计划而缴纳的替代从价不动产税的费用,应作为一项单独的费用进行处理,并且根据第11-13-302节第(2)条(b)款(i)项或第11-13-305节、第11-13-306节,由项目实体或其他公共机构支付并由学区收取的影响缓和款,不影响项目实体或其他公共机构因此获得补助。

根据2010年全体大会通过的第378章修改。

11-13-312　特许权税的豁免

对项目或提供额外项目容量的设施而言,当根据本章规定需要支付影响缓和款、缴纳替代从价不动产税的费用或从价不动产税时,项目或其任何一部分,提供额外项目容量的设施或其任何一部分,以及对项目或提供额外项目容量的设施的占有或其他用益性使用,均可免于适用第59篇第4章的《特许权税法》(*Privilege Tax*)。

根据2002年全体大会通过的第286章修改。

11-13-313 争议仲裁

任一缓和影响合同均可规定,合同当事人间的争议可依据第78B篇第11章的《犹他州统一仲裁法》(Utah Uniform Arbitration Act)提交仲裁。

根据2008年全体大会通过的第3章修改。

11-13-314 对某些商业性项目实体的征收权

(1)(a)在1980年1月1日前便已作为项目实体存在的某个商业性项目实体,当其在某个项目或提供额外项目容量的设施中拥有权益时,可根据本节第(2)条、第78B篇第6章第5部分"征收"的限制性规定以及有关保护其他社区的一般性法律,通过征收获得州内的财产。

(b)第(1)条(a)款不应被解释为:

(i)项目实体有权通过征收获得水权;或

(ii)项目实体依法可行使的通过征收获得财产的其他权力被消减。

(2)所有希望根据第(1)条(a)款通过征收获得财产的项目实体应遵守第78B-6-505节的有关规定。

根据2014年全体大会通过的第59章修改。

第四部分 治 理

11-13-401 适用范围

(1)除了遵守第(2)条的规定和法律的其他规定外,本部分适用于依据本章设立的管理机构。

(2)本部分规定不适用于:

(a)第11-13-602节所述之需纳税的地方间实体;及

(b)项目实体。

根据2016年全体大会通过的第382章修改。

11-13-402 治理—管理机构的权力

(1)如果地方间协议没有创设一个地方间实体来从事联合或合作事业,则联合或合作事业应由一个按照地方间协议和第11-13-207节设立的联合管理人来执行。

(2) 如果已创设一个地方间实体来作出联合或合作行动,则该地方间实体应由一个按地方间协议设立的管理委员会来进行治理。

(3) 管理委员会:

(a) 应管理和指导地方间实体的业务与事务;和

(b) 拥有地方间协议和本章规定的对实现地方间实体之目的而言必要的权力与职能并可行使之,除非本章或地方间协议另有明确规定。这些权力与职能包括以下内容:

(i) 授权给地方间实体的员工或官员,由其行使地方间实体的某项权力或履行某项职责;

(ii) 在地方间实体作为当事人或以其他方式涉入的诉讼中,掌握诉讼进程并作出指导;

(iii) 为管理委员会的有序履职制订细则;

(iv) 为地方间实体的有序运作或为贯彻地方间实体的目标而制订与执行规章制度;以及

(v) 为地方间实体提供的服务设立并征收费用。

(4) 管理委员会的每个成员均对地方间实体负有最大限度的信义义务。

(5)(a) 除非地方间协议另有规定,管理委员会:

(i) 应从其委员中选出一个主席;并且

(ii) 按本条(b)款的规定,选举委员会认为合适的其他官员。

(b)(i) 同一个人不得同时担任主席和财务主管、财务主管和职员以及职员和主席的职务。

(ii) 除非地方间协议另有规定:

(A) 官员应为管理委员会效力;且

(B) 管理委员会可为每个职位设定服务期限。

根据 2015 年全体大会通过的第 265 章制定。

11-13-403　年薪—日薪—参加团体保险计划—报销费用

(1)(a) 管理机构的成员可因其在管理机构的服务而获得由管理机构确定的薪水。

(b) 管理机构在依据本条确定薪水金额时,应:

(i) 将薪水总额列入地方间实体或联合或合作事业的年度核定预算中;

(ii) 在初步预算中明确核定每个管理机构成员的年度薪水;以及

(iii) 在通过预算的公共会议上批准年度薪水。

(c)(i) 如地方间协议批准且管理机构已决定,管理机构的成员可以在和地方间实体雇员同样的基础上,参加某个提供给地方间实体雇员的团体保险计划。

(ii) 基于第(1)条(b)款的要求,地方间实体为管理机构成员提供团体保险计划而支付的金额,应作为该成员薪水之一部分。

(d) 假如管理机构的成员因联邦税的原因被视为雇员,由地方间实体支付的联邦医疗保险和社会保障的雇主份额部分金额,不构成本条(a)款或(b)款下的薪水。

(e) 由公共机构任命的管理机构成员不得因其在管理机构的服务而接受报酬,除非公共机构每年在分析该成员在管理机构中服务的职责与责任后,批准其收取报酬。

(2) 除了第(1)条所规定的薪水外,管理机构可选择给其成员发放日薪,并按下列法律条文为其提供每年最多参加 12 次会议或活动的差旅费用:

(a) 第 63A-3-106 节;

(b) 第 63A-3-107 节;或

(c) 根据第 63A-3-106 节和第 63A-3-107 节由财务处通过的规章。

根据 2015 年全体大会通过的第 265 章制定。

11-13-404　管理机构的法定人数—管理机构的会议

(1)(a)(i) 除非本条(b)款或设立地方间实体或联合或合作事业的地方间协议中另有规定,管理机构人员过半数即构成处理管理机构事务的法定人数,而且法定人数中的多数人决定的行为即代表管理机构的行为。

(ii) 管理机构某个原本有效的行为,不会因为其选择的作出行为的方法而变得无效。

(b) 除非设立地方间实体或联合或合作事业的地方间协议有限制性规定或另有要求,管理机构可制订通过细则或其他规章要求不止过半数才能构成法定人数,或要求法定人数中不止过半数的人决定的行为才能代表管理机构的行为。

（2）管理机构应在其决定的地点，确定如何召开其定期会议和特别会议。

（3）（a）管理机构的所有会议应遵守第 52 篇第 4 章的《公开与公共会议法》，不论地方间实体或联合或合作事业是否全部或部分由税收收入予以支持。

（b）根据第 52 篇第 4 章的《公开与公共会议法》，管理机构应：

（i）制订通过规范其公共会议的议事规则与程序；

（ii）按照前项所述之议事规则与程序召开公共会议；以及

（iii）将（i）项所述之议事规则与程序在以下场合或地点向社会公众公开：

（A）管理机构每次举行会议时；

（B）地方间实体或联合或合作事业的公共网站（如果有的话）。

根据 2015 年全体大会通过的第 265 章制定。

第五部分　地方间实体的会计程序

11-13-501　定义

当用于本部分时：

（1）"拨款"是指管理委员会为特定之目的在预算中分配金钱。

（2）"预算"是指一个财政年度内财务运作的计划，它体现了为指定目的而计划开支的估算，以及计划为此提供资金的手段。它有时指的是某项特别资金的预算，该预算为法律所要求设立，有时指的是集体意义上所有有预算要求的资金的预算。

（3）"预算官员"指的是由地方间实体的管理委员会任命，为地方间实体做预算的人。

（4）"预算年度"是指预算设立的财政年度。

（5）"日历年度实体"是指第 11-13-503 节所述之财政年度从每个日历年的 1 月 1 日开始至 12 月 31 日结束的地方间实体。

（6）"当前年度"是指设立和通过预算的财政年度，并且是紧接预算年度之前的财政年度。

（7）"赤字"指的是开支超出收入的情形。

（8）"企业资金"的含义可见于通用的会计准则。

（9）"预计收入"指的是在设立了预算的每项资金的预算年度内，预计将从所有来源获得的收入总额。

(10)"财政年度"是指地方间实体财政运行的会计年度周期。

(11)"财政年度实体"指的是第 11-13-503 节所述之财政年度从每年的 7 月 1 日开始至次年 6 月 30 日结束的地方间实体。

(12)"资金"的含义可见于通用的会计准则。

(13)"资金结余"的含义可见于通用的会计准则。

(14)"普通资金"的含义可见于通用的会计准则。

(15)"通用会计准则"是指由美国权威机构不定期公布的会计准则与标准。

(16)"政府资金"的含义可见于通用的会计准则。

(17)"资金间贷款"指的是资产从一项资金转移到另一项,且未来需要偿还。

(18)"地方间实体"除了第 11-13-103 节所述之定义外,还包括政府非营利法人。

(19)"地方间实体普通资金"是指地方间实体的无指定用途的一般性资金。

(20)"内部业务资金"的含义可见于通用的会计准则。

(21)"刚完成财政年度"是指紧接当前财政年度的上一个财政年度。

(22)"业主资金"是指地方间实体的企业资金和内部业务资金。

(23)"公共资金"指的是由地方间实体收取或获得的任何金钱或款项,包括因其提供之服务或商品而得到的金钱或款项。

(24)"留存收益"的含义可见于通用的会计准则。

(25)"特别资金"是指地方间实体所有的除去普通资金之外的资金。

根据 2017 年全体大会通过的第 441 章修改。

11-13-502　适用—与联邦法律的冲突—其他准据法

(1)本部分规定不适用于第 11-13-602 节所述之需纳税的地方间实体。

(2)除了遵守前述第(1)条的例外规定以及法律的其他条款外,本部分的调整对象是地方间实体的财务程序,但以不和联邦法律冲突或导致地方间实体违反联邦法律为限。

(3)地方间实体应遵守第 51 篇第 7 章的《州款管理法》(State Money Management Act)。

根据 2016 年全体大会通过的第 382 章修改。

11-13-503　财政年度

由管理委员会决定的地方间实体的财政年度应当为：

(1) 日历年；或

(2) 从7月1日至次年的6月30日。

根据2015年全体大会通过的第265章制定。

11-13-504　统一会计系统

地方间实体应：

(1) 按照通用会计准则的要求设立并保存其会计账簿，以及根据账簿制作的财务报表；并且

(2) 根据其自身需求和资源，制订与执行内部会计控制。

根据2015年全体大会通过的第265章制定。

11-13-505　维持资金与账户组

地方间实体应根据其自身会计需求，按照通用会计准则的要求，在其会计系统中设立并维持某些或全部的资金与账户组。

根据2015年全体大会通过的第265章制定。

11-13-506　某些资金所要求的预算—基本工程项目资金

(1) 预算官员在每个预算年度应按第11-13-507节的规定，在适当的情况下为下列每项资金准备预算：

(a) 普通资金；

(b) 每项特种收入资金，该概念的含义可见于通用的会计准则；

(c) 每项债务清偿资金，该概念的含义可见于通用的会计准则；

(d) 每项非经常开支项目资金，该概念的含义可见于通用的会计准则；

(e) 每项遵守第11-13-524节规定的业主资金；以及

(f) 本地资金，如果地方间实体拥有如第53-2a-602节所述之本地资金。

(2) (a) 由一般义务债券、建设补助金或资金间移转所资助的重要固定资产改进，应当使用基本工程项目资金预算，除非受资助的改建将被用于业主性的活动。

(b) 地方间实体应为(a)款所述之重要固定资产改进设立单独的预算,并按本节第(1)条的要求为其设立年度预算。

根据 2015 年全体大会通过的第 265 章制定。

11-13-507　总收入与开支的相等

(1) 第 11-13-506 节下的预算应为预算年度提供一份财务计划。

(2) 每份预算应以表格形式明确:

(a) 对所有预计收入的估算;和

(b) 所有为开支所作的拨款。

(3) 预计收入的总额应等于拨款支出的总额。

根据 2015 年全体大会通过的第 265 章制定。

11-13-508　准备初步预算—由管理部门审核

(1) 在日历年度实体的 11 月和财政年度实体的 5 月,在其管理委员会举行的首次定期会议上或在此之前,地方间实体的预算官员应为翌年进行准备,并为需要设立预算的每项资金向管理委员会提交一份初步预算。

(2)(a) 上条所述之每份初步预算应以表格形式提供:

(i) 上一完整财政年度的真实收入与支出;

(ii) 当前财政年度的预计整体收入与支出;以及

(iii) 预算官员估算的预算年度的收入与支出。

(b) 预算官员应估算:

(i) 可满足每项资金需求的收入总额;

(ii) 来自除一般财产税外的所有来源的收入部分;

(iii) 来自一般财产税的收入部分。

(3) 预算官员在向管理委员会提交初步预算时,除应包含对开支的估算外,还应同时包括本部分要求的或管理委员会要求提供的特定工作项目和其他支撑数据。

(4)(a) 除遵守本条(b)款外,管理委员会

(i) 应在为此召开的定期会议或特别会议上审查、考虑并通过初步预算;以及

(ii) 可在第 11-13-509 节规定的公共听证会之前,采取任何其认为适当的方式修改或修订初步预算。

(b) 管理委员会不能在法定最低限额之下削减用以清偿债务和利息的拨款,或减少根据第 11-13-513 节规定用以削减已有赤字的拨款,除非法律另有规定。

(5) 如果一个新的地方间实体成立,管理委员会应:

(a) 设立一份涵盖从成立之日起至财政年度末这一期间的预算;

(b) 在通知和听证程序上,实质性遵守本部分的所有其他规定;以及

(c) 在其成立后尽可能快且合理地通过预算。

根据 2015 年全体大会通过的第 265 章制定。

11-13-509　讨论通过预算的听证会—通知

(1) 在通过初步预算的会议上,管理委员会应:

(a) 规定讨论通过预算的公共听证会的时间与地点;

(b) 除本节第(2)条和第(5)条另有规定外,命令听证会的通知:

(i) 须在听证日之前至少提前 7 日在一期以上的报纸上刊登,该报纸应在地方间实体向公众提供服务所在的县或地方间实体成员所在的县范围内公开流通发行;以及

(ii) 须在听证日之前至少提前 7 日在根据第 63F-1-701 节设立的犹他州公共通知网站上刊登。

(2) 如果预算听证会与增税听证会一并召开,第(1)条(b)款规定的通知:

(a) 可与第 59-2-919 节规定的通知合并发出;且

(b) 在刊登时应遵守第 59-2-919 节的宣传条款。

(3) 有关通知已经按照第(1)条(b)款、第(2)条或第(5)条发出的证据,是通知已经以适当方式发出的初步证据。

(4) 如果第(1)条(b)款、第(2)条或第(5)条所要求发出的通知自听证会召开之日起 30 日内没有受到质疑,通知便是充分和适当的。

(5) 如果地方间实体的管理委员会在年度运营预算上小于 25 万美元,则可通过以下方式来满足第(1)条(b)款所要求的通知义务:

(a) 向地方间实体内的每个选民邮寄一份预付邮费的书面通知;且

(b) 在地方间实体服务区域内的三个公共场所张贴通知。

根据 2015 年全体大会通过的第 265 章制定。

11-13-510　初步通过预算的公共听证会

在公告的时间和地点，或在公共听证会延期到的任何时间或地点，管理委员会应：

(1) 就预算的初步通过举行公共听证会；并且

(2) 给出席的利害关系人以机会，就收入和开支的估算或任一项资金的初步预算中的任何项目进行发言。

根据 2015 年全体大会通过的第 265 章制定。

11-13-511　管理部门的后续权力

在按照上条规定举行的公共听证会结束后，管理委员会：

(1) 可以：

(a) 继续审核初步预算；

(b) 在预算中插入新的项目；或

(c) 在初步预算中增加或减少开支项目。

(2) 应通过最终的预算。

根据 2015 年全体大会通过的第 265 章制定。

11-13-512　累积资金结余—限制—多余的余额—未预计的多余收入—基本工程项目的准备金

(1)(a) 地方间实体可酌情将留存收益或资金结余累积至任一项资金中。

(b) 对地方间实体普通资金而言，预算年度末的累积资金结余只能用于：

(i) 给预算年度初开始的财政支出提供运营资金，直到收取到一般财产税或其他可用的收入后，另还需遵守本条(c)的规定；

(ii) 给第 11-13-521 节下的紧急开支提供财力支持；或

(iii) 弥补因不可避免的收入减少而行将产生的年末超支，另还需遵守本条(d)的规定。

(c) 除本节第(4)条的例外规定外，本条(b)款(i)项不能被解释为出于预算目的而授予地方间实体拨出资金结余的权力。

(d) 本条(b)款(iii)项不能被解释为授予地方间实体为避免运营赤字在预算年度内拨出资金结余的权力，除非：

(i) 系遵守本节第(4)条的规定；或

(ii) 出于第 11-13-521 节下的紧急目的。

(2) 地方间实体普通资金的累积资金结余不能超过：

(a) 地方间实体收取的当年度财产税总额；或

(b)(i) 地方间实体普通资金收入总额的 25%，对年度普通资金预算大于 10 万美元的地方间实体而言；或

(ii) 地方间实体普通资金收入总额的 50%，对年度普通资金预算等于或小于 10 万美元的地方间实体而言。

(3) 如果地方间实体普通资金结余在财政年度末超过了本节第(2)条允许的金额，地方间实体应按第 11-13-513 节规定的方式将超出部分拨出。

(4) 地方间实体普通资金结余超出地方间实体普通资金收入总额 5% 的部分，可为预算目的进行使用。

(5)(a) 在预算年度内的基本工程项目资金中，管理委员会为了给未来特定的基本工程项目提供资金，包括新建工程、大修、更换和维护，可根据其制定的正式、长远的基本计划从预计收入或资金结余中拨款至基本工程项目的准备金账户。

(b) 地方间实体可允许前款所述之准备金账户每年累积金额，直至累积资金总额足够用于规定目的下的合理开支。

(c) 地方间实体从(a)款所述之准备金账户进行开支时，只能用本部分规定的方式通过一项预算拨款来作出。

(d) 从(a)款所述之准备金账户作出的开支，应遵守本部分与执行和控制预算相关的所有要求。

根据 2015 年全体大会通过的第 265 章制定。

11-13-513　拨款不超过预计的可支用收入——为已有赤字拨款

(1) 地方间实体管理委员会在某项资金的最终预算中所作的拨款，不能超出该资金预算年度内预计的可支用收入。

(2) 在上一个已完成的财政年度末如果某项资金在结余上有赤字，地方间

实体管理委员会应在该项资金当前的预算中为赤字列入一项拨款，其金额应相当于：

（a）该项资金在上一个已完成的财政年度中总收入的起码 5%；或

（b）赤字的总额，如果赤字少于该项资金在上一个已完成的财政年度中总收入的 5%。

根据 2016 年全体大会通过的第 353 章修改。

11-13-514　通过最终预算—确认与提交

（1）除第 59-2-919 节至第 59-2-923 节另有规定外，地方间实体管理委员会应通过决议的方式，在财政年度开始之前，给本部分要求应当设有预算的每项资金为即将到来的财政年度通过一项预算。

（2）地方间实体的预算官员应在通过最终预算后 30 日内，向其成员和州审计员提交最终预算。

根据 2015 年全体大会通过的第 265 章制定。

11-13-515　预算在预算年度内有效

（1）在最终通过后，每项预算均应在预算年度内始终有效，并可按本部分的规定进行修改。

（2）地方间实体应向其办公室提交一份被通过预算的副本，并在正常工作时间向公众开放获取。

根据 2015 年全体大会通过的第 265 章制定。

11-13-516　采购程序

地方间实体应按其自身决议所设立的采购程序进行开支或承担债务，并且只能由正式授权的个人命令或批准方能为之。

根据 2015 年全体大会通过的第 265 章制定。

11-13-517　禁止超出拨款的开支或财产负担

地方间实体在开支或承担开销或财产负担时，不得超出已通过之预算或其后被修改之预算中的拨款总额，除非系遵守第 11-13-521 节的例外规定。

根据 2015 年全体大会通过的第 265 章制定。

11-13-518　拨款结余在同一项资金的不同账户间转移

（1）地方间实体管理委员会在遵守本节第(2)条的情况下，应为同一项资金下无财产负担或未开支的拨款结余或结余之一部分从一个账户向另一个账户的转移制定相关政策。

（2）管理委员会不得因清偿债务和利息、减少赤字而将某一项拨款削减至最低限额以下，也不得削减法律或契约要求的其他拨款。

根据2015年全体大会通过的第265章制定。

11-13-519　单项政府资金预算的审核—听证会

（1）为了确定某一单项预算的总额是否应予增长，地方间实体管理委员会可在预算年度的任意时间审核某项政府资金的单项预算。

（2）如果管理委员会认为第(1)条所述之一项或多项政府资金的预算总额应予增长，它应按照第11-13-509节和第11-13-510节规定的程序，就增加预算问题举行一次公共听证会。

根据2015年全体大会通过的第265章制定。

11-13-520　修订案和单项资金预算的增长

（1）在召开第11-13-519节要求的公共听证会后，管理委员会可通过决议的方式对计划增长的资金预算进行修订，从而在预期收入和拨款这两个听证会讨论的主题上作出全部或部分的增长。

（2）管理委员会不得晚于财政年度的最后一天通过对第11-13-506节规定资金的当前年度预算的修订案。

根据2015年全体大会通过的第265章制定。

11-13-521　紧急开支

地方间实体管理委员会可以决议的方式对预算进行修改并批准一项会导致其普通资金结余出现亏损的金钱开支，假如：

（1）委员会认为：

(a) 存在紧急状况；且

(b) 开支系应对紧急状况所合理必需的；以及

(2) 开支系用于解决紧急状况。

根据 2015 年全体大会通过的第 265 章制定。

11-13-522　拨款的转归—例外

除了基本工程项目资金拨款外,所有未开支或无财产负担的拨款均在预算年度结束后转归入相应的资金结余。

根据 2015 年全体大会通过的第 265 章制定。

11-13-523　资金间的借贷

(1) 在遵守本节规定、债券契约条款设置的限制条件、第 53-2a-605 节的限制性规定以及其他管理条例的基础上,地方间实体的管理委员会可批准从一项资金到另一项的资金间贷款。

(2) 上条规定的资金间贷款应采书面形式,并明确贷款的条款和条件,包括:

(a) 贷款的生效日期;

(b) 借出款项的资金名称;

(c) 借入款项的资金名称;

(d) 贷款金额;

(e) 贷款期限和偿还计划,另需遵守本节第(3)条;

(f) 贷款利率,另需遵守本节第(4)条;

(g) 计算贷款利息的方法;

(h) (i) 适用贷款利息的程序;和

(ii) 支付贷款利息的程序;

(i) 其他管理委员会认为可适用的条款与条件。

(3) 本节第(2)条(e)款规定的贷款期限和偿还计划不得超过 10 年。

(4) (a) 在确定本节第(2)条(f)款所述之贷款利率时,管理委员会所采用的利率应能够反映资金被存放或投入一个类似投资时潜在收益的比率。

(b) 即使有本条(a)款的规定,第(2)条(f)款所述之贷款利率:

(i) 不能低于按第 51-7-5 节的规定将公共资金转移至州财政部长处的政府财政官员投资基金的利率,如果第(2)条(e)款所述之贷款期限为一年或更短;

(ii) 不能低于下列二者中更高的利率,如果第(2)条(e)款所述之贷款期限超过一年;

（A）按第 51-7-5 节的规定用以将公共资金转移至州财政部长处的政府财政官员投资基金;

（B）具有类似期限的美国国库票据。

(5)（a）针对第(1)条的资金间贷款,管理委员会应:

(i) 举行一次公共听证会;

(ii) 准备一份书面通知,内容包含有听证会的日期、时间、地点和目的,以及第(2)条所要求的资金间贷款的条款与条件草案;

(iii) 把听证会视为一场预算听证,按第 11-13-509 节规定的方式提供公共听证会的通知;

(iv) 以公共听证会的决议批准资金间贷款。

(b) 假如资金间贷款已被纳入管理委员会之前批准的当前财政年度的原始预算或后续的预算 修订案 中,前款所要求的通知与听证可视为已实现。

(6) 如果资金间贷款属于下列情形,本节第(2)条至第(5)条的规定可不予适用:

（a）从地方间实体普通资金向该实体其他资金的贷款;或

（b）地方间实体的现金与投资池给需要在财政年度末偿还的单项资金的短期预付款。

根据 2015 年全体大会通过的第 265 章制定。

11-13-524　业主资金的运营和资本预算

(1)（a）在本节中,"运营和资本预算"是指业主资金或其他特别资金所要求的财务经营计划,包括对预算年度内运营和资本收入与支出的估算。

（b）除非本节另有明确规定,本部分规定预算、财务程序和管理的其他条款不适用于本节所规定的运营和资本预算。

(2) 在遵守本节第(3)条的前提下,管理委员会应为每一项业主资金制定下一预算年度的运营和资本预算,并在可行的情况下,根据通用会计准则为其他特别资金确定预算的类型。

(3) 运营和资本预算的制定与管理应采取如下方式:

(a) 在日历年度实体的 11 月或财政年度实体的 5 月,在管理委员会举行的首次定期会议上或在此之前,预算官员应为每项业主资金或其他有相关要求的特别资金准备下一财政年度的初步运营和资本预算,并和委员会要求的所有支撑数据一起提交给委员会。

(b) 管理委员会:

(i) 应在专门为此召开的定期会议或特别会议上通过初步运营和资本预算;并且

(ii) 可在公共听证会召开之前,以其认为适当的方式修改或修订初步运营和资本预算。

(c) 管理委员会在批准最终的运营和资本预算时,应遵守本条的通知和听证要求以及第 11-13-509 节至 11-13-511 节的规定。

(d) 如果管理委员会为某项业主资金批准的初步运营和资本预算中包含有未能在资金之间合理分配成本的拨款,或未经考虑即向某个成员提供资金的拨款,管理委员会应在听证会召开至少 7 日前,向每个地方间实体的客户邮寄一份包含下列内容的书面通知:

(i) 运营和资本预算听证会举行的日期、时间和地点;以及

(ii) 举行运营和资本预算听证会的目的,包括:

(A) 转出钱的企业资金;

(B) 转出的金额;以及

(C) 钱被转入的资金或成员。

(e) (i) 在每个财政年度开始前,管理委员会都应为所有业主资金制定一份下一财政年度的运营和资本预算。

(ii) 最终通过的业主资金的运营和资本预算副本应:

(A) 提交给地方间实体的办公室及实体的所有成员;且

(B) 在正常工作时间向公众开放获取。

(iii) 地方间实体也应在通过预算后 30 日内,向州审计员提交一份运营和资本预算的副本。

(f) (i) 最终通过的运营和资本预算在整个预算年度内有效,并可后续作出修改。

(ii) 在预算年度内,为决定预算总额是否应当增长,管理委员会可在为此召

开的定期会议或特别会议上审查运营和资本预算。

（iii）如果管理委员会认为一项或多项业主资金的运营和资本预算总额应予增长，委员会应遵循第 11-13-525 节规定的相关程序。

（4）地方间实体应确保业主资金或其他有要求的特别资金遵守第 11-13-501 节至 11-13-505 节、第 11-13-516 节、第 11-13-518 节和第 11-13-526 节至 11-13-532 节的规定。

根据 2015 年全体大会通过的第 265 章制定。

11-13-525　运营和资本预算资金中拨款的增长—通知

（1）第 11-13-524 节所述之资金的预算拨款总额，可由管理委员会在为此召开的定期会议或特别会议上以决议的形式予以增长，如果包含会议时间、地点和目的的书面通知已经在会议召开至少 5 日前邮寄或送达给管理委员会的所有成员。

（2）管理委员会的成员在出席会议时，无需再作书面或口头通知。

根据 2015 年全体大会通过的第 265 章制定。

11-13-526　地方间实体资金的存放—禁止与私人资金混合—停职

（1）地方间实体的财务主管应迅速将实体的所有资金存入实体名下合适之银行账户。

（2）将地方间实体的资金与个人所有的钱款混杂在一起是非法的。

（3）假如地方间实体有理由相信某个官员或雇员滥用公共资金，地方间实体应要求其休带薪或不带薪的行政假，直到调查终结为止。

根据 2015 年全体大会通过的第 265 章制定。

11-13-527　被要求之季度财务报告

地方间实体的职员或其他被授权人士应准备一份详细的季度财务报告并提交给管理委员会，显示该季度以及年初至今地方间实体的财务状况和财务运营。

根据 2015 年全体大会通过的第 265 章制定。

11-13-528　年度财务报告—审计报告

（1）每个财政年度结束后 180 日内，地方间实体应遵照通用会计准则，按犹他州审计官统一会计手册的规定准备一份年度财务报告。

（2）上条的要求在提交由审计员提供的审计报告后，亦可视为已满足。

（3）地方间实体应：

（a）向州审计官提交年度财务报告或由审计员提供的审计报告副本；且

（b）将报告作为公共文件存放于地方间实体的办公室。

根据2015年全体大会通过的第265章制定。

11-13-529　审计的要求

（1）地方间实体应按第51篇第2a章《政府单位、地方间组织与其他地方实体财务报告法》(Accounting Reports from Political Subdivisions, Interlocal Organizations, and Other Local Entities Act)的要求，为审计地方间实体的工作提供便利。

（2）为遵守本节和第51篇第2a章《政府单位、地方间组织与其他地方实体财务报告法》的相关规定，管理委员会应任命一位审计员。

根据2015年全体大会通过的第265章制定。

11-13-530　地方间实体可细化统一程序—限制

（1）在遵守本节第（2）条的基础上，地方间实体为更好服务于其需求，可按照通用会计准则的要求详细规定一套统一的会计、预算或报告程序。

（2）地方间实体不得偏离或改变通用会计准则所要求的为确定资金与账目而规定的基本分类系统。

根据2015年全体大会通过的第265章制定。

11-13-531　为地方间实体提供的服务收取或提高费用

（1）管理委员会应为地方间实体提供之服务或商品确定费率。

（2）（a）在为地方间实体提供的服务收取新的费用或提高已有费用之前，地方间实体管理委员会应首先举行一次公共听证会，利害关系人在听证会上可就收取费用或提高费用的提议作支持或反对的发言。

（b）前款所述之听证会应在工作日的晚间召开，开始时间不早于晚上6点。

（c）本条所要求召开之听证会，可与第11-13-510节所要求的初步预算听证会合并召开。

(d) 管理委员会在召开本节(a)款所述之公共听证会时,应遵守第 52 篇第 4 章的《公开与公共会议法》,除非本节规定有更为严格的通知要求。

(3)(a) 地方间实体管理委员会在发出第(2)条(a)款所述之听证会的通知时:

(i) 应遵守本条(b)款(i)项或(c)款的规定;并且

(ii) 应在听证会之日前在根据第 63F-1-701 节设立的犹他州公共通知网站上公布至少 20 日。

(b)(i) 除非本条(c)款(i)项另有规定,第(2)条(a)款所要求之通知应:

(A) 在地方间实体范围内公开发行的某一家报纸或多家报纸的组合上发布,如果该地方间实体有公开发行的报纸或报纸组合的话;或者

(B) 如地方间实体没有公开发行的报纸或报纸组合,地方间实体管理委员会应在该实体范围内每一千人口张贴至少一份,并张贴于实体范围内最有可能实际通知到其居民的各个地点。

(ii) 本条(b)款(i)项(A)目所述之通知:

(A) 应不小于 1/4 的页面尺寸,字体不小于 18,并且边距为 1/4 英寸;

(B) 不得刊登在报纸的法律通知和分类广告栏目中;

(C) 只要有可能,应刊登在每周至少出版一天的报纸上;

(D) 应刊登于在地方间实体范围内能吸引公众关注并有大量读者的报纸或报纸组合,且报纸主题不属于受限制类别;

(E) 应在听证会召开前的两周内每周至少刊登一次。

(iii) 本条(a)款(ii)项和(b)款(i)项所述之通知,应阐明地方间实体委员会将就其提供的服务收取或提高费用,并载明举行公共听证会的特定日期、时间和地点。出于听取公众就计划收取或提高费用的评论以及解释收取或提高费用之理由的目的,听证会应在通知第一次发布之日起至少 7 日后举行。

(c)(i) 作为对本条(b)款(i)项之通知的替代,地方间实体管理委员会在根据第(2)条(a)款的要求发出通知时,可将通知邮寄给地方间实体服务区域范围内的个人:

(A) 如果该人因享受了地方间实体的服务而需要缴费,且系第一次缴费;或

(B) 该人正在缴纳的费用拟有所提高。

(ii) 本条(c)款(i)项下的所有通知均应遵守本条(b)款(iii)项的规定。

(iii) 本条(c)款(i)项下的通知可随地方间实体的某项既有费用账单一起寄出。

(d) 如本节所要求之听证会与第 11-13-510 节要求的公共听证会合并召开,在本条(b)款(iii)项所要求的通知与第 11-13-509 节所要求的通知合并发出时,本条对通知的要求即已得到满足。

(e) 表明通知已按第(3)条(b)款或(c)款之规定发出的证据,是通知已正确发出的初步证据。

(f) 根据第(2)条规定发出的公共听证会的通知,如果自听证会举行之日起 30 日内无人提出质疑,则该通知即为充分且适当的。

(4) 在根据本节第(2)条(a)款举行公共听证会后,管理委员会可:

(a) 收取新的费用或按计划提高现有费用;

(b) 对拟收取的新费用的数额或提高现有费用的数额进行调整,然后收取调整后的新费用或提高现有费用;或者

(c) 拒绝收取新的费用或提高现有费用。

(5) 本节规定适用于 2015 年 5 月 12 日当天或之后收到的每笔新费用与每笔对现有费用的提高。

(6) 接受电子支付的地方间实体可收取电子支付手续费。

根据 2015 年全体大会通过的第 265 章制定。

11-13-532 住宅费用补助

(1) 地方间实体可根据本章规定设立一个收费框架,从而允许:

(a) 业主或租客就地方间实体所收取的费用申请费用补助,如果补助是基于:

(i) 业主的年收入;或

(ii) 租客的年收入。

(b) 接受联邦住房补贴的业主就地方间实体所收取的费用申请补助。

(2) 如果地方间实体允许个人依据第(1)条(a)款的规定申请费用补助,则该补助可适用于:

(a) 业主;以及

(b) 租客。

根据 2015 年全体大会通过的第 265 章制定。

第六部分　纳税地方间实体

11-13-601　标题

本部分称为"纳税地方间实体"。

根据 2016 年全体大会通过的第 382 章制定。

11-13-602　定义

当用于本部分时：

(1)"财产"是指资金、金钱、账户、动产或不动产以及人员。

(2)(a)"关联实体"是指制订了分支部门组织决议的某个纳税地方间实体。

(b)"关联实体"不包括任何其他的分支部门。

(3)"信义义务"指的是明确指定给下列人的诚信义务：

(a) 纳税地方间实体的主管或官员：

(i) 当他们出现于纳税地方间实体的组织协议时；或

(ii) 当他们出现于由其执行的协议时；或是

(b) 某个分支部门的主管或官员：

(i) 当他们出现于分支部门的组织决议时；或

(ii) 当他们出现于由其执行的协议时。

(4)"管理机构"是指组织决议中设立的用以管理某个分支部门的机构。

(5)"政府法律"是指

(a) 第 51 篇第 2a 章《政府单位、地方间组织与其他地方实体财务报告法》；

(b) 第 63A 篇第 3 章《财政部门》；

(c) 第 63G 篇第 6a 章《犹他州政府采购法典》；

(d) 给纳税地方间实体规定义务的法律，其所规定的义务类似于本条(a)、(b)、(c)款所述之法律中的规定；

(e) 本条(a)、(b)、(c)、(d)款所述之法律的修正案，或这些法律的替换或重新编号；

(f) 替代本条(a)、(b)、(c)、(d)款所述之法律的立法。

(6)"核心办公室"是指由分支部门的关联实体在其根据第 63G-7-401 节第(5)条所发出的声明中,依据该条(a)款(i)项所确定的地址。

(7)"组织协议"是指设立某个纳税地方间实体的修订后的协议。

(8)"组织决议"是指根据第 11-13-604 节第(1)条作出的设立某个分支部门的决议。

(9)"首要的县"是指某分支部门的关联实体的核心办公室所在的县。

(10)"项目"指的是:

(a) 与第 11-13-103 节中的定义相同的概念;或

(b) 设施、更新或由某个纳税地方间实体根据第 11-13-204 节第(2)条所承担的合同。

(11)"公共财产"是指

(a) 由某个公共实体使用的财产;

(b) 税收收入;

(c) 州的资金;或

(d) 公共资金。

(12)"分支部门"是指根据第 11-13-604 节设立的某个分支部门。

(13)"纳税地方间实体"指的是:

(a) 某个项目实体:

(i) 其不能免于缴纳按第三部分"项目实体条款"规定收取的税收或替代税收的费用;

(ii) 没有获得从联邦行政机构或办公室、州行政机构或办公室、政府单位或其他公共机构或办公室支付的资金,但付款如果没有实质性超越项目实体所提供之服务或转让之财产的成本与公平市场价格二者间更大的除外;以及

(iii) 没有收到或花费来自税收收入的付款,或者无权强制要求此类付款;或者

(b) 某个地方间实体:

(i) 于 1981 年之前设立,以批发形式向其成员供应电力;

(ii) 没有获得从联邦行政机构或办公室、州行政机构或办公室、政府单位或其他公共机构或办公室支付的资金,但付款如果没有实质性超越地方间实体所

提供之服务或转让之财产的成本与公平市场价格二者间更大的除外；以及

（iii）没有收到或花费来自税收收入的付款，或者无权强制要求此类付款。

（14）（a）"使用"是指运用、拥有、管理、持有、保证安全、维护、投资、存放、执行、获得、花费、拨款、支付或监管。

（b）"使用"当其作为名词用时，包含本条(a)款每个术语相应的名词形式。

根据2016年全体大会通过的第382章制定。

11-13-603 纳税地方间实体

（1）即使法律的其他条款有所规定：

（a）纳税地方间实体对财产的使用不构成对公共财产的使用；

（b）纳税地方间实体在使用财产前对公共财产的使用，不构成使用公共财产；

（c）项目实体的官员并非公共财务主管；以及

（d）纳税地方间实体的管理委员会应决定和指导纳税地方间实体对财产的使用。

（2）纳税地方间实体无须遵守第63G篇第6a章《犹他州政府采购法典》的相关条款。

（3）（a）纳税地方间实体不是第63A-3-401节所定义之参与的地方实体。

（b）在纳税地方间实体的每个财政年度中，纳税地方间实体应：

（i）在财政年度末提供其当年和上一年度的财务报表，包括：

（A）本财政年度末和上一年度纳税地方间实体的净财务状况表，以及本财政年度有关收入、支出和现金流的报表；或

（B）相当于(A)目所述之各种财务报表的报表，并且在这些财务报表出具时，它们应遵守适用于纳税地方间实体的通用会计准则；以及

（ii）在财政年度末，就实体该年度的财务报表提供附随的审计报告和管理层的讨论与分析。

（c）纳税地方间实体在提供本条(b)款所述之信息时，应：

（i）按第63A-3-405节第(3)条规定的方式；且

（ii）在其独立审计师于财政年度末就该年度的财务报表向实体的管理委员会提交审计报告之后的合理时间内。

(d) 即使有本条(b)款和(c)款的规定,或是纳税地方间实体遵从了第 63A 篇第 3 章《财政部门》的一项或多项要求:

(i) 纳税地方间实体不受第 63A 篇第 3 章《财政部门》的调整;且

(ii) 本条(b)款(i)项或(ii)项所述之信息不构成第 63A-3-401 节所定义之公共财政信息。

(4)(a) 纳税地方间实体的管理委员会并非第 51-2a-102 节所定义之管理委员会。

(b) 纳税地方间实体不受第 51 篇第 2a 章《政府单位、地方间组织与其他地方实体财务报告法》的调整。

(5) 即便法律有相关规定,纳税地方间实体无须遵守以下条款:

(a) 本章第四部分"治理";

(b) 本章第五部分"地方间实体的会计程序";

(c) 第 11-13-204 节第(1)条(a)款(i)项或(ii)项(J)目;

(d) 第 11-13-206 节第(1)条(f)款;

(e) 第 11-13-218 节第(5)条(a)款;

(f) 第 11-13-225 节;

(g) 第 11-13-226 节;或

(h) 第 53-2a-605 节。

(6)(a) 除了拥有第 11-13-204 节第(1)条(a)款(ii)项所述之权力外,纳税地方间实体为管理自身事务并开展业务之目的,可制订、修改或撤销其规范、政策或程序。

(b) 本章第四部分"治理"或第五部分"地方间实体的会计程序"的所有内容,均不得解释为可对纳税地方间实体的权力或职权进行限制。

(7)(a) 2015 年 5 月 12 日之后制定的政府法律,不能适用于纳税地方间实体,对其没有约束力和法律效力,除非政府法律用以下文字明确宣称其某一部分可适用于纳税地方间实体并对其具有约束力:"【可适用之节或条】构成第 11-13-603 节第(7)条(a)款的例外,可适用于纳税地方间实体并对其具有约束力。"

(b) 第 11-13-601 节至第 11-13-608 节构成本条(a)款的例外,应适用于纳税地方间实体并对其具有约束力。

根据 2016 年全体大会通过的第 382 章重新编号并修改。

11-13-604　批准设立的分支部门

(1)(a) 如获得纳税地方间实体的组织协议的批准,或得到作为组织协议缔约方的各公共实体过半数的同意,纳税地方间实体的管理委员会可通过决议方式或作为缔约方的各公共实体过半数同意的方式,设立或规定设立一个或多个分支部门,它们可拥有独立的权利、权力、特权或职权,或在分支部门的组织决议中具体规定涉及纳税地方间实体下列事务的职责:

(i) 财产权利;

(ii) 财产;

(iii) 项目;

(iv) 任务;

(v) 机会;

(vi) 行为;

(vii) 债务;

(viii) 责任;

(ix) 义务;或

(x) 本款(i)项至(viii)项的任意组合。

(b) 假如分支部门的关联实体的组织协议中作出规定,分支部门可以拥有不同于关联实体的独立目标。

(c) 分支部门的名称应:

(i) 包含分支部门的关联实体的名称;且

(ii) 区别于任何其他由关联实体设立的分支部门的名称。

(2) 即使法律有其他规定,特定分支部门需承担的、因合同或因其行为而产生的以及因其他原因而产生的债务、责任与义务,只能用分支部门自身的财产来支付或执行,一般不可及于分支部门的关联实体之财产或由关联实体设立的任何其他分支部门之财产,如果:

(a) 该分支部门系由组织决议所设立或根据组织决议设立;

(b) 分支部门保留了必要的独立文档,使其足以避免构成对分支部门债权人的欺诈;

(c) 与分支部门相关联的财产在承担责任时,其独立于关联实体设立的任何其他分支部门财产的程度,足以避免分支部门用自己财产承担责任时构成对分支部门债权人的欺诈；

(d) 分支部门的组织决议对其责任规定了限额；以及

(e) 分支部门责任限制的通知已按第 11-13-605 节的规定予以存档。

(3) 除非分支部门的组织决议中另有规定，一个满足本节第(2)条(a)款至(e)款条件的分支部门：

(a) 应视为是一个独立的地方间实体；且

(b) 可以：

(i) 以其自己的名义订立合同，拥有财产所有权，授予留置权和证券收益，起诉与应诉；

(ii) 行使或享有其关联实体全部或部分的权力、特权、权利、职权与权限；且

(iii) 作出其关联实体能作出的任何行为。

(4) 除非在分支部门的关联实体的组织协议或分支部门的组织决议中另有规定，分支部门应按其关联实体的组织协议进行管理。

(5) 为遵守上一条的规定，分支部门的组织决议：

(a) 可在分支部门的关联实体的组织协议未作规定的情况下，就关于分支部门的任何事项进行规定，包括其治理或运营；以及

(b) 在分支部门的关联实体的组织协议未作规定的情况下，应就以下事项作出规定：

(i) 授予给分支部门的权力；

(ii) 分支部门的管理方式，包括其管理机构与分支部门的关联实体的管理委员会是否相同；

(iii) 按本节第(6)条的要求，如果分支部门的管理机构与其关联实体的管理委员会不同，管理机构的成员被任命或挑选的方式；

(iv) 分支部门的目标；

(v) 分支部门行动的经费来源；

(vi) 分支部门如何设立并维持预算；

(vii) 如何部分或完全终止分支部门，并且在部分或完全终止的基础上，如何处置分支部门的财产；

(viii) 某个参与分支部门的公共机构从其中退出的程序、条件和条款；以及

(ix) 表决权，包括表决是否需要加权，以及决定加权的基础是什么。

(6) 组织决议应规定,假如分支部门的管理机构与其关联实体的管理委员会不同,作为关联实体组织协议当事人的犹他州公共机构可通过表决的多数票方式,任命或挑选分支部门管理机构的成员。

(7) 分支部门不得:

(a) 将其财产或其他资产转移给其关联实体或关联实体设立的另一个分支部门,如果这种转移会损害分支部门在当时的偿债能力,除非分支部门的关联实体或其他分支部门为财产或资产支付了公平对价;或

(b) 将应由其承担的税或其他义务分配给其关联实体或关联实体设立的另一个分支部门,如果这种分配会损害债权人收取欠缴金额的能力。

(8) 如果分支部门与其关联实体或另一个由其关联实体所设的分支部门共同作出某个行为,或在某个设施中拥有共同利益,分支部门或其关联实体对有关共同行为或共同利益的文档和账簿的保存,不构成违反本节第(2)条(b)款或(c)款。

(9) 除非本部分另有规定或明显不能适用,否则适用于分支部门的关联实体的有关法律条款同样适用于分支部门,包括第 11-13-205 节第(5)条,此时分支部门如同一个独立的法律或行政实体。

(10)(a) 当关联实体成为第 59-8-103 节所定义之纳税人时,关联实体就其总收入纳税所适用的税率,应相当于把关联实体及其分支部门合计的所有总收入视为单一纳税人总收入的税率。

(b) 关联实体的每个分支部门作为第 59-8-103 节所定义之纳税人,在按第 59-8-105 节第(1)条所述之每个阶段就分支部门的总收入纳税时,应适用与同一阶段的关联实体相同的税率。

(c) 即使有上述(a)、(b)款的规定:

(i) 关联实体对分支部门应缴纳的税收不承担责任;且

(ii) 关联实体的分支部门对关联实体应缴纳的税收或实体下另一个分支部门应缴纳的税收不承担责任。

根据 2016 年全体大会通过的第 382 章制定。

11-13-605　分支部门责任限制的通知

(1)(a) 第 11-13-604 节第(2)条(e)款所述之分支部门责任限制的通知应:

(i) 载明:

(A) 分支部门的关联实体的名称；

(B) 关联实体的核心办公室；

(C) 关联实体核心办公室所在的首要的县；以及

(D) 关联实体所设立的每个分支部门的责任按本部分的条款受到限制，不论分支部门在何时设立；并且

(ii) 由关联实体的主管或官员予以认可。

(b) 分支部门责任限制的通知无须提交给特定的分支部门。

(2)(a) 第 57-3-105 节的要求不适用于分支部门责任限制的通知。

(b) 县文档员应将分支部门责任限制的通知进行登记保存：

(i) 如果该通知系提交给其存档的；并且

(ii) 该通知满足本节第(1)条(a)款的要求。

(3) 存档后的分支部门责任限制通知不会对通知中涉及的财产产生任何利益或妨害。

(4) 第 38 篇第 9 章的《错误留置权法》(Wrongful Lien Act)和第 38 篇第 9a 章的《错误留置权禁止令》(Wrongful Lien Injunctions)不适用于分支部门责任限制的通知。

(5) 按本部分要求存档于关联实体核心办公室所在的首要县的分支部门责任限制通知，适用于对分支部门所有责任进行限制的情形，不论分支部门在通知存档时是否已经设立。

根据 2016 年全体大会通过的第 382 章制定。

11-13-606　分支部门的成员

(1) 除分支部门的组织决议根据本节第(2)条的要求另有规定外，分支部门的关联实体是分支部门的唯一成员。

(2) 分支部门的组织决议可规定除了其关联实体外，分支部门的成员还可以包括公共机构在内，只要组织决议规定了：

(a) 分支部门成员相对的权利、权力与义务；

(b) 成员在一个或多个组或团队中是否行使了其权利与权力并履行了义务；

(c) 分支部门的成员资格终止的方式；

(d) 成员资格终止的后果；以及

(e) 分支部门中最后一个成员资格终止的后果,包括对分支部门存续所产生的效果。

根据 2016 年全体大会通过的第 382 章制定。

11-13-607　主管与官员的责任限制

(1) 纳税地方间实体或分支部门的主管或官员,不应就其作为或不作为向纳税地方间实体、分支部门、纳税地方间实体的成员、分支部门的成员、纳税地方间实体的管理人或接管人或权益继承者、分支部分的管理人或接管人或权益继承者承担责任,除非:

(a) 主管或官员违反了他们对纳税地方间实体、分支部门、纳税地方间实体的成员或分支部门成员所负有的信义义务;以及

(b) 前款所描述的违反义务行为构成重大过失、故意渎职或对纳税地方间实体、分支部门、纳税地方间实体的成员或分支部门成员的故意伤害。

(2) (a) 纳税地方间实体或分支部门可限制或免除主管或官员根据本节第(1)条应承担的经济赔偿责任,本条(b)款的规定除外。

(b) 纳税地方间实体或分支部门不得限制或免除主管或官员基于本条(a)款,因以下原因而产生之经济赔偿责任:

(i) 违反信义义务;

(ii) 对纳税地方间实体、分支部门、纳税地方间实体的成员或分支部门成员的故意伤害;

(iii) 不适当的经济利益;或

(iv) 构成有意违反刑事法律的故意渎职行为。

(3) 本节的规定不影响主管或官员在 2016 年 5 月 10 日之前因其作为或不作为而应承担的责任。

(4) (a) 纳税地方间实体或分支部门的主管或官员所负有的义务包括以下内容:

(i) 信义义务;

(ii) 由以下文件具体规定的其他义务:

(A) 纳税地方间实体的组织协议或其制定的细则;

(B) 分支部门的组织决议或其制定的细则;或

(C) 主管或官员与纳税地方间实体或分支部门之间订立的合同；以及

(iii) 依据第 67 篇第 16 章《犹他州公共官员与雇员职业伦理法》(Utah Public Officers' and Employees' Ethics Act)，可适用于纳税地方间实体的所有义务。

(b) 主管或官员对分支部门所负有的所有信义义务，应当与他们就分支部门的关联实体所负有的信义义务相一致。

(5)(a) 本节的规定以及由纳税地方间实体、分支部门、纳税地方间实体或分支部门的主管或官员作出的任何行为，都不得视为是对其依据第 63G 篇第 7 章《犹他州政府豁免法》而享有的豁免权或辩护权的放弃。

(b) 只有在纳税地方间实体、分支部门、纳税地方间实体或分支部门的主管或官员根据第 63G 篇第 7 章《犹他州政府豁免法》承担相应责任时，本节第(1)条(a)、(b)款和第(2)(b)款方能适用。

根据 2016 年全体大会通过的第 382 章制定。

11-13-608　关联实体或分支部门的终止

(1) 分支部门的终止不影响分支部门或其关联实体根据本部分规定享有之责任限制。

(2) 当分支部门的关联实体终止时，分支部门亦应随之终止。

(3)(a) 根据本条(b)款，分支部门或其关联实体的终止，不影响管理委员会、管理机构、管理委员会的成员、管理机构的成员、官员、职员、承包商或雇员对其经批准行为应承担的责任：

(i) 如果行为是由被终止关联实体的管理委员会或被终止分支部门的管理机构在终结关联实体或分支部门之前批准的；

(ii) 如果行为是由以下当事人在终结关联实体或分支部门之后批准的：

(A) 在关联实体终止时，被终止关联实体的管理委员会的多数成员；

(B) 在分支部门终止时，被终止分支部门的管理机构的多数成员。

(b) 本条(a)款适用于以下所有行为：

(i) 规定被终止关联实体或被终止分支部门的权利主张、债务、义务或责任；或

(ii) 结束被终止关联实体或被终止分支部门的事务。

根据 2016 年全体大会通过的第 382 章制定。

佛罗里达州地方合作法

王　诚　译

《佛罗里达州法典》第 11 篇"县的组织与政府间关系"
第 163 章"政府间项目"

(1) 本节可被称为《1969年佛罗里达州地方合作法》。

(2) 本节之宗旨在于促进地方政府组织最有效运用其权力,为达成这一目的,地方政府组织应在互利的基础上与其他地方展开合作,从而根据与地域、经济、人口及其他影响当地社区需求和发展的因素最为契合的政府组织形式和方式来提供服务和设施。

(3) 有关概念:

(a) "地方间协议"是指根据本节所订立之协议。

(b) "公共机构"是指本州或美国任何州之下的政府单位、机关或官员,包括但不限于州政府、县、城市、学区、单一和多重目的特别区、单一和多重目的公共机构、大都市或联合政府、根据第(7)条所设的独立的法律实体或行政实体、单独选举出的县政府官员、美国联邦政府的任何机构、联邦认可的美国原住民部落,以及美国其他州之下的所有类似实体。

(c) "州"是指美利坚合众国的某一个州。

(d) "电力工程"是指:

1. 位于州内或州外,用于生成、生产、传输、采购、销售、交换或互换电力容量和能源的所有工厂、工程、系统、设施,以及任何性质的不动产和个人财产及其所有组成部分和附件,包括对燃料和其他用于此类用途之材料的获取、提取、转换、运输、储存、再处理或处置的设施与财产。

2. 就任何此类工厂、工程、系统或设施的使用、服务、输出或产能可主张之权利或相关利益。

3. 所有确定上述项目可行性或成本的研究,包括但不限于工程、法律、财务和其他服务,它们对于确定上述第1款和第2款所提及之项目的合法性和财务与工程上的可行性是必要或适当的。

(e) "人"是指:

1. 任何一个自然人;

2. 美国;任一州;根据美国联邦或任一州的法律所创立的市、政府单位或市政公司;以及根据美国联邦或任一州的法律,将要成为其下属部门、机关或机构的任一理事会、法人团体或其他实体及组织;

3. 根据美国联邦或任一州的法律而组织和存在的所有公司、非营利性法人、商户、合伙企业、合作社、电力合作社或任何性质之企业信托;或

4. 任一外国；任一外国的政府单位或政府部门；或根据任一外国或其政府单位或政府部门之法律而组织和存在的所有公司、非营利性法人、商户、合伙企业、合作社、电力合作社或任何性质之企业信托。

(f) "电力公用事业"的含义可见第 361.11(2) 条。该术语还包括那些自 2008 年 6 月 25 日起，在本州内拥有、维护或经营发电、输电或配电系统的市、主管部门、委员会、特别区或其他公共机构。

(g) "外地公共事业"是指其主要住所地或主要经营地不在本州境内的个体；它们拥有、维护或经营发电、输电或配电设施；它们以持续性、可靠和可信赖的方式向零售或批发客户或两者兼有的客户提供电力。"外地公用事业"还包括它们的所有附属或分支机构，其业务仅限于发电或输电，或两者兼有，以及因此合理附带产生的活动。

(h) "地方政府责任池"是指第 629.021 节所定义之互惠保险公司，或根据第 768.28(16) 条所创立的所有自我保险计划，它们由本州的县或市所组建和控制，为本州各县、市或其他公共机构提供责任保险。这一责任池基于提供索赔管理、处理索赔、会计之目的，可以和其他当事人及行政设施缔结契约。

(4) 本州的公共机构可以和本州、其他州或美国联邦政府的任一公共机构联合行使权力或特权，或运用这些公共机构共享或独自行使之权力。

(5) 按照本节规定共同行使权力的，应当以地方间协议（interlocal agreement）的形式，通过合同来进行。协议可规定如下内容：

(a) 该地方间协议的目的或将要行使之权力的目的，以及实现目的的方法或权力行使的方式。

(b) 地方间协议的有效期限，以及缔约的公共机构在规定的终止日期之前解除或终止协议的方法。

(c) 如果合法设立了某一独立的法律或行政实体，该实体的具体组织、构成和性质，以及赋予该实体的权力。

(d) 协议各方为实现协议目的，从其国库中提供财政支持的方式；以公共财政资金来支付协议的开支；基于地方间协议之目的而预先支付的公共财政资金或还款；以及协议一方或各方用于代替其他方式出资或预付款的人员、设备或财产。

(e) 根据协议设立的独立法律实体或行政实体如何支付或支出资金。

(f) 公平地提供、分配资本和融资及运营成本的方法或准则,包括法律授权支付的准备金和对债务本金与利息的支付。缔约各方应基于对不动产全额估值的比例,根据已提供或将要提供服务的数量,或已获得或被授予利益或将获得或将被授予之利益,又或者基于其他公平之基础,设立上述方法或准则,包括征收税款,评估并支付协议各方服务整个地区而产生的费用,但必须遵守本州宪法和法律的有关规定。

(g) 雇用、聘用、赔偿(补偿)、调任或者解雇必要人员的方式,但应遵守公务员及其考绩录用制度的相关规定。

(h) 在有必要时,确定和收取手续费、资费、租金或规费,制定和颁行必要的法规和规章,并且由参与地方间协议的各方当事人执行或在其协助下执行。

(i) 政府如何采购和缔结合同。

(j) 动产与不动产的收购、所有、保管、经营、维护、租赁或出售。

(k) 因执行地方间协议而获得之财产的处分、转移或分配。

(l) 在协议目的达成后,剩余款项应按照参与各方的缴款份额按比例进行退还。

(m) 接受礼物、拨款、援助资金或遗赠。

(n) 向联邦或州提出援助请求,并支付给一个或多个执行地方间协议的缔约当事人。

(o) 如何承担因履行地方间协议而产生之债务,以及如何为此债务投保。

(p) 对争议或分歧作出裁决,缔约当事人未能支付其分摊的成本和费用所产生的结果,以及在此情形下其他缔约方的权利。

(q) 所有资金应当被严格问责,就所有的收付款,应向协议当事人准备并提交包括年度独立审计在内的报告。

(r) 缔约公共机构商定的其他必要、适当的事项。

(6) 地方间协议可规定由协议的一方或多方来管理或执行该协议。协议的一方或多方可同意按协议规定的方式提供协议中规定的全部或部分服务。双方可以相互提供服务,无需支付除服务以外的任何其他款项。各方可基于成本补偿的原则,对使用或维护另一方的设备、设施作出规定。

(7)(a) 地方间协议可规定由一个独立的法律或行政实体来管理或执行协议,它可以是根据协议组建的某个委员会、董事会或理事会。

(b) 由地方间协议设立的独立的法律或行政实体,应拥有协议所具体规定的一般性权力,并按照协议规定的方式或方法行使权力。除其他权力外,该实体可被授权以自己的名义签订和缔结合同;聘请相关机构或员工;获取、建造、管理、维护或运营建筑物、工程或其改建设施;获得、持有或处置财产;承担债务、责任或义务,这些债务、责任或义务与协议的任何一方当事人无关。

(c) 由地方间协议设立的独立的法律或行政实体,不得拥有在参与缔结协议的任何政府单位的管辖范围内征收任何类型税收的权力或能力,不得以其自身名义发行任何类型的债券,或以任何方式使参与协议的政府部门承受财政负担。但是,如果独立法人实体的成员仅由第361.11(2)条所定义的电力公司组成,并且是为了行使第361章第二部分(《联合发电法》)所授予的权力而设立,基于为电力项目的成本进行资金筹措或再融资之目的,可以行使由第159章第一、第二和第三部分或第166章第二部分所赋予的,与批准、发行和销售债券相关联的所有权力。所有此类实体也可以发行由第215.431节所规定的,与批准、发行和销售债券相关联的预期债券票据。第159章第一、第二和第三部分或第166章第二部分的所有条款,以及所有之特权、利益和权力,尽管要遵守上述规定各种条件,仍然完全适用于此类实体。此外,此类法人实体的管理机构亦可授权不时发行和出售债券,并授权由管理机构选择的法人实体的职员、官员或代理人来决定债券销售的时间;销售方式,不论公募还是私募;到期日;根据特定公式或确定方式决定的固定或浮动费率或利率;以及上述职员、官员或代理人认为适当的其他条款和条件。但是,此类债券的金额和期限以及利率或费率,应遵守法人实体管理机构在其授权给职员、官员或代理人发行与销售债券的决议中作出的限制性规定。根据本节发行的债券可按照第75章(15)(f)款的规定而批准生效。不过,就此类债券生效而提出的诉讼请求,仅能向莱昂县的巡回法庭提出。根据第75.06节发出的法庭通知,仅限于莱昂县境内,并且诉状和巡回法庭的命令只能送达给第二司法巡回区的州检察官,以及参与电力工程的各公共机构所在巡回区的州检察官。此类司法程序的通知,应按第75.06节规定的方式和时间,在莱昂县和参与工程的各公共机构所在的县发布。

(d) 虽然有上述(c)款的规定,任何根据本节设立并由本州的市或县,或由本州一个或多个市和一个或多个县控制的独立法人,并且其成员由市或县,或一个或多个市和一个或多个县组成的,可基于为资本计划(capital projects)融资或再融资之目的,行使与批准、发行和销售债券有关的一切权力。除须遵守本节规定的限制性条件外,第 125 章第一部分、第 166 章第二部分和第 159 章第一部分的所有条款、特权、利益和权力均可完全适用于此类实体。由此类实体发行的债券,应视为代表县或市政府发行,县与市政府应按本款之规定与此类实体订立贷款协议。因实体的某个项目而产生之贷款协议,在执行时应遵守第 159 章第一部分的相关条款。如果是与县签订的协议,还应遵守第 125 章第一部分;与市或自治县(charter counties)签订的协议,应遵守第 166 章第二部分的条款。此类实体发行的债券收益,可借贷给该州的县或市,或是市、县的组合,不论这些县或市是否是发行债券的实体的成员。为支持某一贷款项目而由该等实体发行的债券,其最重要的公共目的就是在债券发行后,为特定的资本计划借贷给市或县或市县的组合。该等实体还可根据第 215.431 节的规定,发行与批准、发行和销售此类债券相关联的预期债券票据。此外,法人实体的管理机构亦可不时批准债券的发行和出售,并可授权给由其挑选的法人实体的职员、官员或代理人来决定债券销售的时间;销售方式,不论公募还是私募;到期日;根据特定公式或确定方式决定的固定或浮动费率或利率;以及上述职员、官员或代理人认为适当的其他条款和条件。但是,此类债券的金额和期限以及利率或费率,应遵守法人实体管理机构的限制性规定,或其在授权给职员、官员或代理人发行与销售债券的决议中作出的限制性规定。根据本节设立的地方政府自我保险基金,可以从财政上保障本款所述之债券或预期债券票据或贷款。根据本款发行的债券可按照第 75 章的规定而批准生效。就此类债券生效而提出的诉讼请求,仅能向莱昂县的巡回法庭提出。根据第 75.06 节发出的法庭通知,仅限于莱昂县境内,并且诉状和巡回法庭的命令只能送达给第二司法巡回区的州检察官,以及作为地方间协议当事人的各公共机构所在县的巡回区的州检察官。此类司法程序的通知,应按第 75.06 节规定的方式和时间,在莱昂县和各公共机构所在的县发布。因本款所述之贷款协议而产生的任一县或市政府的债务,可依照第 75 章的规定而确认有效。

(e) 1. 虽然有上述(c)款的规定,根据本节之条款设立并由本州的县市控制,其成员仅包括本州之公共机构的独立法人实体,基于为一个或多个地方政府的责任或资产池(liability or property pools)融资或从中融资以提供或购买责任保险或财产保险合同,从而为本州的市、县或其他公共机构提供责任保险或财产保险之目的,可行使与批准、发行和销售债券有关的一切权力。第 125.01 节涉及县和第 166.021 节涉及市的所有条款及特权、利益和权力,应完全适用于该实体,同时该实体应被视为地方政府的一分子,从而完全适用第 159 章第一部分的条款并享有其所有特权、利益和权力。当市、县或公共机构与该等实体按本款之规定缔结贷款协议后,由该等实体发行的债券,应视为代表前述市、县或公共机构而发行。债券产生之收益,可借贷给本州的市县或其他公共机构,不论这些市县或其他公共机构是否也是发行债券之实体的成员。同时,这些市县或其他公共机构亦可相应地将贷款收益存入独立的地方政府责任或资产池中,以提供或购买责任保险或财产保险合同。

2. 除第 125.01 节、第 166 章第二部分和其他准据法的授权外,本州的市或县还可根据本节的授权发行债券以便从地方政府责任池中购买责任保险合同。任何一个县或市,可以通过与本州其他县、市或公共机构缔结地方性协议的方式,以从地方政府责任池中购买一个或多个责任保险合同为目的,代表它自己和其他县市或其他公共机构发行债券。为达成获取债券收益,进而能从地方政府责任池中购买责任保险合同之目的,市县或其他公共机构亦有权与根据上一款规定而设立的实体签订贷款协议,或与根据本款之规定发行债券的市县签订贷款协议。但是,任何县市或其他公共机构在任何时候都不得有超过一个以上的未偿还的贷款协议。根据第 75 章,因前述规定之贷款协议而产生的本州县市或其他公共机构的债务是有效的。在根据上一款或本款之规定发行债券以从地方政府责任池中购买责任保险合同之前,互惠保险公司或所有自保项目的经理都必须说服金融服务委员会的保险监管办公室,如果为县市或其他公共机构提供过度的责任保险,在责任池所能给予的金额上都是比较难以实现的;或者是在考虑债券的发行成本和所有其他行政费用后,从地方政府责任池中购买的责任保险合同对县市或特别区而言,相比于类似的较容易获得的商业保险更为便宜。

3. 根据本节设立的实体或县市政府也可以根据第 215.431 节的规定,发行与批准、发行和销售债券相关的预期债券票据。另外,此类法人实体的管理机构或者县市政府的管理机构也可以不定期地批准发行和销售债券,并可授权给由其挑选的法人实体的职员、官员或代理人来决定债券销售的时间;销售方式,不论公募还是私募;到期日;根据特定公式或确定方式决定的固定或浮动费率或利率；以及上述职员、官员或代理人认为适当的其他条款和条件。但是，此类债券的金额和期限以及利率或费率，应遵守法人实体管理机构的限制性规定，或其在授权给职员、官员或代理人发行与销售债券的决议中作出的限制性规定。根据本款规定为责任保险之目的而发行的债券，应自发行之日起 7 年内到期。根据本款规定为财产保险之目的而发行的债券，应自发行之日起 30 年内到期。

4. 根据第 1 项规定发行的债券，可按照第 75 章的规定而批准生效。就此类债券生效而提出的诉讼请求，仅能向莱昂县的巡回法庭提出。根据第 75.06 节发布的法庭通知，应在莱昂县和发行债券之实体所在的县境内发布，或在该实体之成员所在的县境内发布。同时，诉状和巡回法庭的命令只能送达给第二司法巡回区的州检察官，以及发行债券之实体所在的县市或实体成员所在县市的各巡回区的州检察官。

5. 根据第 2 项规定发行的债券，可按照第 75 章的规定而批准生效。就此类债券生效而提出的诉讼请求，应向发行债券之县市的巡回法庭提出。根据第 75.06 节发布的法庭通知，应仅在起诉所在地的县发布，并且诉状和巡回法庭的命令只能送达给发行债券之县市的巡回区的检察官。

6. 本州任何县、市或其他公共机构参与地方政府责任池的行为，不得视为放弃对责任保险的豁免权，就这一地方政府责任池而缔结的合同，也不得包含任何弃权的条款。

（f）即便有相反的规定，根据本节设立的任何独立法律实体，不论其是由本州的市或县完全拥有，还是其成员由或将由本州的市或县组成，都可以行使征用（eminent domain）的权利和权力，包括第 73 章和第 74 章赋予的程序性权力，如果这种权利和权力是由设立该实体的地方间协议所授予的。

（g）1. 即使本节另有规定，根据本节设立的任何独立法律实体，如其成员仅限于本州的市或县，或者除市县以外还包括有特别区的，均可代表与政府职能或目的有关的任何人，获得、拥有、建造、改造、经营和管理公共设施，或为其提供资金。这些公共设施可为实体成员内外的人口提供服务，包括但不限于污水处理设施、供水设施或替代供水设施以及污水再利用设施。即使有第 367.171(7) 的规定，根据本款创建的所有独立法律实体不受公共服务委员会管辖。独立法律实体不能在现有公用事业系统的服务范围内提供公用事业服务，除非其已获得该公用事业的同意。

2. 为本款之目的,术语:

a. 如果公用事业系统当前服务的最大数量的等效住宅网络(equivalent residential connections)位于非建制地区,"东道主政府"是指县的管理机构;如果公用事业系统当前服务的最大数量等效住宅网络位于该市的边界范围内,"东道主政府"是指市的管理机构。

b. "独立法人实体"是指通过地方间协议创建的实体,其成员由本州两个以上的特别区、市或县组成,但实体本身在法律上是独立的,并不隶属于其任何一个成员。

c. "系统"是指由某个实体或附属实体所拥有的供水设施或污水处理设施,又或是一组此类设施。

d. "公用事业"是指某个自来水公司或污水处理公司,它也包括每个拥有、运营、管理或控制一个正在或拟向公众有偿提供供水服务或污水处理服务的系统,或建议建设一个此类系统的人、独立法人实体、承租人、受托人或接管人。

3. 有意收购某一处公用事业的独立法人实体,应在其受让公用事业的所有权、使用权或占有任何公用事业的资产时,至少提前30天通过挂号邮件以书面形式就预期收购事宜通知东道主政府。收购通知应提交给东道主政府的立法机构负责人及其行政首长,并应提供独立法人实体的联系人姓名和地址,以及第367.071节(4)(a)关于预期收购所要求提供的信息。

4. a. 收到通知后30天内,东道主政府可通过一项决议成为独立法人实体的成员,或通过一项决议批准该公用事业的收购。如果东道主政府认定收购不符合公共利益,也可以通过决议禁止独立法人实体收购该处公用事业。禁止收购的东道主政府还可通过一项决议,列明允许收购需满足的条件。

b. 如果东道主政府通过了一项加入决议,独立法人实体应在受让公用事业的所有权、使用权或占有任何公用事业及其设施之前,以对待现有成员相同的方式接纳东道主政府作为其成员。如果东道主政府通过决议批准公用事业的收购,则独立法人实体可以完成收购。如果东道主政府通过的是禁止收购决议,在未经东道主政府后续的明确同意之前,独立法人实体不得在该东道主政府管辖范围内收购该公用事业。如果东道主政府既未通过禁止决议也没有通过批准决议,独立法人实体可以在经过30天通知期后完成收购该公用事业,无须另行通知。

5. 在根据本款设立的独立法人实体收购或建造任何公用事业系统后，从不在其成员、特别区、县或市管辖范围或服务范围内的顾客身上收取的使用费或其他费用或收入，不能作为收益或任何其他收入转移或支付给该独立法人实体的成员或所有其他的特别区、县或市。对成员、特别区或其他地方政府的任何收益转移或支付，必须完全来自实际身处其成员、特别区或地方政府管辖或服务范围内的客户所缴纳的使用费或其他费用或收入。

6. 因独立法人实体从市、县或特别区收购公用事业而导致的权力转移，除了由州宪法第四节第八条所授权之法律进行规定外，本节的规定亦可选择适用。

7. 当公用事业设施系履行公共职能或实现公共目的时，法人实体可通过发行债券、票据及本节规定或法律规定的其他债务方式，为该设施的收购、建造、扩建和改善进行融资或再融资。根据创立其的地方间协议，法人实体具有融资、拥有、经营或管理公共设施所必需的所有权力，包括但不限于规定其所提供的产品或服务的费率、收费和费用；征收地方公共事业特种税；出售该设施的全部或一部分或为其融资；以及与公共或私人实体签订合同以管理和经营这些设施，或是提供或接收设施、服务或产品。除非地方间协议另有限制，法人实体应享有所有的特权、利益、权力并可适用第 125.01 节涉及县的有关规定，以及第 166.021 节涉及市的条款。但是，自本法案生效之日起，法人实体或其任一成员均不得对既有的供水或污水处理公用事业系统的设施或财产行使征收的权力，法人实体也不得对任何征收而来的供水或污水处理的公用设施、其他设施或财产主张权利。法人实体发行的这些债券、票据和其他债务凭证，系代表作为法人实体成员的公共机构而发行。

8. 根据本节设立的实体也可以发行和批准、发行和销售债券相关联的预期债券票据。债券可采取分期偿还债券或定期债券的形式，也可二者结合。实体可发行资本增值债券或可变利率债券。任何债券、票据或其他债务凭证的发行，必须经法人实体的管理机构以决议方式授权，并且应当：载明日期；记载到期时间；自成立之日起不超过四十年；注明利息或利率；注明偿付时间；标注面额；有固定形式；拥有已经登记的特殊权利；执行的方式；支付的来源、介质与地点；以及规定赎回条款，包括到期之前的赎回（如果决议有所规定的话）。如果在交割债券、票据或其他债务凭证之前，在其上签名或有签样印制的官员已经离职，则其签名或签样印制仍然如同其在职一般在任何情况下均为有效，直至交割。这些债券、票据或其他债务凭证可以按法人实体管理机构决定的价格公开出售或私人认购。在准备正式债券期间，实体可以发行临时凭证用以将来交换正式债券。在法人实体认为有必要的情况下，可采用信用增强（credit enhancement）的方式（如果有的话）增强债券的安全性，也可以通过信托契约或信托协议来增强债券安全性。此外，法人实体的管理机构可授权给其选定的法人实体的职员、官员或代理人来决定债券销售的时间；销售方式，不论公募还是私募；到期日；根据特定公式或确定方式决定的固定或浮动费率或利率；以及上述职员、官员或代理人认为适当的其他条款和条件。但是，此类债券、票据或其他债务凭证的金额和期限以及利率，应遵守法人实体管理机构的限制性规定，以及管理机构在授权给职员、官员或代理人发行与销售债券、票据或其他债务凭证的决议中作出的限制性规定。

9. 根据本款规定发行的债券、票据或其他债务凭证，可按照第 75 章的规定而批准生效。就此类债券、票据或其他债务凭证的生效而提出的诉讼请求，仅能向莱昂县的巡回法庭提出。根据第 75.06 节发布的法庭通知，应在莱昂县和作为发行债券、票据或其他债务凭证之实体成员的县的范围内发布，或在该实体之成员所在的县境内发布。同时，诉状和巡回法庭的命令只能送达给第二司法巡回区的州检察官，以及作为法人实体成员的县或实体成员所在县的各巡回区的州检察官。

10. 根据本款设立的法人实体，其追求之目标应为本州人民之利益，实现贸易之增长和繁荣，改善人民之健康和生活条件。鉴于法人实体在达成其目标时须履行基本的政府职能，因此它无需缴纳任何税收，无需就其出于公共目的而收购或使用的财产，或是在任何时间所获得之收入缴纳任何种类的地方特种税。法人实体发行的债券、票据或其他债务凭证，因转让而取得之收入，包括出售所产生之利润，在任何时候均免于缴纳州或其政府单位或其他机构组织任何形式的税收。此处规定的税收豁免，不适用于根据第 220 章规定就公司所拥有之债券的利息、收入或利润所征之税。

（h）1. 即使有前述（c）款的规定，任何按第 395.106（2）（a）节规定由联盟组成的独立法人，如根据本款而设立并由其成员所控制，并且其成员系由根据专门法案所创设的特别区所组成的合格实体，它们有权拥有或经营一个或多个在该州注册的医院，或由某个市或县政府拥有、经营或资助的在本州注册的医院，出于遵守第 395.106(2)(b)节之规定为这些合格实体提供财产保险的目的,可以根据本条行使为达成上述目的而与融资相关的所有权力,包括但不限于批准、发行和销售债券、票据或其他形式的债务。融入的资金,包括但不限于由该联盟发行的债券,应视为系代表这些合格实体而发行,后者则应按本款之规定与前述独立法人实体订立借款协议。

2. 任何此类独立法人实体根据设立其的地方间协议之规定,均具有融资、运营或管理联盟的财产保险计划所必需的所有权力。此类实体发行的债券、票据或其他形式债务的收益,可借贷给任何一个或多个符合条件的实体。这些合格实体出于获取资金以购买财产保险或提出索赔之目的,有权与根据本款创建的任一独立法人实体订立贷款协议。任何合格实体因本款所述之贷款协议而产生的债务,可根据第 75 章的规定而批准生效。

3. 按本款规定设立的独立法人实体如欲发行或承担任何债券、票据或其他形式债务,应由该实体的管理机构以决议方式作出授权,并在债券、票据或其他形式的债务上载明日期;记载到期时间;自成立之日起不超过三十年;根据特定公式或确定方式决定的固定或浮动费率或利率;注明偿付时间;标注面额;有固定形式;拥有已经登记的特殊权利;执行的方式;支付的来源、介质与地点;以及规定赎回条款,包括到期之前的赎回,假如决议有所规定的话。这些债券、票据或其他债务凭证可以按法人实体管理机构决定的价格公开出售或私人认购。在法人实体的管理机构认为合适的情况下,可以采用信用增强的方式(如果有的话)增强债券的安全性,也可以通过信托契约或信托协议的方式来增强债券安全性。此外,法人实体的管理机构可授权给其选定的法人实体的职员或官员来决定销售时间;销售方式,不论公募还是私募;到期日;根据特定公式或确定方式决定的固定或浮动费率或利率;以及上述职员或官员认为适当的其他条款和条件。但是,此类债券的金额、到期日、利率或费率以及购买价格,应遵守法人实体管理机构在授权给职员或官员批准发行与销售此类债券的决议中所作出的限制性规定。

4. 根据本款规定发行之债券,可按第 75 章的规定而批准生效。就此类债券生效而提起的任何诉讼,仅能向莱昂县的巡回法庭提出。根据第 75.06 节发布的法庭通知,应当在莱昂县以及作为联盟成员的各个合格实体所在的县境内发布。诉状及巡回法院的命令只能送达给第二司法巡回区的州检察官,以及获取债券收益的合格实体所在县的各巡回区的州检察官。

5. 根据本款规定所设立的独立法人实体,其目标在于全方位增进本州人民的福祉,促进商业与繁荣,提升人民的健康与生活条件。独立法人实体为实现其目的需要履行基本的公共职能,因此它无需为自己在公共目的下获得或使用的任何财产,或是在任何时候所获得的任何收入进行纳税或估价。此类独立法人实体的债券、票据和其他形式债务,对它们所作的转让以及因此产生的收入,包括出售它们所获得的任何利润,在任何时候均免于受到来自州或州内任何政治部门或州的其他组织机构的征税。本款规定的豁免不适用于第220章规定的对公司拥有的债券利息、收入或利润进行征税。

6. 符合条件的实体参加根据本款规定创建的联盟或独立法人实体,均不得视为是对债务或任何其他保险豁免的放弃,就联盟问题所订立之合同也无需包含任何弃权条款。

(8) 如果地方间协议阐明其目的是收购、建造或营运某个营利性设施,该协议可以规定将缔约各方按第(5)条所作的出资、付款或预付款向它们进行部分或全部的偿还或退还,并规定从该设施的收入中向各缔约方付款。付款、偿还或退款可在任何时间以协议规定的方式作出,并可在协议解除、终止或协议目的达成之时或之前的任何时间作出。

(9)(a) 所有的特权和责任豁免,法律、条例和规章规定的豁免,退休金、救济金、残疾福利、工伤赔偿,以及所有公共机构的雇员或公共组织的官员、代理人或雇员在其各自部门的地域管辖范围内履行职责时均可享有的其他福利,也应根据地方间协议的有关规定,以同等程度和范围适用于在地域管辖范围外履行职责和义务的上述官员、代理人或雇员。

(b) 地方间协议不能免除公共机构的法定义务或职责。协议的一方或多方当事人以及协议所设立的法律或行政实体,应当以切实、及时的方式在履行协议时满足这些法定义务或职责的要求。

(c) 本州市县所享有之所有特权和责任豁免,以及法律、条例和规章规定的豁免,均在同等程度和范围上适用于根据本节之条款所设立的独立法人实体,如该实体系由本州的市县政府完全拥有,或其成员仅由本州的市或县组成,除非创设该实体的地方间协议有相反规定。所有的特权和责任豁免,法律、条例和规章规定的豁免,退休金、救济金、残疾福利、工伤赔偿,以及本州市县公共组织的官员、代理人或雇员在其活动中享有的其他福利,如市县政府系地方间协议的当事人且独立法人实体系地方间协议根据本节之条款所设立,均应以同等程度和范围适用于法人实体的官员、代理人或雇员,除非创设该实体的地方间协议有相反规定。

(10)(a)参与订立地方间协议的公共机构,可以向被指定运营合资或合作企业的某一方拨付资金,或是向该方出售或赠予合资或合作企业,又或是以其他方式为该方提供人员、服务、设施、财产、特许经营权或在其法定权限范围内能够提供的资金。

(b)为执行和达成地方间协议之目的,参与订立协议的公共机构有权从美国政府或本州接受补助或其他援助资金。

(11)在生效之前,地方间协议及其后续的修订条款应当向协议某一方所在县的巡回法院的文员提交备案。但是,如果协议各方位于多个不同的县,并且协议根据第(7)条的规定设立了一个独立法人实体或行政实体来执行该协议,则可以向法人或行政实体的主要经营地所在县的巡回法院文员提交备案。

(12)参与订立地方间协议的公共机构,可以根据本节的规定,向运营合资或合作企业的行政联合委员会或其他法人或行政实体拨付资金,或是向该方出售、出租或赠予,又或是以其他方式在其法定权限范围内为该方提供人员或服务。

(13)本节所授予的权力和权利,是对所有其他一般性法律、地方立法或专门法律所赋予权力和权利的补充。本法的所有内容均不得视为对任何其他法律的适用构成妨碍。

(14)本节旨在授权公共机构以缔结合同的方式履行其服务职能,但不得视为允许将州、县或市官员的宪法或法律职责授予给他人。

(15)除了本节的其他条款规定和除了第361.14节的其他法律规定外,本州作为公共机构的电力公司,或是根据本节条款设立的任何独立法人实体,如其成员仅由电力公司组成,并且行使或打算行使由第361章第二部分的《联合发电法》所授予的权力,可以行使以下任何一项或全部的权力:

(a)如果在电力项目的初始预计使用寿命内,将此类项目的充分占有权以及所有使用、服务、输出和生产能力的权利,在债权人权利优先的情况下,都赋予一个或多个前述法人实体、电力公司或外国公用事业公司,或上述当事人的任意组合，则任何此类公共机构和/或法人实体，均可以和下列当事人中的一个或多个一起，计划、资助、取得、建造、重建、拥有、租赁、运营、维护、修理、改进、扩展或以其他方式共同参与一个或多个电力项目，不论这些项目是现有的还是拟建造的或正在建造的，也不论其是否位于本州内：

1. 所有前述法人实体；
2. 一个或多个电力公司；
3. 一个或多个外国公用事业公司；或者
4. 任何其他当事人，

所有此类公共机构和/或法人实体均可在与电力项目相关联的规划、设计、工程、许可、收购、建设、完工、管理、控制、运营、维护、修理、改建、添加、更换、改造、变动、投保、停运、善后、退役或处置，或所有前述事务中，作为代理人或指定一人或多人作为其代理人，无论其是否参加电力项目。

(b) 1. 任何情况下，所有此类公共机构和/或法人实体均可与下列当事人中的一个或多个一起参与电力项目：

a. 所有前述法人实体；
b. 一个或多个电力公司；
c. 一个或多个外国公用事业公司；或者
d. 任何其他当事人，

并且如果在电力项目的初始预计使用寿命内，将此类项目的充分占有权以及所有使用、服务、输出和生产能力的权利，在债权人权利优先的情况下，都赋予一个或多个前述法人实体、电力公司或外国公用事业公司，或上述当事人的任意组合，则公共机构和/或法人实体可与其他参与的个人就此类电力项目缔结合同。当公共机构作为设立法人实体的地方间协议的缔约方时，法人实体亦可与一个或多个公共机构签订合同。所有此类合同的期限均可由缔约方决定，包括但不限于不特定的期限。在合同的其他条款、条件和条文规定上，只要与本节的规定相一致，亦可由缔约方加以确定。在涉及此类合同的加入与履行，挑选合适的当事人以便于公共机构和/或法人实体可与之订立合同，以及选择与合同相关联的任何电力项目等事宜时，公共机构或法人实体无须受一般性法律、地方立法或专门法律的约束，包括但不限于第 287.055 节的规定，也无须受制于公共机构自身章程的规定，后者一般会要求以公开招标、竞争性磋商或二者结合的方式缔结合同。

2. 所有此类合同可包括，但不限于，以下一部或全部内容：

a. 对何为违约进行界定的条款，以及在违约行为发生时对各方权利和救济措施进行规定的条款，包括但不限于：停止向违约方交付产品或服务的权利；有权从同一电力项目中获得产品或服务的其他各守约方，可能被要求按比例或其他原则，偿付、使用或以其他方式处理本应由违约方购买的所有或部分的产品和服务。

b. 规定在何种情形下、在什么时间以及何种条款和条件下，在各方当事人达成合意时，电力项目的一方或多方当事人有权购买另一方或其他方当事人项目利益的条款，即使在其他法律中对购买权的限制有相反规定。

c. 对电力项目各方当事人的利益转让进行限制的条款。

d. 对合同的一方或多方当事人对电力项目的规划、设计、工程、许可、收购、建设、完工、管理、控制、运营、维护、修理、改建、添加、更换、改造、变动、投保、停运、善后、退役或处置，或所有前述事务进行规定的条款。在这些事务中，一方或多方当事人可根据合同或由合同指定，又或是由各方当事人确定的其他方式，作为合同或另一方或其他方当事人的代理人。

e. 规定在当事人之间就与电力项目有关的规划、设计、工程、许可、收购、建设、完工、管理、控制、运营、维护、修理、改建、添加、更换、改造、变动、投保、停运、善后、退役或处置，或所有上述内容的成本开支进行核算与分配的方法。

f. 所有此类公共机构和/或法人实体均不得在未经根据本节规定与其订立合同或合约的一个或多个当事人同意，或是在此类合约的第三方受益人同意的情况下，撤销、终止或修改与电力项目有关的任何合同或协议。

g. 所有此类公共机构和/或法人实体须向电力项目所提供的产品和服务，以及对电力项目的支持维护活动进行付费，包括但不限于前述 d.项所规定的各项活动。公共机构和法人实体在付费时不能进行扣除或提出反对要求，不论这些产品或服务是否提供、可用或交付给了这些当事人，也不论合同或协议所规划的电力项目是否已完工、可运用或正在运行，即使电力项目的产品或服务有暂停、中断、干扰、减少或削减的情形，或是前述 d.项所规定的针对电力项目的一项或多项活动有质量不佳或未能提供的情形。

h. 如果任何此类公共机构和/或法人实体未能及时履行，或拒绝及时履行特定的承诺或是前述合同所包含的义务或要求其承担的义务,则合同的任何一方或多方当事人,又或是任何一个或多个在合同中被指定为该承诺或义务的第三方受益人的当事人,均可以通过依据法律或衡平法提起诉讼的方式强制要求公共机构或法人实体履行职责,包括但不限于由法院要求强制履行或发出执行职务令。

　　i. 使公共机构和/或法人实体免责的条款,包括但不限于:免于因征收或收取地方税、州税或联邦税以及相关的利益或罚款而承担责任;作为免于承担赔偿责任的替代而进行的付款,或作为放弃索赔或放弃要求恢复原状权利的替代而进行付款,包括因唯一的过失、重大过失、任何其他类型的过失或任何其他作为或不作为,不论有意还是无意,而产生的针对合同另一方或多方当事人的索赔或要求恢复原状的权利。此类条款可因某一类或多个类别当事人的行为,不论其是有意还是无意,将其界定为无须承担责任的一方;并且所有这些条款可以按照各方当事人所确定的条款和条件而订立。

　　j. 所有此类公共机构和/或法人实体均不得解散,除非所有由它们发行的债券和其他债务证明的所有本金和利息均已完全支付或以其他方式偿付,并且它们的所有合同义务和责任均已经完全履行或/和免除。

　　k. 所有此类公共机构和/或法人实体可以为法人实体或为公共机构的电力或其他综合公用事业系统所提供的产品和服务设立、征收和收取租金、费率和其他费用,这些租金、费率或其他费用应当足以涵盖电力或综合公用事业系统运营和维护的开支;遵守由公共机构或法人实体发布或拟发布的决议、信托契约或其他担保协议中所包含的,与债券或其他债务凭证有关的所有附属协议或其他条款;提供足够资金来落实完成自身所订立的其他合同与协议中的条款;对于在法人实体的产品与服务收入,或公共机构的电力或其他综合公用事业系统收入上产生或构成之担保或费用,作出相应之支付。

　　l. 如法人实体与公共机构就此类电力项目签订了合同或契约,法人实体可强制执行公共机构所作之承诺与责任。

　　m. 法人实体可禁止公共机构从实体中退出,除非法人实体与各个公共机构就电力项目所签订之合同或契约中的所有义务与责任均已完全履行和/或免除。

　　n. 就某个电力项目与法人实体订立合同或契约的各个公共机构,不得从法人实体中退出,也不得引发或参与法人实体的解散,除非法人实体与各个公共机构在它们所签订的所有合同或契约中的所有义务与责任均已得到完全履行和/或免除。

o. 就电力项目与法人实体或其他当事人订立合同或契约的各个公共机构,应保持电力或其他综合公用事业系统处于良好的维护和运行状况,除非各个公共机构与法人实体在它们所签订的所有合同或契约中的所有义务与责任均已得到完全履行和/或免除。

3. 根据上述协议条款的规定而指定的代理人,其所采取的所有行动,依协议之约定对公共机构和/或法人实体均具有约束力,无需公共机构和/或法人实体再作出进一步的行动或批准。上述协议所指定的代理人,应遵守将其视为独立实体的相关法律、法规,而无需受适用于其他参与方且不适用于代理人的法律、法规的管辖。

(c) 所有此类法人实体只能从以下地方获取服务、输出、产能、能源或其组合:

1. 它在其中拥有所有者权益的电力项目;或

2. 任何其他来源:

a. 当电力项目的输出或产能被削减或不可用时,出于补足其在电力项目中的服务、输出、产能、能源或其组合的份额之目的;或

b. 在任何时间和任何数量下向任一成员转售时,为了满足法人实体成员的零售负荷要求。

但是,根据上述第 2.b.段,自 1982 年 1 月 1 日起假如有法人实体或其成员在州法院或联邦法院或行政机构启动法律程序,则该法人实体不得向任何电力公司购买批发电力并转售给其成员(如果这种购买或法律程序会无意中扩大电力公司提供批发电力的责任)。

(d) 所有此类法人仅可将服务、输出、产能、能源或其组合出售给:

1. 其成员,以满足他们的零售负荷要求;

2. 其他电力公司或外国公用事业公司,如果它们在电力项目中具有所有者权益,或是有相关合同安排给这些电力公司或外国公用事业公司赋予了经济上相当于所有者权益的责任,并且上述服务、输出、产能、能源或其组合系从该电力项目所获得;

3. 其他电力公司或外国公用事业公司,使其能够处理超出法人实体需求的

多余的服务、输出、产能、能源或其组合：

a. 如果这种剩余是法人实体的一个或多个成员因其在购买服务、输出、产能、能源或其组合的合同中的违约行为所导致；以及

b. 如果合同产生的收入被质押作为法人实体所发行之债券或其他债务凭证支付的担保，或是这些收入被法人实体要求用以履行其根据前述(b)段而订立之合同或协议的义务；

4. 其他电力公司或外国公用事业公司，并且为期不超过 5 年的时间，该期限从拟提供服务、输出、产能、能源或其组合的电力项目的商业化运营之日起算，或是从法人实体在电力项目中获得所有者权益或得到电力项目的服务、输出、产能、能源或其组合的权利之日起算，如果：

a. 该法人实体的一个或多个成员已经订立合同，从前述期限终结之日起自该法人实体处购买这些服务、输出、产能、能源或其组合；以及

b. 这些服务、输出、产能、能源或其组合是在一个更早的时间获得，并且在此期间当其加入实体成员从它们所拥有的电力设施处可获得的服务、输出、产能、能源或其组合时，能够合理地被预测为能够给实体成员的一个或多个电力系统创造剩余，或是根据一项或多项当时严格有效的合同义务，在未支付罚金时在该期间结束前不可终止，或二者兼有；又或是

5. 上述情形的任意组合。

本段之规定不得阻止法人实体在紧急状况下、定期维护或经济互换服务时，向任何电力公司或外国公用事业公司出售其在电力项目中基于所有者权益而产生的输出。

(e) 任何此类公共机构和/或法人实体在合同或协议中所约定的所有承诺与义务，如果这些合同、协议、承诺与义务系根据本节规定而批准、允许或考虑，对承担这些义务或作出承诺的公共机构或法人实体而言，应当是合法、有效且具有约束力的；并且每一义务或承诺均可按照其条款得以执行。

(f) 当公共机构与法人实体就某个电力项目签约并依照合同约定作出的支付，或是与其他某个或某些当事人签约而得到的收入被质押作为有待生效的债券或其他债务凭证支付的担保时，就债券或其他债务凭证有效性提出的控告会使以下各方当事人成为诉讼中的被告，除了州及纳税人、业主和提出控告所在县的公民（包括拥有物业或纳税的非居民）之外，还有：

1. 合同支付将被质押的各个公共机构。

2. 所有与公共机构和/或法人实体就电力项目以任何形式签约的当事人，特别是合同涉及有关电力项目的所有权或其运营；向公共机构和/或法人实体提供电力；或是从电力项目征收或购买电力。

3. 公共机构所在的各个县或市的纳税人、业主和公民，包括拥有物业或纳税的非居民，以及公共机构或法人实体的未清偿债务的持有人。

在此类就债券或其他债务凭证有效性提起的诉讼中，因合同当事人而取得管辖权的法院应当要求所有作为被告的当事人就以下问题说明理由（如有的话），包括为什么此类合同或协议及其条款和条件不得由法院进行调查，因此确定的合同条款的有效性，赋予合同或协议各方当事人的义务和条件，以及被裁定为有效并对各方当事人具有约束力的所有承诺。此类诉讼的通知，应根据本节第(7)(c)款之规定，与就批准行为进行听证的通知一起发出和公布；诉讼起诉状的副本和通知副本，应送达给前款 1.和 2.所述之每一个被告。任何本州的居民或非居民，不论是否居住在本州，也不论其是否被批准在本州从事商业活动，如其与公共机构和/或法人实体就前述电力项目以任何形式签订合同，均可在听证时或听证之前参加诉讼，并代表他或她自己以及代表本州的公共机构、公民、居民和业主，对合同或协议的有效性和约束力提出理由或反对意见。任何人在判决作出时尚未成为诉讼参与人的，均无权提起上诉。就此类合同或协议有效性所作的判决，如果在判决作出之日起法定的时间内无人提出上诉，或是有人提起上诉，但其有效性在上诉审中得以确认，则该判决将具有终局性，并对法人实体和所有作为诉讼被告的当事人具有约束力。

(g) 就电力项目的所有权或运营与其他当事人签订合同的各个公共机构和/或法人实体，以及为从电力项目获得电力支持或供应而与法人实体缔约的各个公共机构，有权为该电力项目的利益，将以下情形的全部或部分收入质押给其他当事人和/或法人实体：

1. 对公共机构而言，来自其在电力或其他综合公用事业系统的所有权与运营收入；和

2. 对法人实体而言，来自其提供产品与服务的收入；

以及为该电力项目的利益，将有价证券、合同权利和其他财产质押给其他当事人和/或法人实体。各法人实体也有权将所有收入、有价证券、合同权利或其

他财产质押给拥有其发行之债券、票据或其他债务凭证的持有人，作为其债务支付的担保。在公共机构或法人实体的收入、有价证券、合同权利或其他财产上如形成多个质押，应当明确规定其相互之间的优先顺序和等级。公共机构或法人实体根据本节规定，用其收入、有价证券、合同权利或其他财产所作的质押，应当从质押作出之日起生效且具有约束力。由公共机构、法人实体、受托人或其他当事人进行质押的、其后所持有的或此后获取的收入、有价证券、合同权利或其他财产，应当立即受到质押的担保，无需进行实物交付或作出任何进一步的行为；质押的担保应当有效且具约束力，可对抗所有因侵权或合同事由而提出任何权利主张的当事方，或相反可对抗作出这一质押的公共机构或法人实体，无需考虑这些当事方是否因此收到通知。作出质押行为的决议、信托契约、担保协议或其他形式无需以任何方式提交或记录。

(h) 所有此类法人实体均被批准与授权以其自己的名义起诉和被诉。如果此类公共机构或法人实体就位于另一州的电力项目签订合同或协议，或拥有位于另一州的电力项目的权益，则针对该公共机构或法人实体的诉讼可向项目所在州的联邦或州法院提起。

(i) 为达成目的，本条[第(15)条]的规定可作宽松解释。本条所赋予的权力，应当作为本节其他条款，其他一般性法律、地方立法或专门法律，又或是公共机构的章程所赋予权力的添加和补充。当公共机构或法人实体行使本条所赋予的权力时，如其与本节其他条款，除第361.14节之外的其他一般性法律、地方立法或专门法律，以及公共机构的章程所规定之对公共机构或法人实体的限制或要求相抵触，为根据本条规定行使该等权力之目的，这些限制或要求应被本条之规定所取代。

(j) 如果公共机构或法人实体根据本节第(7)(c)款或其他准据法赋予的权力所发行的任何债券或其他债务凭证尚未偿付，或公共机构或法人实体根据合同或协议尚有未履行之责任或义务，包括但不限于对电力项目的运营商或共同所有人所负有之义务，则该公共机构或法人实体及其官员、雇员或代理人的权力、职责或其存在，不得以任何方式被削弱、损害或影响，假如这些方式会对债券或其他债务凭证的所有人，或是根据合同或协议可要求公共机构或法人实体履行责任或义务的相对方的利益和权利产生实质性的不利影响。本条之规定应维护各方之利益，包括：州，各个公共机构，各法人实体，每个持有由法人实体或公共机构发行债券的所有者,以及公共机构或法人实体根据合同或协议对其负有责任或义务的各个其他当事人;并且,当公共机构或法人实体根据本节规定,就某个电力项目向合同或协议的相对方作出先期执行与交付时或之后,或是在债券或其他债务凭证的发行时或发行之后,本条之规定应在州与公共机构或法人实体发行之债券或其他债务凭证的所有者,以及在州与公共机构或法人实体对其负有责任或义务的其他当事人之间,构成一个不可撤销的合同。

(k) 即使第 768.28 节的条款或其他法律对权利放弃的限制有相反规定,立法机关根据州宪法第 13 节第 10 条特此声明,参与电力项目的所有本州的法人实体或公共机构,均向下列当事人放弃其主权豁免:

1. 所有参与项目的其他当事人;和
2. 与成员为公共机构的法人实体以任何方式签订合同的所有当事人,涉及:

a. 本节(b)2.d 款规定的和电力项目有关的拥有、运营或任何其他活动;或
b. 提供或购买服务、输出、产能、能源或其组合。

(l) 尽管第(3)(d)款所规定的"电力项目"的定义,或是本条的其他款或第 361 章第二部分的其他条款对共同参与电力项目的各方有所限制,只有在法人实体和/或其成员将主要燃料或来源用于在一个或多个电力项目中发电时,作为电力公司的本州公共机构或是根据本节规定设立,成员仅由电力公司组成并行使或打算行使第 361 章第二部分所赋予权力的独立法人实体方可在获取、提取、转换、使用、运输、储存、再处理、处置这些主要燃料或来源以及由此产生的其他物质方面,与其他当事人共同运用本条所规定的部分或全部权力;与之相关联,公共机构或法人实体均应被视为具有本条规定的所有额外权力、特权和权利。

(m) 如果公共机构和/或法人实体如(3)(d)款所规定的,收到了与其对电力项目的服务、输出、产能或能源的所有权或权利相关的材料,这些材料被提供者认定为系专有机密商业信息或被有管辖权资格的法院认定为机密或秘密,则其应予保密并免受第 119.07(1)节的约束。在本段中,"专有机密商业信息"包括但不限于:商业秘密;内部审计检查和内部审计师报告;安全措施、制度或程序;关于投标或其他合同资料的信息,以及如披露将影响公用事业公司以优惠条件签订服务合同的信息;与薪酬、职责、资格或责任无关的员工人事资料;以及配方、模式、设备、设备的组合、合同成本或其他如披露将损害市场中相关受影响实

体的信息。

(16)(a)佛罗里达州法典第 82-53 章向本节第(3)(b)款所界定的公共机构和/或依照本节规定设立的法人实体授予的关于订立合同参与电力项目的所有额外权力,应适用于 1982 年 3 月 25 日以前有效存在的任何合同,以及在该日期之后签订的任何合同;但是第 82-53 章规定的对公共机构和/或法人实体在订立合同参与电力项目上权力的额外限制,则不应适用于 1982 年 3 月 25 日之前缔结的任何合同。

(b)佛罗里达州法典第 82—53 章的制定,其目的在于进一步执行修订后的州宪法第 10(d)节第 7 条。

(17)在根据本节订立的所有合同中,由地方间协议创建的公共机构或独立法人实体可在其裁量权范围内,向协议创建的其他公共机构或独立法人实体授予、出售、捐赠、贡献、租赁或以其他方式转让不动产的所有权、地役权或使用权,包括公共机构或独立法人实体名下的税收未缴付的不动产的所有权。由地方间协议创建的公共机构或独立法人实体有权作出裁量判断,当其认为符合公共利益时,可直接将不动产的利益或使用权授予给他人。将不动产及不动产的相关权益授予或转让给公共机构或独立法人实体时,应当符合地方间协议所追求的公共目的,并应满足如下条件,即假如不动产及不动产的相关权益使用不当,或其使用不再符合协议之目的,授予给公共机构或独立法人实体的权益应予终止,并且这些权益应自动回归给授出的公共机构或独立法人实体。

(18)根据本节第(7)条设立的独立法人实体,如作为其成员的公共机构来自至少五个不同的县,且其中三个以上不相毗连,则可以通过通信媒体技术举行公开会议和讨论会。召开公开会议和讨论会的通知上应载明会议或研讨会将通过通信媒体技术举行;详细说明有兴趣参会的人应如何才能参加;并提供一个公众可使用通信媒体技术设施的地方。成员机构的官员、理事会成员或其他代表如通过通信媒体技术参与会议或讨论会,应视为其已出席该会议或讨论会。本条所用的术语"通信媒体技术",是指所有参会者均可以音频方式进行交流的电话会议、视频会议或其他通信技术。

得克萨斯州
地方间合作法

申海平　译

《得克萨斯州政府法典》第 7 篇"政府间关系"
第 791 章"地方间合作合同"

分章 A 总 则

第 791 章第 1 节 目的

本章的目的旨在授权地方政府尽可能多的能与其他地方政府和本州州机关订立合同,以提高地方政府的效率和有效性。

第 791 章第 2 节 简称

本章可以引称为《地方间合作法》。

第 791 章第 3 节 定义

本章中:

(1)"行政职能"是指与政府日常运行有关的职能,包括税收稽征、人事服务、采购、档案管理服务、数据处理、仓储、设备维修和打印。

(2)"地方间合同"是指根据本章所订立的合同或者协议。

(3)"政府职能和服务"是指以下任何一个领域的全部或部分职能或服务:

(A) 警察保护和收容服务;

(B) 消防;

(C) 街道、道路和排水系统;

(D) 公共卫生和福利;

(E) 公园与娱乐服务;

(F) 图书馆和博物馆服务;

(G) 档案中心服务;

(H) 废物处置;

(I) 规划;

(J) 工程;

(K) 行政职能;

(L) 公共资金投资;

(M) 综合保健和医院服务;

(N) 协议方共同关注的其他政府职能。

(4)"地方政府"是指：

(A) 县、市、特别区、大专学区，本州或其他州的其他政治分支机构；

(B) 根据《交通法典》第431章D设立的地方政府法人；

(C) 根据《地方政府法典》第304章设立的政治分支机构法人；

(D) 根据第2308节第253条设立的本地劳动力发展委员会；和

(E) 上述(A)—(D)中两个以上实体的组合。

5."政治分支机构"包括所有依照州法律所设立的法人和政府实体。

第791章第4节　地方间合同和双重任职

执行地方间合同的个人不得因该合同的原因担任两个以上的带薪公职、两个以上的非营利机构、信托机构的职位或者受薪职位。

第791章第5节　本章的效力

本章不影响1971年5月31日前已完成的行为和已有的权利、义务和处罚。

第791章第6节　消防合同和执法服务提供中的责任

(a) 依照本章规定，政府单位订立合同提供或者获得消防部门的培训、灭火、救火、救护车服务、危险材料响应服务、消防救援服务、医护服务等服务中所产生的任何民事责任，由在没有订立合同的情况下负有提供这些服务责任的政府单位承担。

(a-1) 尽管有(a)条的规定，但如果市、县、农村防火区、应急服务区、消防机构、区域规划委员会、联合委员会依照本章与政府单位订立，提供或获得消防、紧急救援服务的，合同各方可以按照各方同意的方式分配该合同规定的服务提供和获取中所导致的民事责任。根据本条规定分配民事责任，合同各方必须在合同中特别引证本条，以相应条款书面载明责任的分配，并明示该责任的分配意在与(a)条所规定的责任分配有所区别。

(b) 在无合同的情形下，如果一个市、县向另一个市、县提供执法服务的，请求和获得服务的政府单位应当承担提供这些服务中所产生的民事责任。

(c) 本节中任何内容都不增加或修改《民事实务及赔偿法典》第101章《德克萨斯侵权赔偿法》以及其他法律规定的政府单位的赔偿责任限额和责任豁免。

（d）不论本章有其他任何规定，本章规定的合同不是用于分配或确定责任的目的而为的共同行为。

分章 B　订立地方间合同的一般主体

第 791 章第 11 节　合同订立主体和要求

（a）依据本章规定，地方政府可以与其他地方政府、联邦认可的印第安部落通过订立合同、通过商定履行政府职能和服务。这些印第安部落应在美国内政部长依据《美国法典》第 25 编第 479 节 a-1 所列的名录中，并且其保留地应当位于本州内。

（b）地方间合同的一方可以与以下机关订立合同：

（1）第 771 章第 2 节所定义的州机关；

（2）其他州类似机关。

（b-1）依据本节授权可订立地方间合同的地方政府不得与联邦未认可的或者其保留地不在本州境内的印第安部落订立合同。

（c）地方间合同可以是：

（1）研究通过地方间合同履行政府职能、服务的可行性的合同；

（2）提供合同方应当各自履行的政府职能、服务。

（d）地方间合同应当：

（1）由合同各方的管理机构批准；但合同一方为市属电力企业的，管理机构可以对不超过 100 000 美元的合同的订立制定程序，不再要求由管理机构进行批准；

（2）载明缔约方的目的、条件、权利和义务；

（3）列明支付政府职能或服务履行款项的一方必须从其现有、可用的收入中支付这些款项。

（e）地方间合同项下款项必须能够对履行合同项下服务或职能的一方给予公正的补偿。

（f）地方间合同可以展期。

（g）本州、另一州的政府实体通过地方间合同为第 771 章第 2 节所定义的州机关进行采购或者提供采购服务的，必须在采购和提供服务中遵守第 2161 章的规定。

(h) 政府实体和采购合作社之间订立的地方间合同不得用于购买工程服务和建筑服务。

(i) 尽管已有(d)的规定,地方间合同仍然可以约定合同的具体期限。

(j) 在本节中,"采购合作社"是指政府实体作为成员加入的集体采购组织,其管理实体从成员或者供应商处获取费用。地方政府不得通过本章规定的采购合作社订立合同购买金额大于50 000美元的与建筑相关的商品或者服务,除非地方政府指定的人员能书面证明满足下列条件之一:

(1) 采购的与建筑相关的货物、服务所涉及的项目不需要编制《职业法典》第1001章、第1051章所要求的规划和规范;

(2) 已编制《职业法典》第1001章和1051章要求的规划和规范。

第791章第12节　缔约方的法律适用

在各方约定下,作为地方间合同履行服务的一方地方政府在服务中可以适用本适用于其中一方的法律。

第791章第13节　合同监督与管理

(a) 为监督地方间合同的履行,合同方可以:

(1) 设立一行政机关;

(2) 指定现有的地方政府;

(3) 与符合修改后的《1986年国内税收法典》第501节(c)规定的联邦所得税免除条件的组织订立合同。这一组织作为政治分支机构、政治分支机构联合体的代表提供服务,并且来自政治分支机构、政治分支机构联合体的补助、资助和其他收入应占其总收入的50%以上。

(b) 为履行地方间合同,这些机关、指定的地方政府、(a)(3)所述的组织可以雇用人员开展行政活动、提供行政服务。

(c) 由这些行政机关、指定的地方政府持有并用于公共目的的所有财产,应被视为与参与的政治分支机构持有和使用的财产相同,同样应免于征税或者同等征税。

(d) 依照本节设立的行政机关可以根据本州、他州、美国或者其他国家的法

律,取得、申请、注册、获得、持有、保护和延期:

(1) 下列发明、发现的专利:

(A) 任何新颖而实用的工艺流程、机器、制造品、物质成分、艺术或者方法;

(B) 已知工艺流程、机器、制造品、物质成分、艺术或者方法的任何新用途;或者

(C) 已知工艺流程、机器、制造品、物质成分、艺术或者方法的任何新颖而实用的改进;

(2) 固定于已知的或者后来发展的任何有形表现媒介中的原创版权作品,通过这种表现媒介,不论是直接的或借助于机器或装置,作品可以被感知、复制或以其他方式传播;

(3) 机构使用的用以识别和区分本机构商品和服务有别于他人商品和服务的商标、服务商标、集体商标、证明商标上的词、名称、符号、图案或者短语;

(4) 具有排他性保护必要并能授予知识产权的其他形式。

第791章第14节　县的批准要求

(a) 依据地方间合同开展修建、改建、修缮建筑物、道路、其他设施的项目前,县理事会必须对该项目作出书面批准。

(b) 批准必须:

(1) 在地方间合同之外以文件方式作出;

(2) 说明开展的项目的类型;

(3) 明确项目的位置。

(c) 未取得本节所规定的批准开展的项目,该县不得接受付款,另一方地方政府不得付款。

(d) 下列情形下,对于按照本节规定需要批准的项目,县对另外一方地方政府向其已支付的费用负责:

(1) 未取得本节规定的批准,该县开建该项目;

(2) 地方政府在该县开建项目前已付款。

第791章第15节　争议提交替代性纠纷解决程序

作为地方间合同当事人的地方政府可以在合同中约定将因合同引发的争议

提交第 2009 章所规定的替代性纠纷解决程序。

分章 C　订立地方间合同的特殊主体

第 791 章第 21 节　区域性矫正设施合同

具备下列条件,地方间合同的一方可以与得克萨斯州刑事司法局订立建造、运营和维护区域性矫正设施的合同：

(1) 建造该设施的土地的所有权已转让给该局；

(2) 合同方履行合同支付被监禁者的居住、生活和康复治疗费用,并且这些被监禁者按照现有法律不能交由该局直接负责。

第 791 章第 22 节　区域性监狱设施合同

(a) 在本节中：

(1) "设施"是指根据本节建造、取得的区域性监狱设施；

(2) "监狱看守"是指有权按照本节规定管理设施的运行和维护的人员。

(b) 州的政治分支机构通过其管理机构的决议,可以与州的一个或多个政治分支机构订立合同,参与区域性监狱设施的所有、建造和运营。

(c) 设施必须位于参与的政治分支机构的地理区域内,但并不要求一定位于县城。

(d) 在取得、建设设施前,参与的政治分支机构应当发行债券,为设施的取得和建设融资。债券必须按照法律规定的发行长期发展债券的方式发行。

(e) 为管理设施的运行和维护,参与的政治分支机构可以就以下事项达成一致：

(1) 任命设施所在地政治分支机构的警察总长、行政司法官为设施的监狱看守；

(2) 成立由各参与的政治分支机构行政司法官、警察总长组成的委员会,任命该设施的监狱看守；

(3) 授权各自的警察总长、行政司法官继续监管由其管辖的设施内的被监禁的囚犯。

(f) 如果参与的政治分支机构根据上述(e)的规定方式监管设施,指定的监管设施运行和维护的人员应当对设施内被监禁的囚犯进行监管。

（g）囚犯从一设施转移至原政治分支机构，原政治分支机构的执法人员应当承担对囚犯的监管和责任。

（h）囚犯被监禁于设施中的，未受指派监管设施的警察总长、行政司法官对囚犯的逃跑，囚犯造成的伤害、损害，以及对囚犯受到的伤害、损害概不负责，除非警察总长、行政司法官的原因直接导致了囚犯的逃跑或者这些伤害、损害。

（i）政治分支机构可以雇佣必要的人员、授权该设施的监狱看守雇佣必要的人员经营和维护设施。

（j）监狱看守和助理监狱看守应当是委任的治安官。

第791章第23节　州刑事司法设施合同

州、州机关在行使政府权力中，为本州利益，依据本章和以下规定，可以与一个或者多个单位订立投资、建造、经营、维护、管理刑事司法设施的合同：

（1）《政府法典》第494章分章A；

（2）《地方政府法典》第361章分章D；

（3）《1971年债务债券法》(《地方政府法典》第271章分章C)。

第791章第24节　社区矫正设施合同

依据第76节第2条设立的社区监督和矫治部门可以与州、州机关或者地方政府约定资助、建设、经营、维护、管理第76节第10条（b）所指的社区矫治设施或者《地方政府法典》第351章分章H所规定的县矫正中心。

第791章第25节　采购合同

（a）地方政府以及地方政府理事会可以与其他地方政府、州、州机关、审计官达成采购货物、服务的协议。

（b）为安装、运行或维护特定物品，地方政府以及地方政府理事会可以与其他地方政府，与为提供一项或多项政府职能和服务而成立和运营的非营利性公司，与州、州机关、审计官达成协议采购所需要的货物和服务。本条不适用于由消防员、警务人员、紧急服务医务人员提供的服务。

（c）依照本节规定购买商品和服务的地方政府符合参加竞争性招标采购货

物和服务的条件。

（d）在本节中，"政府理事会"是指依据《地方政府法》第 391 章设立的区域规划委员会。

第 791 章第 26 节　供水合同和废水处理设施合同

（a）本州的市、区、河流管理机关可以与本州的其他市、区或者河流管理机关订立合同，取得或者提供部分或者全部：

（1）供水设施或者污水处理设施；

（2）租赁、运营供水设施或者污水处理设施。

（b）合同可以约定，获取服务的市、区、河流管理机关不得从缔约方以外获得这些服务，但除合同另有约定的除外。

（c）如果合同包括（b）所述的条款，合同项下的付款应当为付款方应支付的供水系统的营业费用、污水处理设施的营业费用或者以上两项费用。

（d）合同可以：

（1）约定期限，并可以在缔约方协商一致时展期；

（2）要求买方在合同到期之前准备其他备选的或者替代提供方式，并约定可通过法院命令来执行此条款；

（3）约定合同将继续有效，直到合同约定的债券以及为支付这些债券而发行的调换债券均支付完毕为止。

（e）如果合同约定了明确的终止条款，将不再有继续服务的义务。

（f）税收收入不得为合同所约定支付的款项提供质押。

（g）本节授予的权力比其他法律所附加的限制优先适用。

第 791 章第 27 节　紧急援助

（a）在以下情形下，无论地方政府是否已通过协议、合同约定提供此类援助，地方政府都可以向其他地方政府提供紧急援助：

（1）请求紧急援助的地方政府管理机构负责人认为，当地处于需要其他地方政府援助的民间紧急状态，并提出援助请求；

（2）在提供紧急援助之前，提供援助的地方政府的管理机构已通过决议或者其他官方形式授权当地政府提供援助。

(b) 本节不适用于执法人员根据《地方政府法》第 362 章所提供的紧急援助。

第 791 章第 28 节　道路建设和维护的共同支付合同

(a) 在本节中：

(1) "公路工程"是指州或者地方公路、收费高速公路或者道路工程的取得、设计、施工、改造、美化；

(2) "运输公司"是指根据《交通法典》第 431 章所成立的公司。

(b) 地方政府可以与其他地方政府、州机关或者运输公司订立合同，共同支付公路工程的全部或部分费用，包括该工程所需的或者有益于该工程的地役权、土地权益费用。

(c) 地方政府和运输公司依据根据本节规定签署的合同，可以：

(1) 共同承担公路工程；

(2) 为了公路工程的需要或者利益，在公路工程的地界内外取得地役权、土地或者土地权益；

(3) 为了工程需要调整公用设施。

(d) 如果本节规定的合同约定了定期付款方式，地方政府可以在款项到期后按照合同要求的支付数额征收从价税。

第 791 章第 29 节　区域性档案中心合同

(a) 通过其管理机构的决议，州政治分支机构可以与其他州政治分支机构订立合同，拥有区域性档案中心的所有权，参与区域性档案中心的建设和运营。

(b) 在取得或者建设档案中心前，参与的政治分支机构可以按照法律规定的发行长期发展债券的方式发行债券，为取得和建造档案中心融资。

(c) 档案中心不得存储由得克萨斯州州立图书馆和档案委员会根据第 441 节第 158 条发布的档案存档清单上列明为永久保存期限的档案，除非该中心具有该委员会依据《地方政府法典》第 203 节第 48 条制定的规章所设定的管理和储存具有永久性价值的档案的条件。

(d) 在设立、设计区域性档案中心过程中，得克萨斯州州立图书馆和档案委员会应当向地方政府提供帮助和指导。

第 791 章第 30 节　卫生保健和医疗服务

地方政府可以与已获授权能提供卫生保健和医疗服务的其他地方政府订立合同,为其官员、雇员和家属提供此类服务。

第 791 章第 31 节　交通基础设施

(a) 本节仅适用于被授权对不动产征收从价税的地方政府,不适用于学区。

(b) 得克萨斯州交通局在没有州、联邦公路的走廊区域建设或者拟建交通基础设施的,可以与该区域所在地的地方政府签订地方间合同,为交通基础设施融资。

(c) 协议必须包括:

(1) 协议期限,但不得超过 12 年;

(2) 每一交通基础设施项目或者拟建项目的说明;

(3) 标明合同中每个项目和建筑物位置的地图;

(4) 每个项目的估算成本。

(d) 协议可以建立一个或者多个交通基础设施区。得克萨斯州交通局和地方政府可以约定一次或者数次由地方政府向得克萨斯州交通局付款的时点。付款数额以该区域因基础设施项目而使房地产价值增长所带来的从价税收入的增长为标准进行计算,但不得超过特定期间从价税收入增长额的 30%。

(e) 得克萨斯州交通局收到的本节规定的款项可用于:

(1) 在地方政府辖区内取得公路用地的地方配套资金;

(2) 设计、建造、运营、维护地方政府辖区内的交通设施。

第 791 章第 32 节　市的街道建设、改建和维护

经市的管理机构批准,地方政府可以与市订立地方间合同,为市的街道、小巷的建设、改建、维护、维修进行融资,包括对非道路、公路必要组成部分的一些市的街道和小巷的区域以及非道路、公路连接线的市的街道和小巷的区域的建设、改建、维护、维修进行融资。

第 791 章第 33 节　州高速公路体系中设施的建造、维护、运营合同

(a) 在本节中,"州高速公路体系"是指依据《交通法典》第 201 节第 103 条

编制的州高速公路体系规划中所包括的本州的高速公路。

（b）就其区域内的州高速公路体系中的收费或者免费的项目和设施，或者这些项目和设施延伸至相邻地方政府区域内的部分，地方政府可以与其他地方政府就其设计、开发、融资、建设、维护、运营、扩建、改造订立协议并按照协议付款。

（c）根据本节达成的协议必须得到得克萨斯州交通局的批准。

（d）尽管已有第791节第11条（d）的规定，为支付本节所规定的协议项下款项，地方政府可以：

（1）质押任何可用来源的收入，包括根据《交通法典》第222节第104条与得克萨斯州交通局订立的协议中所取得的款项；

（2）在法律允许的范围内质押、征收税款；

（3）并用以上（1）和（2）所述方式。

（e）根据本节达成的协议的期限不得超过40年。

（f）因需要许可本节规定的行为而进行的选举必须符合《选举法典》和其他适用于地方政府的法律。

（g）就本节规定的协议有关的事项，县、市可以行使第1371章赋予发行人管理机构的任何权利和权力。

（h）本节对地方政府协议的执行，收入、税收或者任何收入和税收组合的质押，以及行为和程序实施的授权，除非本节另有特别规定，构成完全充分的权力，无需考虑任何其他法律规定和这些法律规定中所包含的任何限定、限制。本节与其他法律有任何冲突或不一致之处的，以本节为准。为履行本节授予的任何明示或者暗示的权力、职权，地方政府可以在方便或者必要的情况下适用与本节不冲突的其他法律。

第791章第34节　特定城市救援道路的地方间合同

（a）位于设置有《健康和安全法典》第401章规定的被许可处置低放射性废物设施的县的市的管理机构为了本市的公共目的，可以与县订立地方间合同，建设、维护一条在该市市界以外的救援道路。

（b）市可以使用市政资金，并可发行债务凭证或者债券，支付（a）项规定的与救援道路相关的费用。

第791章第35节　与高等教育机构、大学联盟订立合同

（a）地方政府与高等教育机构、大学联盟之间可以订立合同，履行政府职能和服务。如果合同规定了以成本标准为基础的付款条件，则任何要求竞争性采购的法律都不适用于该合同所包括的职能和服务。

（b）本节中的"高等教育机构"和"大学联盟"具有《教育法典》第61节第3条所赋予的含义。

第791章第36节　特别区的交通管理

如果县理事会认为对于公共道路交通的管理有助于本县的利益，县理事会可以与特别区的委员会签订地区间合同，在特别区所拥有、运营和维护的公共道路上适用县的交通法规。

第791章第37节　特定县的固体废物处置服务

（a）在本节中，"固体废物"具有《健康和安全法典》第361节第3条所赋予的含义。

（b）本节仅适用于人口超过150万的县，并且其中超过75％的人口居住在一个市内。

（c）县可以与市签订合同，直接或者通过与另一个实体签订合同的方式，为在位于市管辖区域外、市不提供固体废物处置服务的县域区域提供《健康与安全法典》第364节34条规定的法定的固体废物处置服务项目。

（d）根据本节订立的合同必须包括在发生某些不确定事件时终止县所提供的服务的规定，这些不确定事件包括市合并合同所涵盖的区域和由市向该区域提供服务。

弗吉尼亚州区域合作法

申海平 译

《弗吉尼亚州法典》之"区域合作法"

§ 15.2-4200　简称

本章应被称为与引用为《区域合作法》。

§ 15.2-4201　本章的目的

制定本章的目的在于：

1. 在政府体系和经济环境范围内,改善公共卫生,增进安全、便利和福利,为州的社区和都市区域在良性、有序的基础上发展社会、经济和物质提供条件,促进积极增长,有效提升管理。

2. 提供一种清晰表达社区需求、存在的问题和服务潜能的方法。

3. 通过鼓励建立有效的区域规划机关,并提供来自州的财政和专业援助,提升此种发展规划。

4. 为州和地方政府就区域性事项提供一个平台。

5. 鼓励区域合作和协调,提升对公民的服务,提高政府活动的成本效益。

6. 防止政府单位和服务之间的割裂。

§ 15.2-4202　定义

在本章中：

"委员会"是指规划区委员会,由成立协议缔约方的地方、印第安部落正式任命的代表组成。

"印第安部落"是指联邦法律认可的印第安部落或者族群。

"规划区"是指由州住房和社区发展局划定的一定界限范围内的成片区域。

"人口",除非其他不同的人口普查明确指明,是指以距所需人口数据时最近的一次美国人口普查或者以该普查所推论出的居民人数为准,但在弗吉尼亚大学威尔登·库珀公共服务中心已编制有年度人口估算数据并已将该数据向州住房和社区发展局报备的情形下,应当以该估算数据为准。

§ 15.2-4203　规划区委员会的成立

A. 在规划区的地理范围确定后,占有区内至少45％人口的地方或者印第安部落的管理机构可以通过书面协议成立规划区委员会。任何非成立协议缔约方的地方仍然是规划区的一部分,但在该地未按照下述规定经选举成为规划区委员会的一部分之前，不会在规划区委员会中有其代表。印第安部落的土地位于规划区内但不是该成立协议缔约方的，可以在规划区委员会成立后的任何时候经选举成为规划区委员会的一部分，并可与规划区委员会就成为成员的条件进行协商。如果成立的规划区仅有两个县的，如果一县的管理机构不同意成立规划区委员会，则另一县的管理机构可以根据本章的规定，成立规划区委员会。

B. 成立协议应当包括：

1. 规划区的名称。根据本法成立的规划区委员会实体，可以使用"区域理事会"或者"区域委员会"的名称替代"规划区委员会"。

2. 主要办公地所在位置。

3. 规划区委员会的成立日期。

4. 规划区委员会的成员组成。规划区委员会委员中至少有过半数的成员应当为区域内地方管理机构的民选官员或者州议会的议员，人口超过3 500人的县、市、镇至少应有一名代表。除23号规划区外，人口在3 500人以下的镇可以向规划区委员会提出选派代表的申请。规划区委员会可以自行决定，以委员会委员多数票决方式给予该镇代表席位。其他委员应当为地方中有选举资格的居民。在4号和14号规划区中，成员还可以包括高等教育机构的代表。在成立协议已有规定的情形下，委员中来自地方管理机构的民选官员可以由代理人代理。

5. 委员的任期及其遴选和免职办法，主席的遴选办法及其任期。

6. 委员的表决权。表决权无需平等，可以根据委员所代表地方的人口计算，代表一个地方的委员的表决权可以累计计算，或者按照其他方式进行计算。

7. 修订的程序，规划区内非最早的成立协议缔约方的其他地方加入的程序，以及规划区内地方主动退出成立协议的程序。

C. 作为规划区委员会成员的地方的管理机构可以向其在规划区委员会的委员支付报酬，但委员是地方的全职受薪雇员的除外。报酬的数额不得超过规划区委员会确定的数额。

§15.2-4204　规划区委员会的收入和资产处置

根据本章规定成立的规划区委员会的净收入的任何部分不得以规划区委员会的委员、官员或者私主体为受益者，或者分配给他们，但按照本章规定以规划区委员会成员地方为受益者或者分配给他们的除外。但是,委员会可以为接受的服务支付合理报酬,为实现本章规定的、它的章程或者规章规定的规划区委员会的宗旨支付款项目、进行分配。规划区委员会解散、终止的,应当在支付债务或者拨出支付债务的款项后,以地方政府交给其的会费计算公式为基础,按比例将其资产分配给其成员地方。

§15.2-4205　委员会的一般职权

A. 根据成立协议,规划区委员会一经成立即为公共团体法人,其宗旨在于执行本章规定的规划和其他职能,并具有执行这些职能的职权和与这些职能相关的职权。

B. 在不限制本章所赋予规划区委员会的一般职权的前提下,规划区委员会可以:

1. 选用公章,并随时可以对之进行更换。

2. 起诉和应诉。

3. 制定有关事务办理的规章和制度。但是,规划区委员会不得在实施的财政年度内修改已通过的预算,除非规划区委员会全体成员以所要求的通过预算的赞成票数通过修改。

4. 认为与履行其职责和行使本章所赋予的职权所需要或者相关,订立合同或者协议。

5. 为其或者提出请求的地方成员申请、接受、分配和管理任何时候来自私人、慈善渠道、美国联邦、本州或者联邦、州的机关、机构的贷款、赠款、物资、财产。

6. 行使私人团体通常拥有的权力,包括在履行其职责和职能时支出认为是适合的或者必要的款项的权利。

7. 认为必要时,雇用工程师、律师、规划师、其他专业人士和顾问以及普通雇员和办公室文员,并确定他们权力、职责和报酬。

8. 通过其官员、代理人和雇员或者以与他人订立合同的方式,从事本章授权的活动和业务。

9. 执行文书,从事为实现其宗旨所需要的、所适合的或者可取的活动和业务,为行使本章明确载明的职权而从事活动和业务。

10. 设立执行委员会行使本章规定的规划区委员会的职权和权限。规划区委员会主席应当为执行委员会的成员并担任主席。执行委员会的其他组成成员,成员和代理成员的任期、遴选和免职办法,成员的表决权,会议议事规则,以及对执行委员会权限的任何限制,应当由规划区委员会的规章规定。规划区委员会认为因其办理事务的需要,可以设立顾问性的、技术性的或者其他类别的特殊的和常设的委员会。

§ 15.2-4206　规划区委员会的其他职权

规划区委员会的权力并不局限于本章所授予的职权,除这些职权外,还可以:

1. 为实现本章规定的规划区委员会的宗旨,取得、出租、销售、交换、捐赠和转让项目、财产和设施;

2. 为履行本章规定的职权或者实现本章规定的宗旨,无论是从取得或者将取得的岁入和从出租、出售、使用或者其他方式处分项目、财产或者设施的收入支付,或者以其他方式支付,都可发行债券、票据或者其他债务凭证。

3. 将其项目、财产、设施全部或者部分抵押、质押,或者将来自项目、财产、设施的收入全部或者部分质押,为债券、票据或者其他债务凭证的本金、溢价(如果有的话)和利息提供担保。

§ 15.2-4207　委员会的宗旨

A. 规划区委员会的宗旨在于鼓励和促进地方政府的合作和州-地方间的合作,在区域中处理超出地方影响的问题。本章所促成的合作旨在促进对区域性机会的识别和分析,并能使区域性因素在规划和公共政策执行以及服务提供中得到考虑。区域合作中必要的职能领域包括但不限于:(i)经济和基础设施发展;(ii)固体废物、供水以及其他环境管理;(iii)交通;(iv)刑事司法;(v)应急管理;(vi)公共服务;(vii)娱乐。

委员会可以采取的区域合作的方式包括但不限于:(i)促进收入分享协议;(ii)共同提供服务;(iii)货物和服务联合政府采购;(iv)区域性数据库;(v)区域性规划。

B. 规划区委员会应当通过规划和鼓励、协助地方规划未来,促进有序、高效地发展区的物质、社会和经济要素。在一个或者几个成员地方的请求下,在委员会决定采取行动的范围内,委员会可以协助地方执行改善和利用物质、社会和经济环境的规划和方案。但委员会并无为执行其制定的规划和政策而履行相应职责的法律义务,也没有向该区提供政府服务的法律义务。另外,1、2 和 13 规划区委员会为指定的本州的经济发展组织。

C. 在其能随时决定的范围内,在一个或者几个成员地方的请求下,委员会的权限包括:(i)为实现本章规定的宗旨,参与设立或组建非营利组织履行职能、运营项目;(ii)自行履行职能、运营项目;(iii)与包括地方在内的非营利实体订立合同,履行职能、运营项目,以提供行政、管理、人事服务,提供办公地的设备,提供财政资助;(iv)为州、联邦授权成立的、履行政府或者准政府职能并使委员会所在区直接受益的跨区单位提供包括配套资金在内的财政资助。

D. 在某一地方管理机构反对的情形下,此处的内容不应被理解为允许委员会在这一地方范围内或者为该地方履行职能、运营项目、提供服务。

§15.2-4208　规划区委员会的一般义务

规划区委员会具有以下义务和权限:

1. 对具有区域性影响的事项和问题进行研究;
2. 发现和研究通过政府的合作努力为州和地方节省费用、提高人员配置效率的潜在机会;
3. 探求在区域基础上的州和地方利益的协调;
4. 应成员地方的请求,提供服务;
5. 向州政府和成员地方提供技术支持;
6. 根据请求担任地方和州机关之间的联络人;
7. 根据§15.2-4213 和其他州、联邦法律或者法规的要求,审查地方政府的援助申请;
8. 按照§15.2-4209 至 15.2-4212 的要求,负责区域战略规划;
9. 在委员会认为需要时或者成员地方请求时,编制区域功能区规划;
10. 根据请求,协助州机关制定州分规划;
11. 在州规划和预算局的指示下,加入全州地理信息系统,即弗吉尼亚地理信息网络;

12. 收集和维护区域的和成员地方的人口、经济和其他数据,并与弗吉尼亚就业委员会合作,作为州数据中心的分中心。

§15.2-4209　区域战略规划的编制和通过

A. 除区域规划由多州参加的政府理事会负责的规划区外,规划区委员会应当编制指导本区的区域战略规划。规划涉及的应当是在该区内对于两个以上地方具有重要性的要素,以区别于仅对某一地方具有重要性的事项。规划应当包括区域的目的和目标、实现这些目的和目标的战略以及衡量实现目的和目标进展的方法。战略规划应当包括交通、住房、经济发展和环境管理等促进区域物质、社会和经济环境有序、高效发展所需的内容。规划区委员会认为合适时,规划可以分若干部分或若干节。制定区域战略规划,规划区委员会应当征求区域内包括地方管理机构、企业界和公民组织在内各类组织的意见。

B. 规划区的区域规划由多州参加的政府理事会负责的,规划区委员会可以编制指导本区的区域战略规划。按照本节规定编制区域战略规划,该规划应当符合上述 A 分节的要求,并应当引用多州参加的政府理事会编制的最新区域战略规划中与规划区中的区域相关的条款。

C. 在战略规划通过之前,发布§15.2-2204 规定的通知后,规划区委员会应当至少在其举办听证前 30 日将其提交州住房和社区发展局和区域内的每个地方管理机构。地方管理机构应当在听证日或者之前就规划对其所在地的影响向规划区委员会提出意见。州住房和社区发展局应在听证前告知规划区委员会,拟议的战略规划是否与相邻规划区的规划冲突。

D. 经公开听证并由规划委员会批准后,战略规划应当提交各地方管理机构(不包括人数少于 3 500 人的城镇,但是委员会成员的例外)进行审查并表决。规划区委员会批准后,该规划中有关规划区委员会的所有规定生效。规划中有关地方管理机构的所有规定只有在该地方管理机构通过该规划后生效。

E. 战略规划应当在通过后的 30 日内提交州住房和社区发展局,供参阅和协调之用。

§15.2-4210　委员会只能按照区域战略规划履职

当战略规划生效成为区域规划后,除规划另有规定外,规划区委员会不得制定任何其认为不符合规划的政策或者采取不符合规划的行动。

§15.2-4211　区域战略规划的修正

战略规划可以按照原批准和通过规划的方式进行修改。但规划区委员会认定拟议的修正案并不具有全区性意义的，则修正案可以只提交规划区委员会认为受影响的地方管理机构。修正后的战略规划应当在修正后的 30 日内提交州住房和社区发展局。

§15.2-4212　委员会对区域战略规划的复审

规划区委员会应当至少每五年修订一次区域战略规划，并正式批准区域战略规划。修订后的规划中有关区内的某一地方管理机构的规定只有在该地方管理机构通过规划后方可生效。

§15.2-4213　地方管理机构向委员会告知其向州、联邦申请援助的信息

在已设立规划区委员会的规划区内，地方管理机构应当向规划区委员会提供向州、联邦政府机关申请用于当地项目的贷款、资助拨款的汇总信息。除州、联邦法律、法规另有规定外，所提交的申请汇总信息仅供参考。

§15.2-4214　与其他机关的合作和协商

规划区委员会可以与其他规划区委员会、政府理事会、其他区的立法和行政机关以及官员、本区的和其他区的地方立法和行政机关以及官员进行合作，以便使本区的规划、发展和服务与其他区、地方以及州的规划和服务相协调。规划区委员会可以指定委员会并制定规章实施这样的合作。规划区委员会也应当与州住房和社区发展局合作，并参考该局、其他州和联邦政府的官员、部门和机关提供的意见和信息。掌握与某区规划和发展有关的信息、地图和数据的上述局、官员、部门和机关可以将这些资料提供给规划区委员会使用的同时，将服务和资金一同移交。

州机关从事需要规划区委员会参与的规划活动的，应当事前通知州住房和社区发展局。鼓励州机关在制定区域规划、提供服务和收集数据中与规划区委员会进行协商。

§15.2-4215　年报要求

规划区委员会应当按照州住房和社区发展局指定的格式,于 9 月 1 日前将其年报提交成员地方政府和州住房和社区发展局。年报应当至少包括对规划区委员会在前一财政年度开展活动的说明,包括委员会遵守本章规定的情况以及委员会接受的资助来源和数额。州住房和社区发展局应当在 §36-139.6 规定所要编制的报告中对年报进行概述。

§15.2-4216　州的资助

A. 规划区委员会成立后享有取得州财政扶持以协助其实现其宗旨的权利。州的资助额度由一般拨款法确定。为获得州的资助,规划区委员会应当编制和提交 15.2-4215 规定的年报。年报应当详细说明其遵守本章规定的情况以及下一财政年度拟开展活动的年度工作方案。规划区委员会的财政年度 6 月 30 日结束。

B. 两个规划区根据 15.2-4221 的规定进行合并的,自合并生效之日起 5 年,合并后的新区享有取得原来两个区享有取得的资助额度。

§15.2-4217　区域合作激励基金的设立与管理

A. 为鼓励开展跨地方的战略和功能区规划以及其他区域合作活动,特此设立区域合作激励基金。另外,基金旨在支持能提高地方资金使用效率的服务提供的跨地方整合和协调。基金由州住房和社区发展局管理。基金的使用应当符合《拨款法》的规定。

B. 州议会和州长随时可以指定特定功能区或者特定的活动给予最优先的资助,包括但不限于经济发展、刑事司法、固体废物管理、供水、应急管理和交通。

C. 区域合作激励基金向规划区委员会的分配应当以配套资金为基础;在整合和协调跨地方服务提供的情形中,分配给合作的各地方。州住房和社区发展局应当颁布管理基金的规章,内容包括申请表、资格要求以及资助的条件和期限。制定的规章,应当符合下列要求:

1. 规划区委员会或者成员地方必须提供至少 25% 的配套资金。在整合和协调跨地方服务提供的情形中,区域合作激励基金可提供高达 50% 的执行费用;

2. 寻求资助的项目在可行的范围内，应当利用私营机制和企业，并注重可利用的政府的和私营的资金和技术资源间的协作。

D. 州住房和社区发展局应当要求受资助者定期报告项目进展和资金使用状况。

§15.2-4217.1 交通专用激励基金

设立交通专用激励基金（以下简称为"基金"）用于支持规划区专项协同交通规划的制定和项目实施。为满足从基金获取资金的资格，规划区委员会或者地方应当设立交通协调咨询委员会，并向州残疾人委员会提交规划区专项交通协同服务成本效益方案或者规划区内地方专项交通协同服务成本效益方案。如果存在都市区规划组织的，交通协调咨询委员会的设立中，还需与都市区规划组织协商。位于区域规划区内的地方，当该区内的其他所有地方均为联邦资金受资助者并受到公法 101-336《美国残疾人法》(42 U.S.C. § 12131 及以下)第二编约束的，该地方可以独立于规划区委员会任命一个交通协调咨询委员会，接受交通专用激励基金。交通协调咨询委员会应当与社会服务机关、参与的公共交通系统提供者，在适当情况下与私营营利和非营利的交通提供者，一起指导专项交通的协同和管理。交通协调咨询委员会的成员包括但不限于老人、残疾人、专项交通系统的提供者、参与的公共交通系统提供者以及当地的私营营利和非营利的交通提供者。受公法 101-336《美国残疾人法》(42 U.S.C. § 12131 及以下)第二编约束的地方和公共交通系统不要求参与专项协同交通规划，但其可以选择参加。

§15.2-4218　地方管理机构拨款、借款的许可

许可规划区内的地方管理机构向规划区委员会拨款或者提供借款。

§15.2-4219　对委员会的免税

对规划区委员会的任何项目、取得和使用的任何财产以及从这些项目和财产取得的收入不予征税和摊款。就§58.1-609.1 之 4 的规定而言，规划区委员会为该规定中的"州的政府分支机构"。

§ 15.2-4220　双成员资格

规划区委员会的成员地方与其他的规划区委员会在对条款和条件协商一致的基础上,可以成为其他的规划区委员会的成员。地方应当在成为其他的规划区委员会成员的 30 日内,将其成员身份通知州住房和社区发展局。当所有规划区委员会开展州指令的活动时,规划区的边界应当以州住房和社区发展局确定的为准,但相关的地方和规划区委员会同意以其他的边界为准的除外。地方不会因同时成为其他规划区委员会成员而得到额外的州的财政支持。

§ 15.2-4221　两个规划区委员会的合并

两个规划区的委员会和各区中过半数的地方管理机构,基于两个区中地方间的社区利益、交通运输的便利、地理因素和自然界限,为服务于地方的最佳利益,可以同时通过决议表决投票将两个区合并为一个区,并请求州住房和社区发展局宣布这一合并。合并宣布后,两个区的委员会即合并为一个委员会。新设立的区的委员会应当按照 § 15.2-4203 的规定设立;但不得阻止要合并的两个区的委员会在合并投票前,就设立条件达成一致。

§ 15.2-4222　不一致的法律不适用

其他一般法、特别法与本章任何规定不一致的,特此声明对本章的规定不适用。

华盛顿州
地方间合作法

申海平 译

《华盛顿州修正法典》第 39 编 34 章"华盛顿州地方间合作法"

39.34.010. 目的声明

本章旨在助力地方政府单位在互利的基础上与其他地方合作,使地方政府能最为有效地使用其职权,以基于最适合当地的地理、经济、人口以及其他影响当地社区需要和发展的要素的方式和政府组织形式,提供服务和设施。

39.34.020. 定义

除上下文另有明确要求外,本节中的定义适用于本章全部。

(1)"公共机构"是指本州的任何机关、政府单位或者地方政府单位,包括但不限于:市政法人、准市政法人、特别目的区、地方服务区、州政府机关、美国联邦机关、联邦政府认可的印第安部落、另一州的政府单位。

(2)"州"是指美国的州。

(3)"流域管理合伙协议"是指根据《华盛顿州修正法典》39.34.200 规定订立的地方间合作协议。

(4)"水资源区"的定义以《华盛顿州修正法典》90.82.020.中的定义为准。

39.34.030. 权力共享—联合或合作行动协议及其条款和对有关机关责任影响—建筑或者工程服务的共享—联合项目的融资

(1)本州公共机构可以与具有权力、特权或者职权的本州其他公共机构共同行使和享有其行使或者能够行使的权力、特权或者职权;其他州法律或者美国联邦法律许可的,也可以与这些州或者美国联邦的公共机构共同行使和享有其权力、特权或者职权。州政府机关与公共机构联合行动的,可以行使和享有本章赋予公共机构的一切权力、特权和职权。

(2)两个以上的公共机构都可以根据本章规定相互订立联合或合作行动协议,但教育服务区、学区这些公共机构的联合或合作行动应当遵守《华盛顿州修正法典》28A.320.080 的规定。协议生效前,订立协议的公共机构应当通过条例、决议或者根据其管理机构的规则采取适当行为。

(3)协议应当包括下列内容:

(a)期限;

(b)如果可以依法设立实体,由此设立的法律实体或者行政实体的具体机构、构成和性质以及所赋予的职权。该实体可以是根据《华盛顿州修订法典》

24.03 或者 24.06 章所设立的、成员仅限于订立协议的公共机构的非营利法人，可以是根据《华盛顿州修订法典》25.04 章或者 25.05 章设立的、成员仅限于订立协议的公共机构的合伙组织，也可以为根据《华盛顿州修订法典》25.15 章设立的、成员仅限于订立协议的公共机构的有限责任公司。这些法人、合伙组织、有限责任公司的资金应当按照法律规定的审计公共资金的方式进行审计；

(c) 协议的目的；

(d) 为联合或者合作事项提供资金的方式，以及为此设立和维持预算的方式；

(e) 协议部分或者全部终止的情形以及协议部分或者全部终止时财产处置的方式；

(f) 其他必要且适当的事项。

(4) 如果协议没有设立单独的法律实体来开展联合或者合作事项，协议除包括本条(3)(a)、(c)、(d)、(e)和(f)规定的内容外，还应当包括以下内容：

(a) 负责管理联合或者合作事项的管理人或者联合委员会的条款。如果是联合委员会，其代表的是参加该协议的公共机构；

(b) 联合或者合作事项中使用的不动产和动产的取得、占有和处分方式。联合委员会有权与某一州、县、市或地区司库设立名称为"××联合委员会营运基金"的特别基金，为相关公共机构提供服务。

(5) 根据本章达成的协议并不免除法律赋予公共机构的任何义务或者责任，但下列情形除外：

(a) 根据本章订立的协议所设立的联合委员会或者其他法律、行政实体已实际并及时履行其义务的，其履行可以被认为是履行了相应的义务或者责任；

(b) 基于一个公共机构或者多个公共机构的投标、要约或者定标的方式，一个或者多个公共机构进行采购或者订立合同的，如果投标、要约或者定标的公共机构遵守了法律对其的要求，并且在公共机构、采购合作社或类似服务提供者为发布投标或者要约邀请公告所建立和维护的网站上发布投标或者邀请公告的，或者在州门户网站上提供公告的访问链接的，所涉及的公共机构法定的投标、要约公告义务即为履行。

(6)(a) 在满足下列条件下，任何两个以上的公共机构可以订立合同共享建筑和工程服务：

(ⅰ) 与建筑或者工程公司订立合同的公共机构遵守《华盛顿州修正法典》39.80 关于以合同方式购买此类服务的规定；

(ⅱ) 向其他公共机构提供的服务与所选择的建筑或者工程公司提供的服务有关联，并在其通常的服务范围内。

(b) 根据本条规定订立的共享建筑或者工程服务的协议，必须按照协议中具体规定的工作范围执行，并且根据《华盛顿州修正法典》39.80 的规定，必须在采购此类服务之前订立。

(7) 联合项目的融资协议由法律规定。

39.34.040.　提交协议的方法—跨州协议的地位—利害关系人—行动

根据本章达成的协议生效之前，应当提交县审计官，或者按主题在公共机构的网站或其他可电子检索的公共平台上列明。根据本章达成的协议方为本州的一个或者多个公共机构与另一个州的公共机构或者联邦公共机构的，该协议具有州际协议的地位，但在涉及协议的履行、解释和协议中责任承担以及与此相关的争议时，该协议中的公共机构是有利害关系的真实的相关人。州可以提出维持诉讼减少自己作为协议一方导致的损害赔偿额或者责任，或者提出维持诉讼承担所发生的损害赔偿或者责任。维持诉讼应当针对公共机构的违约行为、不履行行为或者其他导致州发生损失或者承担责任的行为。

39.34.050.　向有管辖权的州政府官员或者机构提交协议的义务

根据本章达成的协议整体或部分涉及州政府官员或者机构对其具有宪法上或者法律上的控制权的服务或者设施的提供的，该协议生效的先决条件之一，就是被提交至具有这种控制权的州政府官员或者机构。州政府官员或者机构应当在收到协议的 90 天内，就其具有管辖权的事项作出批准或者不予批准的决定。州政府官员或者机构在 90 天期限内未能作出决定的，则视为协议获得了其批准。

39.34.055.　与公益性非营利法人订立公共采购协议

事务服务局可以与公益性非营利法人订立协议，由公益性非营利法人参与事务服务局管理的州政府采购合同。协议必须符合《华盛顿州修正法典》39.

34.030 至 39.34.050 的要求。本节中,"公益性非营利法人"是指《华盛顿州修正法典》24.03.005 所界定的、直接或者通过公共机构取得地方、州或者联邦资金的公益性非营利法人,但不包括印第安部落和其他州的政府单位。

39.34.060. 参与机构可以划拨资金,提供人员、财产和服务

根据本章规定订立协议的公共机构,可以向因运营联合或合作事项而成立的行政联合委员会或者其他法律、行政实体划拨资金,向其出售、出租、赠与和提供财产、人员和服务。

39.34.070. 联合委员会接受贷款或者赠款的权力

参与的所有公共机构在法律授权下可以接受来自联邦、州、私人基金的贷款或者赠款的,根据本章规定设立的联合委员会为实现本章的目的,有权接受来自联邦、州和私人基金的贷款或者赠款。

39.34.080. 履行法律赋予合同方应当履行的政府活动的合同

一个或者多个公共机构可以与另外一个或者多个公共机构订立合同,履行法律赋予缔约的公共机构应当履行的政府服务、活动或者事项,但该合同应当取得合同各方管理机构的批准。该合同应当详细规定缔约各方的宗旨、权力、权利、目标和责任。

39.34.085. 公共汽车服务运营协议

除《华盛顿州修正法典》第 39.34 章授予的其他权力外,一个或多个市、镇、县或者市、镇、县之间的组合,可以相互之间或者与一个毗连州、加拿大毗连省的公共交通机关订立协议,在华盛顿州公用事业与运输委员会没有发放过有关的公共汽车运营许可证的条件下,许可一个市或者其他交通机关在其市域或者县域内运营公共汽车服务,或者许可这个市、县在其他公共机构管辖范围内运营公共汽车服务,但协议已约定这种运输服务可以超出协议中一方地域范围,并且这种服务不会与华盛顿州公用事业与运输委员会已许可的公共汽车服务发生冲突的,则该运输可以超出协议中一方的地域范围。本节的规定是累进性的和非排他性的,并不影响本章授予的或者任何其他法律规定授予的其他权利。

39.34.090. 机关订立电力合同的权力—公用事业企业的权力—保留

本章中的任何规定不得解释为增加或减少本州公共机构已有的与本州其他机关、其他州的或者联邦的公共机构订立发电、输电、配电协议或者合同的权力，也不得解释为增加或减少任何私有的或者公共的公用事业企业现有的权力。

39.34.100. 本章赋予的权力的补充性

本章授予的权力和职权应当解释为对其他法律所赋予的权力、职权的附加和补充，本章的任何规定不得解释为限制公共机构的其他权力或者职权。

39.34.110. 宪法或者联邦法律所禁止的权力

如果本章所规定的权力、特权或者职权被州《宪法》、联邦《宪法》和法律所禁止，则不得行使。

39.34.120. 向社区事务办公室提交某些协议的义务—评议［废除］

39.34.130. 州机关之间的交易—费用的收取—财务管理主任的监管

除法律另有规定外，州机关根据《华盛顿州修正法典》第 39.34 章或者其他法律规定向另一机关提供服务或者材料而产生的全部费用，应当向订立合同获取这些服务或者材料的机关收取，并且应当偿还并记入原来支出的资金或拨款中。返还到拨款的原支出数额应当被视为因提供服务、货物、用品或其他材料而偿还的借款，可以作为其原拨款的一部分使用，无需再行办理拨款手续。这种机构间的交易应当接受财务管理主任的监管，范围包括但不限于关于费用的确定、机构间合同费用超出可全额偿还的费用的防止、州长预算案中偿还款的信息披露以及其他能促进州机关能更经济和更有效运行的条件和限制性条款。

除法律另有规定外，本节不适用于依法由特定目的的专项资金所支持的一个机关向另一个机关提供材料或者服务的事项。

39.34.140. 州机关之间的交易—通过账户转账支付的规则

财务管理主任可以制定规则，规定州机关之间的部分或全部付款可以通过州司库账户进行转账，以替代凭单付款或者支票付款。制定的规则应当对受到影响的相关机关的账户中应列入的对应条目作出规定。

39.34.150. 州机关之间的交易—预支

州机关有权预支资金支付其他州机关提供的材料或服务的费用。资金只有在财务管理主任核准或者财务管理主任根据拨款规章关于在特定情形下需预支资金的规定而发出指令的情形下，才能预支。应当从可用于采购此类服务或材料的资金或者拨款中向提供服务或者材料的州机关预支资金，数额不得超过相应的估算数额。

39.34.160. 州机关之间的交易—预支支出的时间限制—未用余额

按照《华盛顿州修正法典》39.34.130 至 39.34.150 的规定从拨款中预支的资金，其支付的支出应当在拨款期限内。材料和服务的实际费用最终确定后，并在任何情况下不得迟于拨款到期时，预支款项的任何未用余额应当退还并记入机关所预支的资金或账户中。

39.34.170. 州机关之间的交易—权力和职权的累加

《华盛顿州修正法典》39.34.130 至 39.34.160 所授予的权力和职权应当被解释为是对其他法律所赋予的权力或者职权的附加和补充，不得解释为限制其他法律明确授予公共机构的任何其他权力或职权。

39.34.180. 刑事司法责任—地方间协议—终止

（1）根据州的法律、市的条例，县、市和镇负责各自管辖范围内或者其执法机构交付的成年人犯下的轻罪和严重的轻罪的控诉、审判、量刑和监禁，并必须通过其所有的法院、工作人员和设施，或者根据本章订立合同或地方间协议来履行这些职责。本节中的任何规定并不改变每个县对刑期不满一年的重罪罪犯的控诉、审判、量刑和监禁的法定责任，本节也不适用于由检察官所提出的重罪或者重罪未遂犯罪。

（2）地方间协议或者合同的订立中必须遵循以下原则，即市和县必须考虑：(a)预期的服务费用；(b)预期的和潜在的能为服务提供资金的收入，包括罚款、收费、刑事司法基金以及州授权为刑事司法目的征收的销售税。

(3) 如果市和县之间就地方间协议或者合同中对严重的轻罪和轻罪服务的补偿标准无法达成一致的,任何一方可以通知另一方就补偿诉诸有拘束力的仲裁。需要确定初步补偿的,通知应当要求在 30 日内提出仲裁。合同或者地方间协议不再展期的,通知必须在合同或者协议到期前 120 天发出。新的协议达成前或者就费用问题未作出裁决前,合同或者协议继续有效。市和县各自选定一名仲裁员,第三名仲裁员由市和县选定的两名仲裁员选定。

(4) 市、县希望终止提供法院服务协议的,必须按照《华盛顿州修正法典》3.50.810 和 35.20.010 的规定发出终止协议的意向的书面通知。

(5) 未制定与州法律定义的轻罪和严重的轻罪相关的刑法典、条例的市、镇,在 1998 年 7 月 1 日前不适用本节。

39.34.190. 流域管理规划项目—与水有关的收入的使用

(1) 在县、市、区已有的与水有关的公共设施、活动之外,市、县立法机关和本节第(2)条所列举的任何特殊目的区的管理机构可以授权将与水有关的收入中不超过百分之十的部分用于实施流域管理规划项目或者活动。这一支出限制不适用于按照《华盛顿州修正法典》第 54 编规定组建的公用事业区中与水有关的收入。与水有关的收入包括因提供供水、水处理、输水和水管理等服务而收取的各类费用,以及地方政府总收入中用于水管理目的的部分。地方政府不得为此目的动用选民授权用于其他特定目的或者专门用于偿还市政债券或者其他债务的收入。

(2) 下列特殊目的区可行使本条规定的职权:

(a) 根据《华盛顿州修正法典》第 57 编组建的供水区、排污区和供水—排污区;

(b) 根据《华盛顿州修正法典》第 54 编组建的公用事业区;

(c) 根据《华盛顿州修正法典》第 87 和 89 编组建的灌溉区、开垦区、保护区和其他类似的区;

(d) 根据《华盛顿州修正法典》第 53 编组建的港区;

(e) 根据《华盛顿州修正法典》第 85 编组建的堤防区、排水区和其他类似的区;

(f) 根据《华盛顿州修正法典》第 86 编组建的防洪区和其他类似的区;

(g) 根据《华盛顿州修正法典》36.61 章组建的湖泊、海滩管理区；

(h) 根据《华盛顿州修正法典》36.36 章组建的蓄水保护区；

(i) 根据《华盛顿州修正法典》90.72 章组建的贝类保护区。

(3) 本节规定的地方政府收入支出权广泛地适用于实施流域管理规划中涉及供水、输水、水质处理和保护的事项，以及其他与水有关的事项。这些规划包括但不限于下列机关制定的规划：

(a) 根据《华盛顿州修正法典》90.82 章制定的流域规划；

(b) 根据《华盛顿州修正法典》77.85 章制定的鲑鱼保护规划；

(c) 根据《华盛顿州修正法典》36.70A 章《发展管理法》制定的土地综合利用规划中的流域管理部分；

(d) 根据《华盛顿州修正法典》90.58 章《海岸线管理法》制定的岸线总体规划中的流域管理部分；

(e)《华盛顿州修正法典》90.71 章和《华盛顿州行政法典》400－12 章所规定的皮吉特湾水质管理规划局制定的非点源污染行动规划；

(f) 其他在水资源区一级或者水资源区附属流域水系一级处理流域卫生问题的综合管理规划；

(g)《华盛顿州修正法典》70.116 章规定的水系协调规划和类似的区域性供水规划；

(h) 流域管理联合规划中上述规划的任何组合。

(4) 本节规定的用于执行流域管理规划而支出收入的职权应当被广义地理解为包括但不限于：

(a) 协调和监督规划的执行，包括为此目的为流域管理合伙合同提供资金；

(b) 技术支持、监测、数据收集和分析；

(c) 规划中项目的设计、开发、建设和运行；

(d) 规划中所包括的活动和项目的实施。

39.34.200. 流域管理合伙关系—建立

两个以上的公共机构可以相互达成协议，建立流域管理合伙关系，以执行部分或者全部流域管理规划，包括规划执行的协调和监督。该规划可以是《华盛顿州修正法典》39.34.190(3) 中所指规划或规划的一部分。流域合伙协议应当包括《华盛顿州修正法典》39.34.030(3)规定的所有地方间协议应包括的条款，并按照《华盛顿州修正法典》39.34.040 的规定，向地理位置处于合伙关系所指向的流域区域内的每个县的县审计官提交。组建合伙关系的公共机构应当指定一名司库，负责合伙资金的存放、核算和管理。该司库由组建合伙关系的协议中的一方的县或者市的司库担任。

39.34.210. 流域管理合伙关系—负债—债券

根据《华盛顿州修正法典》39.34.200 组建的流域管理合伙关系设立一个单独的法律实体开展该合伙事业的，该法律实体可以为开展这一合伙事业而负债；可以按照《华盛顿州修正法典》36.67 章和第 39.46 章以及其他相关法律规定，以县发行普通债券的方式发行、销售普通信用债券；可以按照《华盛顿州修正法典》36.67 章以及其他相关法律规定，以发行收益债券的方式发行收益债券。《华盛顿州修正法典》36.67 章规定的县债券发行中由县立法机关行使的职权，由根据合伙协议组建的联合委员会履行。

39.34.215. 流域管理合伙关系—征收权

（1）根据《华盛顿州修正法典》39.34.200 和 39.34.210 成立的或者符合《华盛顿州修正法典》39.34.200 和 39.34.210 要求的流域管理合伙关系，以及由该关系根据《华盛顿州修正法典》39.34.030(3)(b)规定设立的、用以开展该项法律规定的合伙事业的单独的法律实体，根据本节（3）的规定，可以行使《华盛顿州修正法典》8.12 章规定的征收权。

（2）本节(1)所授予的征收权只能为建立流域合伙关系时所确定的公用事业目的而行使，且仅限于为客户提供水务服务。

（3）本节(1)仅适用于符合以下条件的流域管理合伙关系：

(a) 根据《华盛顿州修正法典》39.34.200 和 39.34.210 的规定，在 2006 年 7 月 1 日前成立；或者在 2006 年 7 月 1 日前符合《华盛顿州修正法典》39.34.200 和 39.34.210 的规定；

(b) 未参与、执行《华盛顿州修正法典》90.82 章规定的水资源区规划；

(c) 全部由已授权以《华盛顿州修正法典》8.12 章规定的方式行使征收权的市和供水—排污区组成；

(d) 全部由参加流域管理合伙关系的市和供水—排污区的民选官员组成的董事会进行管理。

(4) 行使本节规定权力的流域管理合伙关系应当：

(a) 遵守《华盛顿州修正法典》8.25.290 规定的通知要求；

(b) 在流域管理合伙关系董事会授权征收的 30 日前，通过认证的邮件通知对标的财产有管辖权的市、镇、县。

39.34.220. 流域管理规划—附加的执行权—现有协议不受影响

2003 年法律第 327 章对地方间合作法的职权修改，旨在为执行流域管理规划而向公共机构提供更多权力，并不影响 2003 年 7 月 27 日已存在的公共机构之间的任何协议。

39.34.230. 紧急状况—地方间互助合作协议—州的责任—现有权利

(1) 在紧急状况下，社区、贸易和经济发展局可根据本章与一个或多个公共机构订立地方间协议，以便向受紧急状态影响的公共机构提供互助合作。

(2) 公共机构及其雇员在紧急状况下，在赶赴紧急状况区域、从紧急状况区域返回时，或者在为紧急状况做准备时，按照本节所订立的地方间协议的规定，或者在善意遵从本节规定的情况下，作出的行为所造成的财产损失、人身伤亡的法律责任，由华盛顿州承担。对上述责任的承担以及对公共机构及其雇员私人财产损失的补偿和对公共机构及其雇员因遵从本章规定善意而为的行为的不利判决，都可以对州提出诉讼，并可以支持这种诉讼，但上述规定不得解释为对公共机构及其雇员故意的不当行为、重大过失或者恶意行为进行赔偿。根据联邦法律、法规，应当由联邦或者联邦机关支付本节所述的财产损失、人身伤亡损害的，华盛顿州没有责任和义务承担应由美国联邦政府承担的这些损失和人身伤亡的责任。

(3) 在本节中，"紧急状况"是指州长已宣布进入《华盛顿州修正法典》43.06.010 所规定的紧急状态下的紧急情况，并因此州长授权社区、贸易和经济发展局订立本节所述的地方间协议。

(4) 本节不会影响任何人根据劳工赔偿法、退休金法、退休法本应享有的福利权利，也不影响他们根据议会立法获得任何福利或者补偿的权利。

39.34.900.　简称

本章可引称为《地方间合作法》。

39.34.920.　生效日期

本章的生效日期为 1967 年 7 月 1 日。

图书在版编目(CIP)数据

美国各州地方合作法选译 / 王诚,申海平译.— 上海:上海社会科学院出版社,2022
（地方合作法译丛 / 叶必丰）
ISBN 978-7-5520-3458-5

Ⅰ.①美… Ⅱ.①王…②申… Ⅲ.①地方政府—合作—法规—研究—美国 Ⅳ.①D971.221

中国版本图书馆 CIP 数据核字(2021)第 257553 号

美国各州地方合作法选译

译　者：王　诚　申海平
责任编辑：袁钰超
封面设计：梁业礼
出版发行：上海社会科学院出版社
　　　　　上海顺昌路 622 号　邮编 200025
　　　　　电话总机 021-63315947　销售热线 021-53063735
　　　　　http://www.sassp.cn　E-mail:sassp@sassp.cn
照　　排：南京理工出版信息技术有限公司
印　　刷：上海颛辉印刷厂有限公司
开　　本：710 毫米×1010 毫米　1/16
印　　张：15.25
字　　数：247 千
版　　次：2022 年 1 月第 1 版　2022 年 1 月第 1 次印刷

ISBN 978-7-5520-3458-5/D·639　　　　　　　定价:88.00 元

版权所有　翻印必究